列车运行图编制与管理

荣　剑　程　谦　曲思源◎主编

马伟叁◎主审

中国铁道出版社有限公司

2021·北　京

内容简介

本书根据"问题导向"的原则，从理论与方法、技术手段的角度出发，给出了列车运行图编制与管理的具体思路、应用技术和方法，并对列车运行图未来发展及智能化编制进行了探讨，具有普适性。书中包括列车运行图概述、列车运行图组成要素、铁路通过能力、列车运行图编制、列车运行图管理、客货运产品设计及运输组织、机务运用组织、铁路大数据应用及列车运行图智能编制等内容，基本涵盖了列车运行图编制与管理工作的主要事项。

本书文字严谨、论据充分、通俗易懂、涉及面广，集中体现了中国铁路列车运行图管理方面最新的动态和发展趋势，可供铁路运输管理人员、技术人员、作业人员学习参考，也可供高等及专科院校铁路运输相关专业教学使用。

图书在版编目(CIP)数据

列车运行图编制与管理/荣剑，程谦，曲思源主编．—北京：中国铁道出版社有限公司，2021.12

ISBN 978-7-113-28644-6

Ⅰ．①列…　Ⅱ．①荣…②程…③曲…　Ⅲ．①列车运行图-编制-研究　Ⅳ．①U292.4

中国版本图书馆 CIP 数据核字(2021)第 257362 号

书　　名：列车运行图编制与管理
作　　者：荣　剑　程　谦　曲思源

策　　划：金　锋
责任编辑：金　锋　　**编辑部电话：**(010)51873125　　**电子信箱：**13001939241@163.com
封面设计：高博越
责任校对：安海燕
责任印制：樊启鹏

出版发行：中国铁道出版社有限公司(100054，北京市西城区右安门西街 8 号)
网　　址：http://www.tdpress.com
印　　刷：北京柏力行彩印有限公司
版　　次：2021 年 12 月第 1 版　2021 年 12 月第 1 次印刷
开　　本：787 mm×1 092 mm　1/16　**印张：**14　**字数：**388 千
书　　号：ISBN 978-7-113-28644-6
定　　价：69.00 元

版权所有　侵权必究

凡购买铁道版图书，如有印制质量问题，请与本社读者服务部联系调换。电话：(010)51873174

打击盗版举报电话：(010)63549461

前言

列车运行图是铁路运输工作的综合计划和行车组织工作的基础，也是铁路客货运输组织的重要依据。《铁路技术管理规程》规定，所有与列车运行相关的铁路各部门，必须按照列车运行图的要求，组织本部门的各项工作，以保证按图行车。随着铁路改革的日益深化，客货运市场需求更加多样化，合理编制出适应市场需求的列车运行图已经成为铁路运输企业提高服务质量、提升经营效益的前提。在运输组织实践过程中，通过优化列车运行图，实现点线能力的紧密衔接和匹配，可以有效提升车站、动车段(所)、区段的通过能力。

铁路的现代化进程逐年加快，运营管理模式的改革不断加速，铁路的企业属性不断增强。以市场需求为导向，不断推出适应市场的客货运输产品和提高运能资源使用效率是铁路运输企业经营的根本。研究优化列车运行图编制发布流程，提高智能化编制技术，规范运行图日常管理，编制高效、合理、适应市场的列车运行图，对增加企业经营收入、降低运营成本、提高铁路运输生产效率、加强现场作业安全管控等，都具有重要的现实意义和指导意义。

鉴于此，中国铁路上海局、济南局、太原局、沈阳局、南昌局、西安局集团有限公司以及浙江金温铁道开发有限公司等铁路企业长期从事运行图编制的同志，联合国家铁路局、中国国家铁路集团有限公司、西南交通大学、兰州交通大学、南京铁道职业技术学院等铁路管理、科研、教学单位的有关人员，以多年来积累的列车运行图编制与管理的实践经验为基础，进行总结、归纳和整理，编写了本书。

本书包括列车运行图概述、列车运行图组成要素、铁路通过能力、列车运行图编制、列车运行图管理、客货运产品设计及运输组织、机务运用组织、铁路大数据应用及列车运行图智能编制等内容，基本涵盖了列车运行图编制与管理工作的主要事项，可供从事铁路行车技术管理工作的人员业务学习、培训、工作参考使用，也可供高等及专科院校铁路运输相关专业教学使用。

参加编写的有：国家铁路局曹书文，中国国家铁路集团有限公司申宏楠、金永吉，西南交通大学潘金山，兰州交通大学钱名军，南京铁道职业技术学院程谦，中国铁路上海局集团有限公司荣剑、吴华、卢万胜、曲思源、叶良伟、徐辉、章阳、肖锋、钟雨昆、武连军、蒋耀定、尹春锋、唐祺、叶连锁、施俊泉、汪勇、杨通行、雷莹、赵龙、万琛、王平、唐好峰、王茂盛、边贵清、马荐、陈登科、刘宝光、周玉戎、李业明、杨科、武海新、任诗福、高俊，中国铁路济南局集团有限公司李辉，中国铁路太原局集团有限公司石利刚，中国铁路沈阳局集团有限公司李洪河，中国铁路南昌局集团有限公司兰楷，中国铁路西安局集团有限公司冯亦项、孙斌，浙江金温铁道开发有限公司朱椰毅、李春光、缪陈塑、祝晓峰。

本书由荣剑、程谦、曲思源任主编，吴华、曹书文、叶良伟、朱椰毅任副主编，中国铁路上海局集团有限公司马伟叁任主审。

由于编者水平有限，书中不妥之处敬请批评指正。

编　者

2021 年 10 月

目录

第一章 概　述

截至2020年底，我国铁路运营里程已达到14.63万km，形成了高速铁路与普速铁路融合的规模庞大、结构复杂的铁路运输网络。列车运行图把整个铁路网的运输生产活动联系成为一个统一的整体，是铁路运输组织工作的综合计划、铁路行车组织的基础文件和协调各部门有序开展生产活动的重要工具，对铁路安全生产和效益效率至关重要。

第一节　列车运行图的作用及图形表示方法

一、列车运行图的作用

铁路在组织旅客和货物运输生产过程中，列车运行是一个很复杂的环节，需要利用多种铁路技术装备，要求各部门、各工种、各项作业之间互相协调配合，才能保证行车安全和提高效率。

列车运行图按使用范围分为供社会使用的列车运行图和供铁路内部使用的列车运行图。

目前在我国，供社会使用的列车运行图是铁路企业向社会提供运输供应能力的有效形式，有旅客列车时刻表和货物班列时刻表两种。旅客列车时刻表和货物班列时刻表实际就是铁路运输服务产品目录，应在新运行图实行之前向社会公布，是旅客安排旅行计划、货主安排货物销售计划的依据，是铁路组织运输生产和产品供应销售的综合计划，是铁路运输生产连接厂矿企业生产和生活的纽带。

供铁路内部使用的列车运行图通常以图形的形式提供，是用来表示列车在铁路区间运行及在车站到发或通过时刻的技术文件，规定各次列车占用区间的程序，列车在每个车站到达、出发或通过的时刻，列车在区间的运行时间，列车在车站的停站时间以及机车交路、列车重量和长度等，是全路组织列车运行的基础。列车运行图详细规定了铁路线路、站场、机车车辆等设备的运用以及与列车运行相关的各部门的具体工作，是实现列车安全、正点运行的铁路运输生产组织计划。通过列车运行图可以把整个铁路网的运输生产活动联系成为一个整体，严格按照一定程序有条不紊开展运输生产工作，列车运行图是铁路运输生产的综合计划。

二、列车运行图的图形表示方法

列车运行图是运用坐标原理对列车运行时间、空间关系的图解表示，直观表达列车运行时空过程。对列车运行时空过程的图解可以有两种不同的形式。

其一为以横坐标表示时间，纵坐标表示距离。这时，列车运行图上的水平线表示分界点的中心线，水平线间的间距表示分界点间的距离；垂直线表示时间。

其二为以横坐标表示距离，纵坐标表示时间。这时，列车运行图上的水平线表示时间；垂直线表示分界点中心线，垂直线间的间距表示分界点间的距离。

我国铁路列车运行图采用第一种图形表示形式。

在列车运行图上，以横线表示车站中心线的位置，它可有下列两种确定方法：

(1)按区间实际里程的比率确定，即按整个区段内各车站间实际里程的比例来确定横线位置。采用这种方法时，运行图上的站间距离完全反映实际情况，能明显地表示出站间距离的大小。但由于各区间线路平面和纵断面各不一样，列车运行速度有所不同，这样列车在整个区段的运行线往往是一条斜折线，既不整齐，也不易发现列车区间运行时分上的差错，所以一般不采用这种方法。

(2)按区间运行时分的比率确定，即按整个区段内各车站间列车运行时分的比例来确定横线位置。采用这种方法时，可以使列车在整个区段的运行线基本上是一条斜直线，既整齐美观，也易于发现列车区间运行时分上的差错，所以一般采用这一方法。如图 1.1 所示，A—B 区段下行方向货物列车运行时分共计为 170 min，采用这一方法确定横线位置时，首先确定技术站 A、B 的位置，然后在代表 A 站的横线上任取一点 A，并以 A 点所对应的时间为原点，在代表 B 站的横线上向右截取相等于 170 min 的 BF 线段，得 F 点，同时按 Aa、ab、bc、cd 和 dB 区间的列车运行时分，将 BF 线段划分为五个时间段，连接 A、F 两点，得一斜直线。过五个时间段端点作垂直线，在 AF 斜直线上可得交点，过各该交点作水平线，即为代表 a、b、c、d 车站的横线。

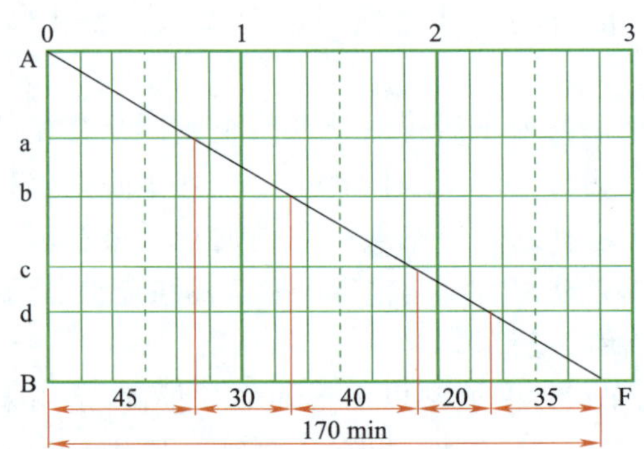

图 1.1　按区间运行时分比率确定车站位置示意图

运行图上的列车运行线(斜线)与车站中心线(横线)的交点，即为列车到、发或通过车站的时刻。根据列车运行图的格式，到发时刻有不同的表示方法。

在十分格图上，填写 10 min 以下数值；在小时格运行图上，填写 60 min 以下数值。所有表示时刻的数字，都填写在列车运行线与横线相交的钝角内。列车通过车站的时刻，一般填写在出站一端的钝角内。在二分格列车运行图上，单数整分用短竖线填记在两时分线中间，双数整分用短竖线填记在时分线上，15 s 用短竖线及线顶端加一向右上斜 45°短横填记在两整分线间，30 s 用短竖线及线顶端加一向右短横填记在两整分线之间，45 s 用短竖线及线顶端加一向右下斜 45°短横填记在两整分线之间。

在运行图上，铺画有许多不同种类列车的运行线。为了便于识别起见，对各种列车采用不同的表示方法，并对每一列车冠以规定的车次，标在区段的首末两端区间相应列车运行线的上方。上行列车的车次为双数，下行列车的车次为单数。我国铁路规定向北京方向为上行方向，反之为下行方向。

第二节 列车运行图分类

按使用范围、铁路线路的技术设备(如单线、复线)、列车运行速度、上下行方向的列车数量、列车的运行方式等条件，列车运行图可以分为多种不同类型的列车运行图。

一、按使用范围分类

1. 二分格运行图

如图 1.2 所示，它的横轴以 2 min 为单位用细竖线加以划分，10 min 格和小时格用较粗的竖线表示。二分格图主要在编制新运行图时使用。

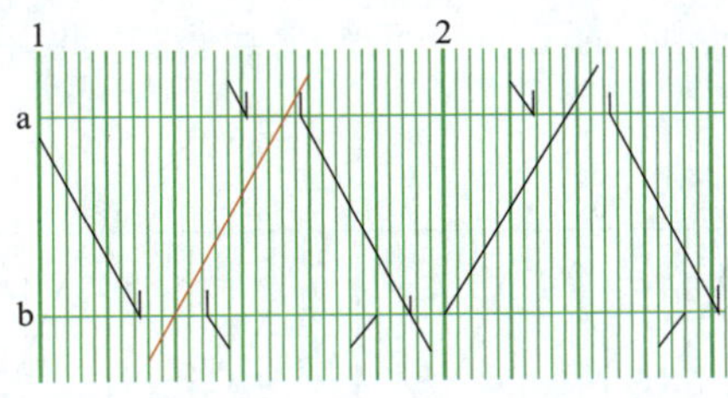

图 1.2 二分格运行图

2. 十分格运行图

如图 1.3 所示，它的横轴以 10 min 为单位用细竖线划分，半小时格用虚线表示，小时格用较粗的竖线表示。十分格图主要供列车调度员在日常调度指挥工作中编制调度调整计划和绘制实绩运行图时使用。

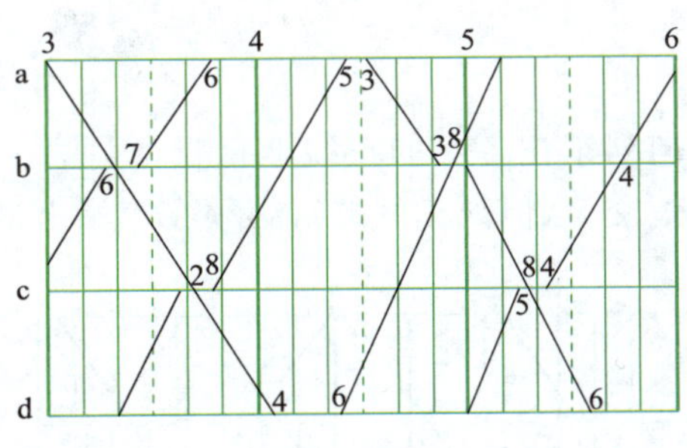

图 1.3 十分格运行图

3. 小时格运行图

如图 1.4 所示，它的横轴以 1 h 为单位用竖线加以划分。小时格图主要在编制旅客列车方案图和机车周转图时使用。

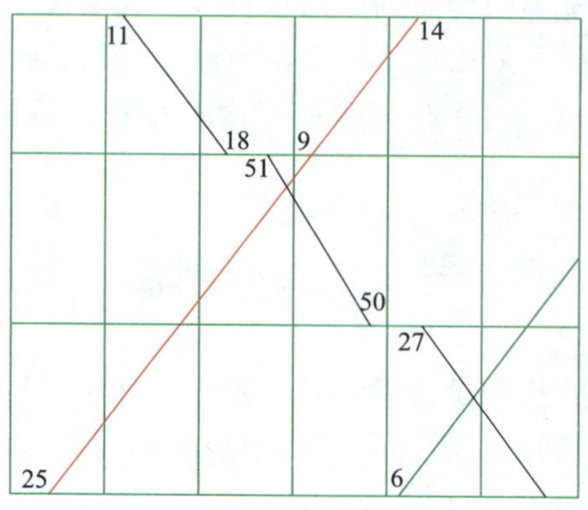

图 1.4　小时格运行图

二、按照区间正线数分类

1. 单线运行图

在单线区段，上下行方向列车都在同一正线上运行，因此，两个方向列车必须在车站上进行交会，如图 1.5 所示。

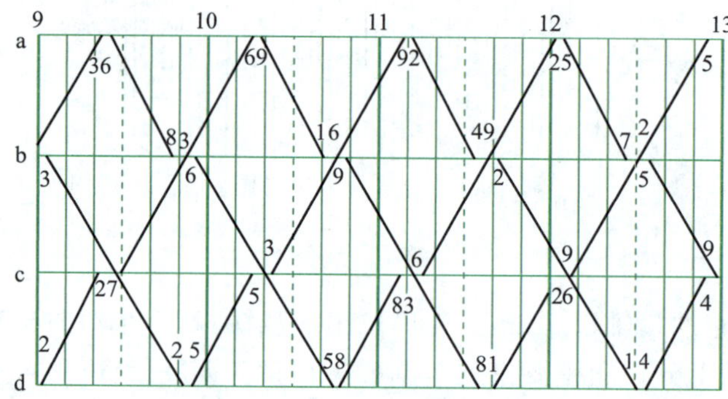

图 1.5　单线成对平行运行图

2. 双线运行图

在双线区段，上下行方向列车在各自的正线上运行，因此，上下行方向列车的运行互不干扰，可以在区间内或车站上交会，但列车的越行必须在车站上进行，如图 1.6 所示。

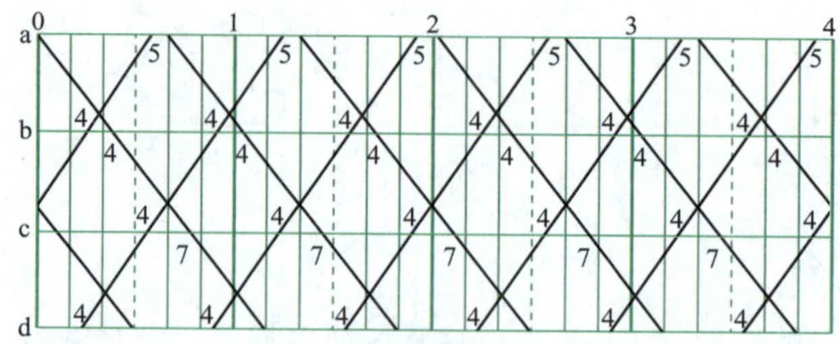

图 1.6　双线成对平行运行图

3. 单双线运行图

在有部分双线的区段，单线区间和双线区间各按单线运行图和双线运行图的特点铺画运行线，如图 1.7 所示。

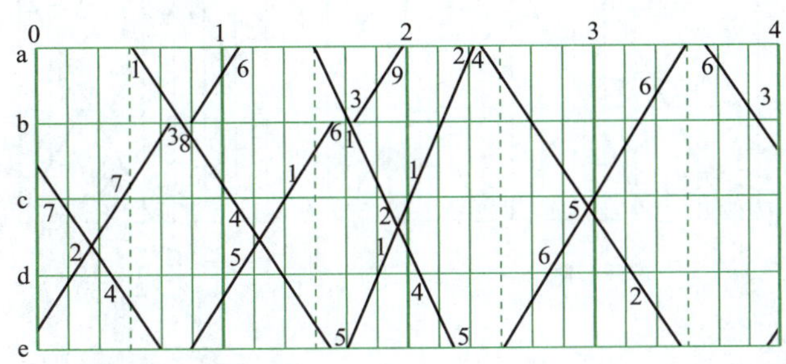

图 1.7 单双线运行图

三、按照列车运行速度分类

1. 平行列车运行图

在同一区间内，同一方向列车的运行速度相同，且列车在区间两端站的到、发或通过的运行方式也相同，因而列车运行线相互平行。

2. 非平行列车运行图

在列车运行图上铺有各种不同速度的列车，且列车在区间两端站的到、发或通过的运行方式不同，因而列车运行线不相平行，如图 1.8 所示。

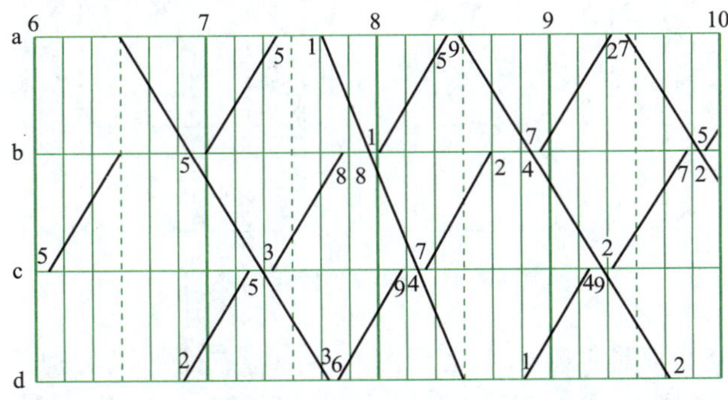

图 1.8 单线非平行运行图

四、按照上下行方向列车数分类

1. 成对列车运行图

上下行方向列车数相等的列车运行图，如图 1.5 所示。

2. 不成对列车运行图

上下行方向列车数不相等的列车运行图，如图 1.9 所示。

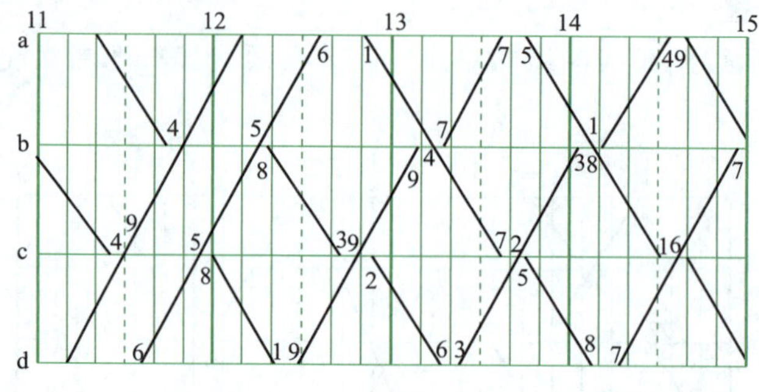

图 1.9　单线不成对运行图

五、按照同方向列车运行方式分类

1. 连发列车运行图

在这种运行图上，同方向列车的运行以站间区间为间隔。单线区段采用这种运行图时，在连发的一组列车之间不能铺画对向列车。

2. 追踪列车运行图

在这种运行图上，同方向列车的运行以闭塞分区为间隔，在装有自动闭塞的单线或双线区段上采用，如图 1.10 所示。

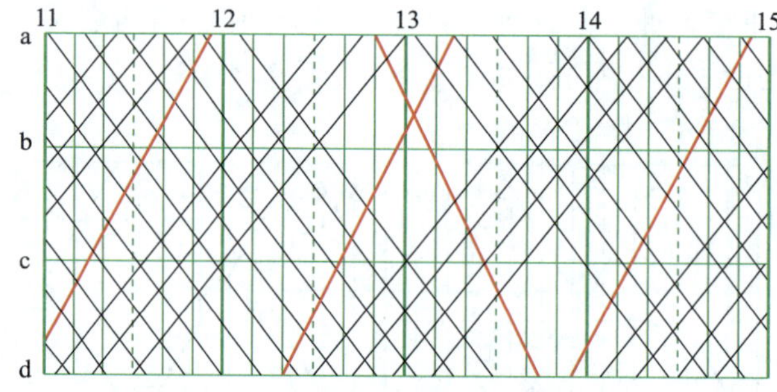

图 1.10　双线追踪运行图

应该指出，上述分类都是针对列车运行图的某一特点而加以区别的。实际上，每张列车运行图都具有多方面的特点，例如某一区段的列车运行图，它既是双线的、非平行的，又是追踪的。

第三节　国外铁路列车运行图

一、国外铁路运输组织模式简介

1. 日本

1987 年日本国铁民营化以后，国铁分拆为 6 个“网运合一”的区域性客运公司和 1 个全国性货运公司，如图 1.11 所示，并将原本国有的经营权移转为民营，其所分离而出的各公司即合称为“日本铁道集团 JR”，其中东日本、东海、西日本和九州四家客运公司已经拥有新干线。

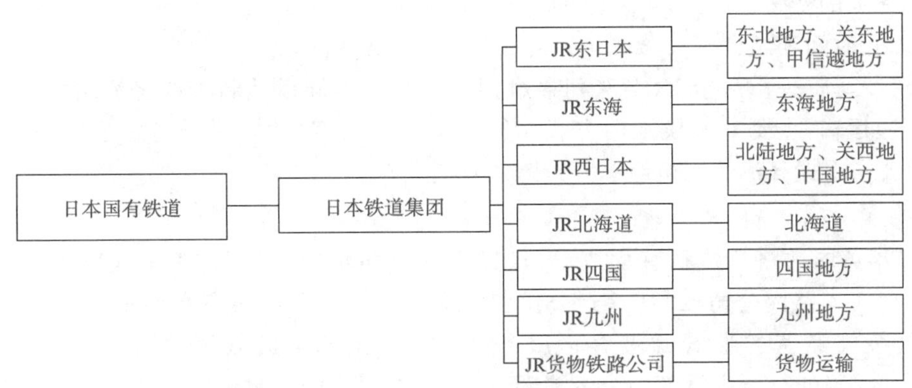

图 1.11 日本国铁运营公司示意图

日本铁路网由 JR 线路和其他轨道交通方式线路(包括大型私铁、东京地铁、地方交通)组成，其中 JR 线路主要是横跨全国的干线铁路；私铁按区域划分，东京有“京成电铁”“京王电铁”等，关西则有“南海电铁”“阪急电铁”等。日本的私营铁路网多而密集，补足了 JR 和官营的空缺之处；东京地铁和地方交通主要为城市或市郊轨道交通线路。日本铁路营业里程为 27 642.8 km，其中 JR 线路(含新干线 8 条)，合计 20 142.1 km，占总里程的 72.9%。各公司运营的新干线情况见表 1.1。

表 1.1 日本新干线基本情况

公 司	新干线名称	营业里程	车站数量	沿线主要城市
JR 东日本	东北新干线	东京—八户 593.1 km	21	东京、宇都宫、福岛、仙台、盛冈
	山形新干线	福岛—新庄 148.6 km	11	福岛、山形
	秋田新干线	盛冈—秋田 127.3 km	6	盛冈、秋田
	上越新干线	大宫—新潟 269.5 km	10	新潟
	长野新干线	高崎—长野 117.4 km	6	长野
JR 东海	东海道新干线	东京—新大阪 515.4 km	17	京都、名古屋、静冈、东京
JR 西日本	山阳新干线	新大阪—博多 553.7 km	19	博多、广岛、冈山
JR 九州	九州新干线	新八代—鹿儿岛 137.6 km	5	鹿儿岛

日本国铁民营化改革后，JR 各公司按管辖线路分别编制运行图。新干线以其速度高、运量大、安全、准时、环保等特点在日本迅速发展。新干线运行图及其编制具有以下特点：

(1)列车运行图编制标尺等级较少，且等级之间的速差较小。列车运行线基本上是以“平行运行线”的方式铺画的。

(2)不同等级列车的车站间隔时间和停站时间取值基本相同。

(3)客车编组多样化，最少 6 辆，最大编组 16 辆，还有 8 辆、10 辆、12 辆编组。

(4)采用规格化运行图，即单位时间内(通常为 1 h)，高速列车的开行数量、运行顺序、运行速度、越行或待避车站都基本相同，且安排较多假日运行线作为备用运行线。

(5)时刻表变化不大。日本全国旅客列车时刻表每个月发布一次，除了大范围调图外，一般并无太大的变化。时刻表中还专页按时间顺序公布新干线相互间、新干线与既有线间的换乘车站、时间和站台。

(6)跨线车较少。由于JR各公司接触网电压频率不同以及新干线客流结构特点，一般不组织直通运输，主要采取换乘的方式。但为了方便旅客，并在充分考虑公司利益的情况下，JR各公司根据客流情况也组织开行跨线直通列车。

2. 英国

1994年英国铁路开始私有化改革，经过多次公司重组。目前，英国铁路采用“网运分离”模式，由1家路网公司、23家客运公司、6家货运公司和3家机车车辆租赁公司组成。客运公司以特许经营的形式开展客运服务，23家客运公司成立了铁路运营公司联合会(ATOC)。铁路的行业主管部门为运输部，主要负责铁路相关政策的制定；铁路的安全及经济监管职能由铁路监管办公室承担；铁路事故调查处负责对铁路安全事故进行调查；铁路安全与标准委员会(RSSB)主要负责铁路行业标准的制定。

路网公司分别从地理位置和线路特征两个维度将整个路网划分为6个运营区域和18条主干通道，每家运输企业以线路区段作为运营单位，并不是以地理区域作为运营管理的边界。以23家客运公司为例，其中有6家公司分别运营6条跨区域的长途“城际”通道，其余的17家则分别运营各个区域内的短途“地区”线路。整张路网以伦敦、伯明翰、曼彻斯特、爱丁堡、加的夫等大城市为主要客流集散点，实行无跨线列车交叉干扰的中转换乘组织模式下的各条运营线路公交化、周期化列车开行，跨区域长途列车与区域内部短途列车相结合的运输组织模式。

3. 法国

法国铁路网是放射型路网的典型代表。截至2020年9月，法国铁路运营线路里程约30 000 km，其中高速铁线路约2 600 km。法国高速铁路主要采用“建新线＋改造既有线”的建设方式，包括东南线、大西洋线、北方线、东南延伸线、巴黎地区联络线、地中海线和东部线等。截至2019年，法国国家铁路公司(SNCF)大约共开行超过6 000列车。法国的高速铁路结合普速铁路形成了以巴黎为中心的放射型路网，列车开行特点主要表现在以中心枢纽巴黎为始发站、向周边主要城市开行列车。大量TGV高速列车下既有线运行，并采用中转与直达相结合的客流组织模式，从巴黎至里尔、里昂、南特、斯特拉斯堡等城市开行周期列车，旅客乘坐各方向列车抵达巴黎进行换乘十分便捷。

在客运方面，法国铁路根据列车速度等级、开行范围、服务特点等因素，开发了多元化、系列化的客运产品，很好地适应了市场需求。近年来，法国国家铁路公司(SNCF)客运的经营特点呈现为：大力发展TGV高速客运、积极开拓国际客运市场、努力实现品牌化经营、不断借助科技手段创新服务内容等，客运发展势头良好，旅客周转量及所占市场份额均有所增长。

经过2018年和2019年的铁路改革准备期，2020年1月1日，法国国家铁路集团公司(SNCF Group，以下简称集团母公司)正式成立，主要包括：

(1)国家铁路公司(SNCF)，完全国有的有限公司，也是集团母公司的实体，负责集团的长期战略和财务管理，由法国政府完全控股；

(2)运营公司(SNCF Voyageurs)，由集团母公司拥有，包含所有法国国家铁路集团公司在法国和国外的铁路运营商；

(3)路网公司(SNCF Réseau)，由集团母公司拥有，负责法国铁路路网的建造、维护和升级，具有列车运行图编制和调度指挥职责，即基础设施管理者；

(4)车站公司(SNCF Gares & Connexions)，路网公司(SNCF Réseau)的子公司，管理和运营法国铁路车站，保证车站的正常运行和服务；

(5)KEOLIS，全球公共交通运营商；

(6)货运公司，如 SNCF Fret、TFMM、GEODIS 等，其中 SNCF Fret 为最主要的货物运输运营商。

4. 德国

德国地处欧洲中部，是欧洲交通运输枢纽。德国高速铁路最主要的特点是客货混运、高速列车和普速列车混跑。大城市间开行的城际特快 ICE 列车，在普速线与高速线间上跨线运行，形成了一个覆盖全国主要城市的高速列车网。

德国高速列车实行按固定时间间隔发车的“节拍式”开行方式，几乎所有大城市间按 2 h 为节拍开行直达列车，保证主要城市间无须换乘即可快速到达。另一方面，德国也通过精确的运行线路和时间设计，提高了换乘的便捷性。

德国铁路快捷性与通达性相结合主要体现在停站设计和换乘上。德国是多中心城市分散型的路网格局，注定了各种列车间换乘的重要性，以高速的 ICE 为骨干，并通过 ICE 与 ICE 间的换乘，形成主要城市间的快速通达能力，再通过 ICE 与 IC(国内城际列车)、EC(欧洲城际列车)间的换乘，实现主要城市与次一级城市间的快速通达。

二、国外铁路旅客车次编排规则

1. 日本

日本通常根据车型、速度和停站对列车分类，不同运营商对列车种类划分方式不同。即使是同一条线路，也可能运营不同种类的列车，JR 公司和私铁主要运营的列车种类见表 1.2。

表 1.2 JR 公司和私铁主要运营的列车种类

列车类别	列车细分	运营特点
急行列车	普通急行列车(简称“急行”)	速度较快，耗时和停站较少，价格较贵；乘坐急行列车，一般需要购买乘车券＋急行券，如果选择指定席，还要购买指定席券；著名的急行列车有“富士急行”“北越急行”等
	特急列车(简称“特急”)	速度和耗时都优于急行列车，停站更少，价格更贵，需要购买乘车券＋特急券，如果选择指定席，还要购买指定席券；著名的特急列车有往返于青森和函馆间的“特急白鸟”等
普通列车	普速列车	又称为“各停”，即“各站停车”，是 JR 中最慢的车，逢站必停；乘坐这种列车，只需购买“乘车券”；只有在乘坐指定席或 GREEN 席(豪华车厢)的情况下，才需加购指定席券或 GREEN 席券
	快速列车	只在部分车站停车，速度比普通列车快，但价格一样；乘坐快速列车也只需购买“乘车券”；有名的快速列车有关西地区的“大和路快速”等

续上表

列车类别	列车细分	运营特点
普通列车	区间快速列车	一部分区间停站较少,另一部分区间站站停,例如某辆快速列车的路线为A—B—C,其中A到B只在大站停车,而B到C每站都停,则称为区间快速
	新快速列车	只停部分站点,新快速列车一般比快速列车停站少
	特别快速列车	只停部分站点,特别快速列车一般比新快速列车停站少
	通勤快速列车	只在上下班高峰运行的快速列车
	假日快速列车	只在节假日运行的快速列车

针对不同种类的列车,各公司一般都采用"品牌名+数字"的模式为列车命名。列车品牌名是指同一线路上具有类似运行区间、运行形态的一系列列车的总称。每一趟列车都有由品牌名和车次号组成的独一无二的编号,以起到区分的作用。

车次号方面,驶离东京的方向(下行)取奇数,驶向东京的方向(上行)取偶数。

2. 英国

英国铁路运输企业在向旅客提供票务服务及列车正晚点信息服务时,并不会向旅客发布列车车次信息,而是以"出行日期+候车车站+承运公司+列车在候车车站的出发时刻"信息来确定所乘列车。

虽然英国铁路在用户端不公布列车车次信息,但在运输企业内部,使用"列车报告号(train reporting number)"来识别和确定列车。

"列车报告号"由4位字符组成,其组合模式如下:

"数字位[0～9] + 字母位[A～Z] + 数字位[0～9] + 数字位[0～9]"

第1位数字——列车类别(等级)信息。

由于运营原因,某些列车优先运行。为了帮助调度人员,列车被分成不同的类别。分类标准会定期修订,目前最新的分类(自2017年12月13日起实行)见表1.3。

表1.3 第1位数字每个数值的含义

数值	列车类别
1	特快旅客列车(运营速度可达160 km/h);特定的邮政或包裹列车;故障或架空线路设备清理列车(1Z99);协助故障列车的牵引列车(1Z99);扫雪机(1Z99)
2	普通旅客列车(运营速度可达120 km/h);军官专列(2Z01)
3	货运列车(特别授权的);包裹列车;秋季轨头处理列车;空车(特别授权的)
4	最高时速120 km的货运列车
5	不载客的空车底
6	最高时速95 km的货运列车
7	最高时速70 km的货运列车
8	最高时速55 km的货运列车
9	373级列车(欧洲之星);经特别授权的其他客车
0	轻型机车;单机

第 2 位字母——目的地代码。

第 3、4 位数字——列车识别码。

因为有许多相同类型的列车开往相似的目的地(例如,大多数开往苏格兰的快车都有以 1 开头的代码),最后两位数字用于区分具体的某趟列车。

3. 法国

(1)列车车次号由“列车种类+数字编码”构成,如“TGV INOUI 6601”。数字编码的位数为 4～6 位,高速列车和 INTERCITÉS 普通城际列车的车次数字一般为 4 位,TER 列车车次为 5～6 位。

(2)列车主要从巴黎向国内周边城市辐射开行,从巴黎开往同一方向的相同种类列车的车次数字编码首位基本相同。例如,对于 TGV INOUI 高速列车,往返于巴黎至里尔等北部区域城市的列车车次首位为 7,至斯特拉斯堡等东北区域城市为 2,至里昂、马赛和尼斯等东南区域城市为 6;而对于西部和南部区域,至图卢兹、波尔多等南部区域城市为 85,至南特等西南区域城市为 88,至布雷斯特等西部区域城市为 86。

(3)开往巴黎(上行)的列车车次末尾数字一般为单数,反之(下行)为双数。

4. 德国

德国铁路车次的编排形式为“列车种类+数字编码”。列车种类及其数字编码位数见表 1.4,且也用尾数的单双号表示上下行。

表 1.4 德国列车种类及编码位数

列车种类	符 号	含 义	数字编码位数
国际列车	EC	欧洲城市列车	1～3 位
	EN	欧洲城市夜间列车	3 位
	RJ	奥地利高速列车	2～3 位
	TGV	法国高速列车	4 位
直通列车	ICE	城际高速	3～4 位
	IC	城际列车	3～5 位
	CNL	城市夜间列车	3～5 位
管内列车	IRE	地区特别快车	4 位
	RE	地区半快速车	4～5 位
	RB	地区站站停列车	4～5 位

三、国外铁路列车运行图特点

1. 开行时刻规律

日本新干线开通以来,一直非常重视列车运行图的研究,形成了规格化运行图。东海道新干线规格化运行图 1 h 内共铺画 11 列列车,包括 3 种不同速度的高速列车:希望号(Nozomi)1 列、光号(Hikari)7 列、回声号(Kodama)3 列,其中 3 列低速、8 列高速。列车之间的关系简单,高速列车之间无越行,低速列车之间无越行,但高速列车途中多次越行低速列车;高速列车最多两列追踪运行,低速列车不追踪运行;低速列车待避均衡,一般间隔 2～

3站待避1次，列车在东京、大阪站到发较均衡。11条运行线中有4条为季节及临时列车运行线，即备用列车运行线，其中3列高速、1列低速，3条高速列车备用线集中在一个时段，当不考虑备用线时，运行线之间的关系变得更简单，几乎很少有低速列车同时待避两列高速列车的情况。

西欧国家城际列车开行规律较强，大多使用类似于“规格化运行图”的周期性列车运行图，通常1h内列车的开行方式基本相同，一般每0.5 h或1 h开行1列节拍式列车，只是早、晚高峰以及客流密度较低的时段有些调整。各国国情决定采用的运行图模式也各有特点。如TGV国际列车和中长途列车的始发时刻规律性不太强，但运距在400 km左右或某些客流较多的城际列车的开行基本采用周期性开行方案。巴黎—里昂每天开行21列列车，非高峰时段每1 h开行1列，高峰时段每1 h开行2列，特别高峰时段每15 min开行1列。TGV列车时刻表具有非周期性与周期性开行方案相结合的特点。

2. 充分考虑客流波动

从日本和欧洲国家高速列车开行模式可以看出，除列车运行图具有开行时刻规律的特点外，还充分考虑客流波动。日本高速列车运行图是一种均衡运输模式，看不出明显的运行高峰与非高峰时间，但图中编制了相当多的假日运行线，有的线路比例高达36%，这些运行线在平日可作为备用线使用。

西欧国家客流的季节型波动明显，旅游客流的波动是影响的主要因素。不同国家的地理位置、气候和文化风俗不同，波动的周期和幅度也不一样。短途公共交通客流，一周内日间客流波动规律明显。为满足客运市场需求，西欧国家旅客列车运行图是按照客流时段（根据客流预测和既有年度客流规律划分，包括季时段与周时段两种）特征编制的。在实际运营中，西欧的铁路运营秩序稳定，对客流波动的适应能力强。

3. 停站方案规律性强

在欧洲，由于既有线上开行列车种类较多，为了保证高速列车运行的稳定性，高速铁路上开行的列车种类通常较少，同时段运行的列车速差较小。德国ICE列车起讫点数量不多，一站直达列车比例不高，大部分为中途停站。一般只在运距200 km以内开行一站直达列车，如法兰克福—曼海姆（88 km）、莱比锡—德累斯顿（120 km）、慕尼黑—纽伦堡（199 km）等城市之间。列车旅行时间在6 h以上时停站一般在4次及以上。ICE列车在相同起讫点之间的停站次数也不完全相同，平均停站距离一般设置为200 km以下，最小为20 km左右，大多数为100 km左右。

法国TGV列车起讫点数量也不多，一站直达列车较少。TGV一站直达列车集中于国际列车，如里尔—布鲁塞尔、巴黎—日内瓦、巴黎—苏黎世等。法国其他城市之间开行一站直达列车的数量很少。长运距TGV列车停站比较规律，一般在里尔、巴黎、里昂、马赛以及运行线上的其他一些大城市设有停站，如蒙彼利埃、波尔多和阿维尼翁，为旅客提供其他方向的换乘条件。在某些区间，TGV列车与普速列车的停站设置基本相同。

日本东京—博多间安排了3种高速列车，共61种停站方式，但全程不开行直达列车。为通勤旅客服务的“回声号”运行距离短，站站停车；为满足旅客便捷、快速而开行的“希望号”列车停站最少，最多停6站；“光号”列车的停站次数则介于二者之间，一般停8～12站。

4. 满足旅客换乘需要

欧洲路网密度大,大站往往都有 3 个以上衔接方向,如汉堡枢纽、纽伦堡枢纽有 5 个引入方向,法兰克福、慕尼黑有 7 个引入方向,车站到发列车密度大,车站接发能力比较紧张。为保证旅客及时换乘,欧洲各国铁路投入了很大精力研究旅客中转规律,设计良好的列车接续方案。

在德国,由于各种列车的起讫点、停站方式和运距不同,ICE 列车与 ICE、IC、EN、EC、RE、IRE 等列车以及地铁之间有良好的接续和换乘。法国列车之间的接续和换乘基于路网主要节点,主要集中在里尔、巴黎和里昂等一些大城市的大站。根据欧洲列车时刻表中列车起讫点的统计表明,几乎所有 TGV 列车的起点或终点都在里尔、巴黎和里昂。为了保证旅客换乘的方便,一方面,综合交通枢纽使得旅客可以实现列车与其他城市交通方式的便捷换乘;另一方面,列车准时性较高,列车换乘时间一般设置 10 min 左右,节省旅客的换乘等待时间。

第二章 列车运行图组成要素

列车运行图有不同的类型，表现为不同的图元结构特征。这些图元结构是由不同列车运行的不同时间要素组成的。因此，在编制列车运行图之前，必须首先确定组成列车运行图的各项时间要素。

第一节 概　　述

列车运行图时间要素包括：列车区间运行时分，列车在中间站的停站时间，机车在基本段和折返段所在站的停留时间标准，列车在技术站、客运站和货运站的技术作业过程及其主要作业时间标准，车站间隔时间，追踪列车间隔时间，线路和接触网维修天窗时间。

一、列车区间运行时分

列车区间运行时分是指列车在两相邻车站或线路所之间的运行时间标准，它由机务部门采用牵引计算和实际试验相结合的方法进行查定。列车区间运行时分取决于很多因素，主要包括机车车辆类型和构造速度、列车重量标准、列车制动力、线路平纵断面和容许速度等。为了合理确定各种列车的区间运行时分，必须正确规定及计算有关各种单项技术标准。

在机车牵引力一定的条件下，不同列车类型的列车重量差别很大，而列车重量对于列车区间运行时分的数值影响也很大。因此，必须分上下行方向对不同列车类型分别计算区间运行时分。

列车区间运行时分按车站中心线或线路所通过信号机之间的距离计算。当到发场中心线与车站中心线不一致时，按到发场中心线计算，如图 2.1 所示。

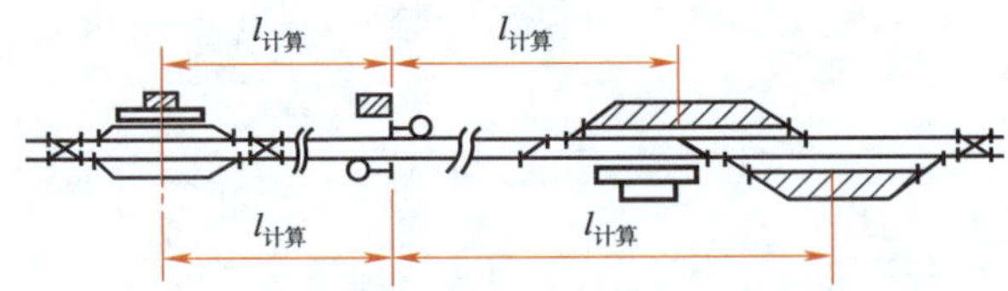

图 2.1　计算车站或线路所间列车运行时分距离图

列车区间运行时分还应根据列车在每一区间两个车站上不停车通过和停车两种情况分别查定。列车不停车通过两个相邻车站所需的区间运行时分称为纯运行时分。列车到站停车的停车附加时分和停站后出发的起动附加时分，应根据机车类型、列车重量以及进出站线路平面、纵断面条件查定。例如 A—B 区间的上行纯运行时间 $t''=14$ min；下行纯运行时间

$t'=15$ min;A 站和 B 站起动附加时间均为 2 min,即 $t_{起}^{A}=t_{起}^{B}=2$ min;A 站和 B 站停车附加时间均为 1 min,即 $t_{停}^{A}=t_{停}^{B}=1$ min,则 A—B 区间的运行时分可以缩写为:

上行:14_{2}^{1}　　下行:15_{1}^{2}

二、列车在中间站的停站时间

列车在中间站的停站时间由下列原因产生:

(1)进行必要的技术作业,如摘挂机车、试风和列车技术检查、机车乘务组换班等。

(2)客货运作业,如旅客乘降,行李、包裹、邮件的装卸,车辆摘挂,货物的装卸等。

(3)列车在中间站的会车和越行。

摘挂机车作业一般在技术站或在采用补机地段的起点站和终点站上进行。列车在中间站的技术检查和试风,一般在长大下坡道之前的车站上进行。当牵引区段较长,机车乘务组连续工作时间超过规定标准时,也可能要采用中途换班的方式。

客货运作业停站时间,应根据各种列车的不同需要分别规定。对旅客列车规定旅客乘降、行李包裹和邮件的装卸所需要的停站时间;对摘挂列车规定摘挂车辆、取送车及不摘车装卸作业所需要的停站时间。

列车进行技术作业和客货运作业的时间标准,由每一车站用分析计算和实际查标相结合的方法分别确定。列车在中间站的各项作业,应尽可能平行进行。在满足实际需要的条件下,应最大限度地缩短列车停站时间,以提高列车的旅行速度。

三、机车在基本段和折返段所在站停留时间标准

机车在基本段和折返段所在站停留时间标准,取决于机车的运用方式。铁路机车的基本运用方式可有肩回运转制交路、半循环运转制交路、循环运转制交路和环形运转制交路等。

1. 肩回运转制交路

机车担当与基本段相邻区段的列车牵引任务。除需进行折返整备外,机车每次返回基本段所在站时,需要入段整备,如图 2.2 所示。

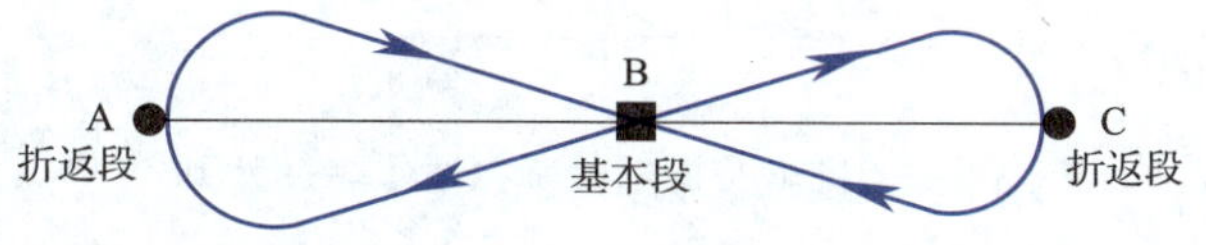

图 2.2　肩回运转制交路图

2. 半循环运转制交路

机车担当与基本段相邻两个区段的列车牵引任务,除需要进折返段整备外,机车第一次返回基本段所在站时不入段,继续牵引列车向前方区段运行,到第二次返回基本段所在站时,才入段进行整备作业,如图 2.3 所示。

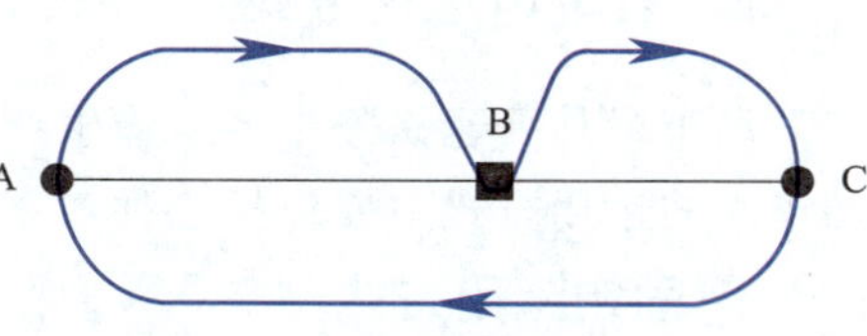

图 2.3　半循环运转制交路图

3. 循环运转制交路

机车担当与基本段相邻两个区段的列车牵引任务,除需进折返段整备及因中间技术检查需入基本段外,每次返回基本段所在站,都在车站上进行整备作业,如图 2.4 所示。

4. 环形运转制交路

机车在一个区段或枢纽内担当两个及以上往返的列车牵引任务之后,入段进行整备作业,机车不需要转向,如图 2.5 所示。这种交路适用于担当市郊列车和小运转列车牵引任务。

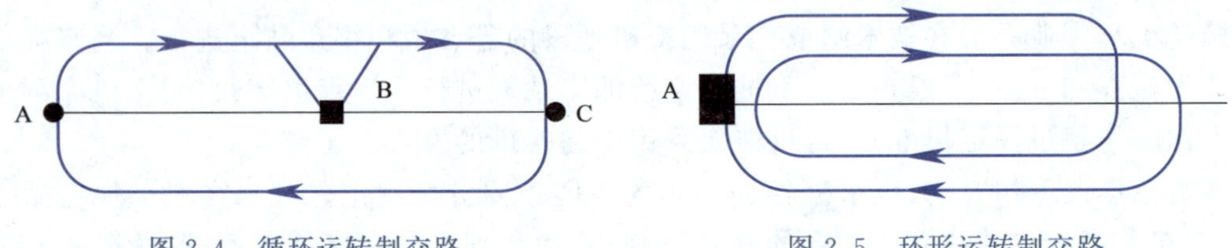

图 2.4　循环运转制交路　　　　图 2.5　环形运转制交路

机车在基本段和折返段所在站办理必要作业所需要的最小时间,称为机车在基本段和折返段所在站的停留时间标准。机车在折返段所在站应办理的作业有:在到发线上的到达作业,包括到达试风、摘机车、准备机车入段进路等;机车入段走行;机车在段内作业;机车出段走行;在到发线上的出发作业,包括挂机车、出发试风等。综合以上各项作业所需要的时间,便可得出机车在折返段所在站的停留时间标准。如图 2.6 所示,10001 次列车机车自到达折返段所在站之时起至牵引 10004 次列车出发时止,在该站的停留时间(包括在段内的停留时间)为:

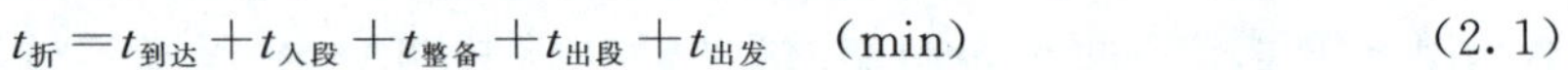

$$t_{折}=t_{到达}+t_{入段}+t_{整备}+t_{出段}+t_{出发}\quad (\min) \tag{2.1}$$

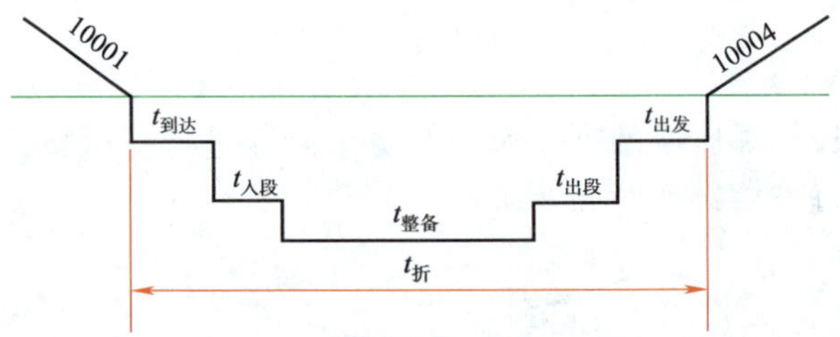

图 2.6　机车在折返段所在站作业过程图

上列各项作业时间,可根据分析计算和查标相结合的方法确定。

四、动车组运用方式

动车组是高速铁路旅客运输生产任务主要的移动设备,具有机车和客车车底双重性质。动车组的运用方式主要包括三种:

1. 固定运用方式

此类运用方式与既有铁路客车车底的运用方式一致,动车组只在固定的区段内往返运行,如图 2.7 所示。固定运用方式又可分为站间固定运用方式和两区段运用方式。

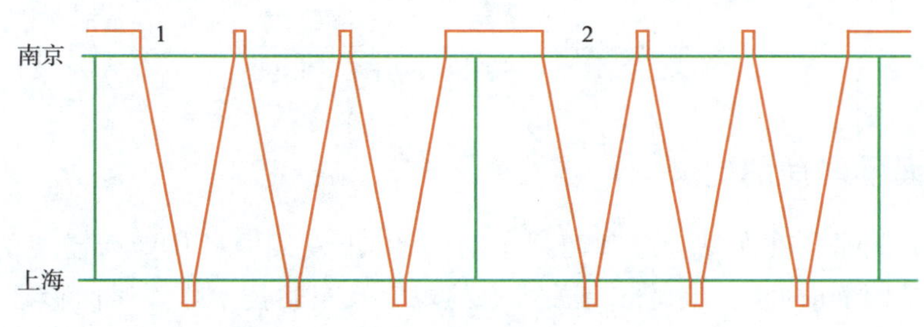

图 2.7　动车组固定运用方式示意图

2. 不固定运用方式

不固定运用方式以全线(或线路网)为系统,统筹考虑动车组的使用与维修来安排动车的运用,也就是说,在假定各动车组无差别的前提下,不固定动车组的运行区段,根据需要和可能,可以在任何区段之间运行,如图 2.8 所示。

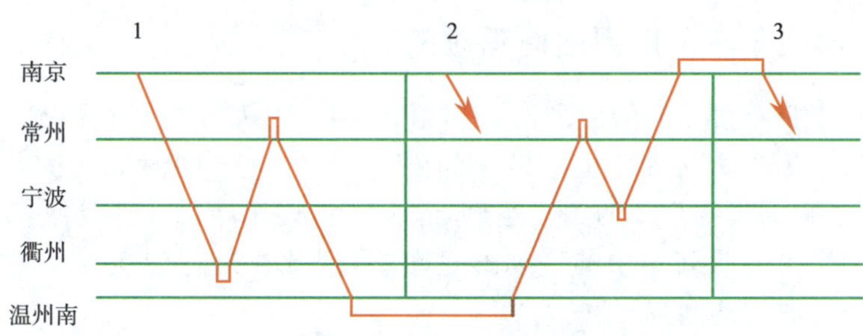

图 2.8　动车组不固定运用方式示意图

3. 半固定运用方式

半固定运用方式指部分动车组采用固定运用方式,而其余动车组采用不固定运用方式,是介于固定运用方式和不固定运用方式之间的一种方式。

动车组运用过程中在配属站、折返站的各项作业时间标准,也可根据分析计算和查标结合方法确定。在编制列车运行图时,机务部门必须对每一区段的机车和动车组分别查定办理各项作业的时间标准,并规定机车在基本段、折返段所在站和动车组在配属站、折返站的停留时间标准。

五、列车在技术站、客运站和货运站的技术作业时间标准

为了保证车站与区段工作协调,必须编制与车站技术作业相配合的列车运行图。因此,在编制列车运行图时,需具备技术站、客运站和货运站技术作业过程的主要作业时间标准,包括:

(1)在到发场内办理各种列车作业的时间标准。

(2)在驼峰或牵出线上解体或编组列车的时间标准。

(3)旅客列车车列在配属段、折返段所在站的停留时间标准。

(4)货运站办理整列或成组装卸作业时间标准。

上述各项作业时间标准,一般可根据《车站行车工作细则》确定。

第二节 车站间隔时间

一、车站间隔时间的定义

车站间隔时间是指在车站上办理两列车的到达、出发或通过作业所需要的最小间隔时间。在查定车站间隔时间时，应遵守有关规章的规定及车站技术作业时间标准，以保证行车安全和最有效地利用区间通过能力。

常用的车站间隔时间包括相对方向列车不同时到达间隔时间、会车间隔时间、同方向列车连发间隔时间、同方向列车不同时发到间隔时间和不同时到发间隔时间等几种，其值大小与车站信号、道岔操纵方式、车站邻接区间的行车闭塞方式，以及车站站场条件、站外线路的平、纵断面情况及接触网分相，机车类型，列车重量和长度等因素有关。在编制新列车运行图之前，每个车站都应根据具体条件，查定各种车站间隔时间。

二、相对方向列车不同时到达间隔时间

在单线区段，来自相对方向的两列车在车站交会时，从某一方向列车到达车站时起，至相对方向列车到达或通过该站时止的最小间隔时间，称为不同时到达间隔时间（$\tau_{不}$），如图 2.9 所示。为了提高货物列车的旅行速度，除上下行列车在同一车站上都有作业需要停站外，原则上应使交会的两列车中的一列通过车站，因此在运行图上较常采用的是一列停车、一列通过的不同时到达间隔时间。

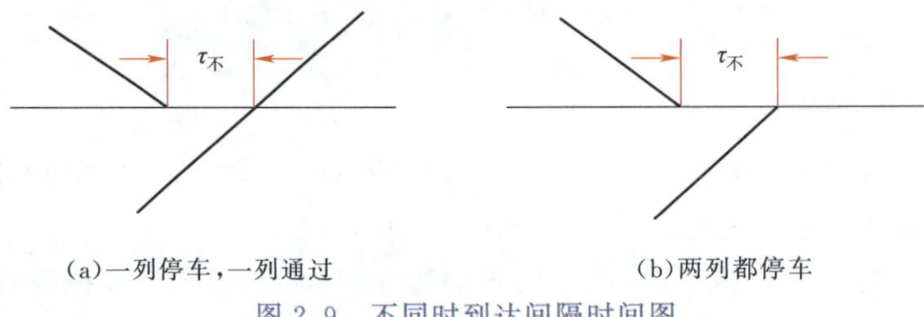

图 2.9 不同时到达间隔时间图

为确保行车安全，在进站信号机外制动距离内进站方向为超过《铁路技术管理规程》(简称《技规》)规定的下坡道，而接车线末端又无隔开设备的车站，禁止办理相对方向同时接车。凡不能办理相对方向同时接车的车站，由相对方向到站停车的两列车也须保持必要的不同时到达间隔时间。

不同时到达间隔时间的大小，根据如下条件确定：

(1)只有当第一列车到达车站，并为对向列车准备好接车进路以后，才能给对向列车开放进站信号。

(2)进站信号开放时，列车头部在进站信号机外方所处的位置，应等于一个制动距离及司机确认信号显示时间内所通过的距离之和，如图 2.10 所示。

因此，不同时到达间隔时间由两个部分组成：第一部分为第一列车到达车站后，车站办理必要作业所需要的时间 $t_{作业}$；第二部分为对向列车通过进站距离 $L_{进}$ 所需要的时间 $t_{进}$。据

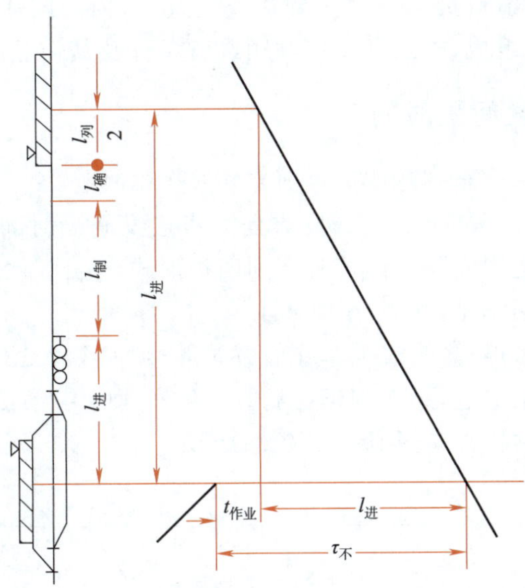

图 2.10 进站信号机开放时的列车位置与不同时到达间隔示意图

此，可有

$$\tau_{不}=t_{作业}+t_{进}=t_{作业}+0.06\frac{L_{进}}{v_{进}}=t_{作业}+0.06\frac{0.5l_{列}+l_{确}+l_{制}+l_{进}}{v_{进}}\quad(\mathrm{min})\qquad(2.2)$$

式中 $l_列$——列车长度，m；

$l_确$——司机确认进站信号显示状态时间内列车运行距离，m；

$l_制$——列车制动距离或由预告信号机至进站信号机的距离，m；

$l_进$——进站信号机至车站中心线的距离，m；

$v_进$——列车平均进站速度，km/h。

0.06——将 km/h 转换为 m/ min 时的系数。

由于车站两端的 $L_进$ 和 $v_进$ 不同，因此每一车站必须对上下行列车分别查定其不同时到达间隔时间。

车站办理必要作业所需时间，根据各站信联闭设备条件及其作业内容查定。

三、会车间隔时间

在单线区段，自某一方向列车到达或通过车站时起，至由该站向同一区间发出另一对向列车时止的最小间隔时间，称为会车间隔时间($\tau_会$)，如图 2.11 所示。

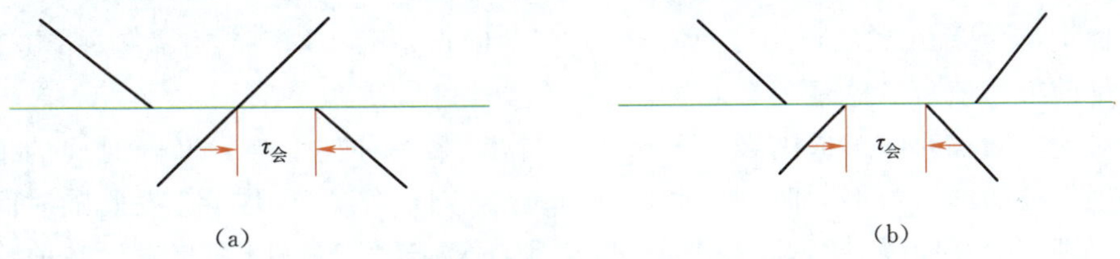

图 2.11 会车间隔时间图

会车间隔时间由车站值班员监督列车到达或通过后，为向同一区间发出另一列车所需办理必要作业的作业时间组成，根据各站信联闭设备条件及其作业内容查定。

四、同方向列车连发间隔时间

在单线或双线区段，从列车到达或通过前方邻接车站时起，至由车站向该区间再发出另一同方向列车时止的最小间隔时间，称为同方向列车连发间隔时间。根据列车在前后两站停车或通过的不同情况，连发间隔时间可有下列四种形式：

(1)两列车通过前后两车站，如图 2.12 (a)所示。

(2)第一列车在前方站停车，第二列车在后方站通过，如图 2.12(b)所示。

(3)第一列车在前方站通过，第二列车在后方站停车，如图 2.12 (c)所示。

(4)两列车在前后两站均停车，如图 2.12 (d)所示。

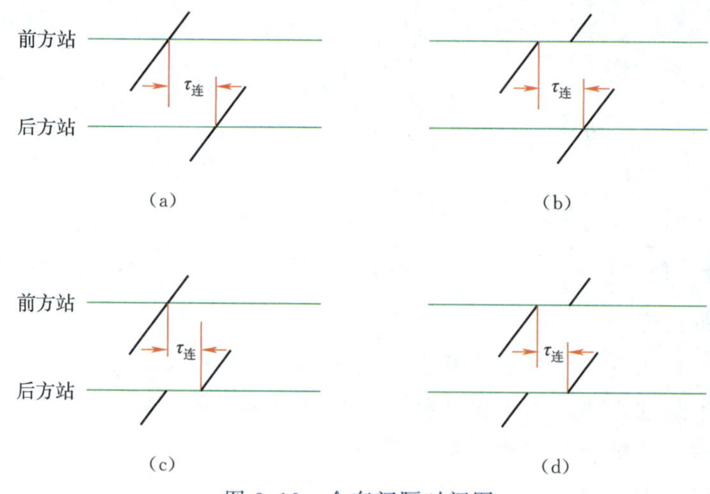

图 2.12　会车间隔时间图

按照连发间隔时间组成因素的不同，可以将上述四种形式的连发间隔时间归纳为两种类型。

第一种类型为图 2.12 (a)、(b)两种形式。其共同点是列车均在后方站通过，其不同点仅在于前者是前方站值班员监督列车通过，后者是监督列车到达。这一类型的连发间隔时间由两部分组成。一部分是前后两站办理作业所需的时间 $t_{作业}$；另一部分是第二列车通过后方站进站距离 $L_{进}$ 的时间 $t_{进}$。这种类型的连发间隔时间可按如下公式：

$$\tau_{连}=t_{作业}+t_{进}=t_{作业}+0.06\frac{L_{进}}{v_{进}}=t_{作业}+0.06\frac{0.5l_{列}+l_{确}+l_{制}+l_{进}}{v_{进}}\quad(\text{min})\qquad(2.3)$$

第二种类型为图 2.12(c)、(d)两种形式。其共同点是列车均在后方站停车，其不同点仅在于前者是前方站值班员监督列车通过，后者是监督列车到达。

通过对连发间隔时间组成因素的分析可以看出，第一种类型连发间隔时间的组成因素及车站办理作业的内容与不同时到达间隔时间基本相同；第二种类型连发间隔时间所包括的作业内容则与会车间隔时间基本相同。但必须注意，连发间隔时间是发生在前后两个车站上，而不同时到达和会车间隔时间是发生在同一个车站上。

五、同方向列车不同时到发间隔时间和不同时发到间隔时间

自某方向列车到达车站时起，至由该站发出另一同方向列车时止的最小间隔时间，称为同方向列车不同时到发间隔时间($\tau_{到发}$)。自列车由车站发出时起，至同方向列车到达车站时止的最小间隔时间，称为同方向列车不同时到发间隔时间($\tau_{发到}$)。这两种间隔时间在运行图上的表现形式如图 2.13 所示。

图 2.13 同方向列车不同时到发间隔时间

凡禁止办理同时接发同方向列车的车站，都必须查定同方向列车不同时到发间隔时间和不同时发到间隔时间。在查定这两种间隔时间时，必须遵守以下两个条件：

第一，办理同方向列车不同时到发时，必须在列车全部到达并停在警冲标内方以后，另一个同方向列车方可从该站出发。

第二，办理同方向列车不同时发到时，必须在第一列车全部通过出发进路中的最后出站道岔以及车站办理有关作业之后，将要进站的另一同方向列车，应位于该站进站信号机外方 $L_{制}+L_{确}$ 的位置处。

根据上述条件，同方向列车不同时到发间隔时间由车站值班员监督列车到达后向同一方向发出另一列车所需办理必要作业的作业时间组成，包括车站值班员监督列车到达、将进站信号恢复定位、给出发列车发出占用区间许可凭证、开放出站信号，以及司机检查占用区间许可凭证、确认出站信号显示状态、车站值班员显示发车指示信号至列车起动所需作业时间。$\tau_{到发}$ 的数值与 $\tau_{会}$ 类似，一般为 2～3 min。而同方向列车不同时发到间隔时间，由以下三部分组成，如图 2.14 所示。

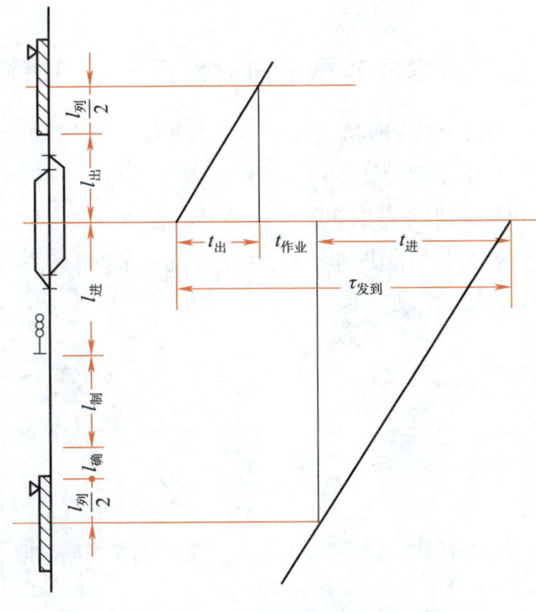

图 2.14 同方向列车发到间隔时间示意图

(1)出发列车出站时间$t_{出}$。

(2)车站办理必要作业时间$t_{作业}$。

(3)到达的同方向列车进站时间$t_{进}$。

因此,可有

$$\tau_{发到}=t_{出}+t_{作业}+t_{进} \quad (\text{min}) \tag{2.4}$$

由图 2.14 可见:

$$t_{出}=0.06\,\frac{l_{出}+0.5\,l_{列}}{v_{出}} \quad (\text{min}) \tag{2.5}$$

$$t_{进}=0.06\,\frac{0.5l_{列}+l_{确}+l_{制}+l_{进}}{v_{进}} \quad (\text{min}) \tag{2.6}$$

六、相对方向列车不同时通过车站间隔时间

在一端连接双线区间、另一端连接单线区间的铁路车站上,两个相对方向的列车不同时通过该站的最小间隔时间,称为相对方向列车不同时通过车站间隔时间($\tau_{通}$),如图 2.15 所示。

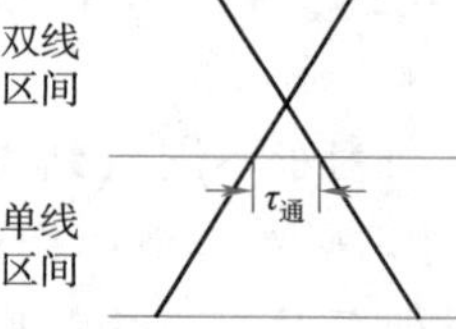

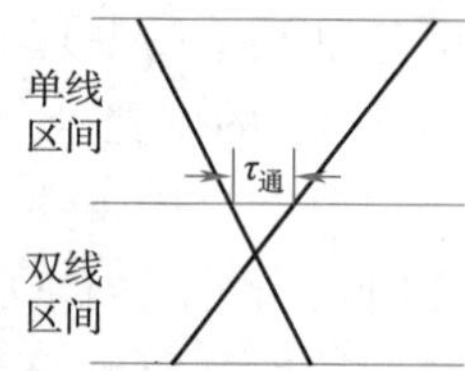

图 2.15 相对方向列车不同时通过车站间隔时间组成示意图

相对方向列车不同时通过间隔时间由车站办理各项作业的时间$t_{作业}$和自双线区间接入列车通过进站距离$L_{进}$的时间$t_{进}$两部分组成,即

$$\tau_{通}=t_{作业}+t_{进}=t_{作业}+0.06\times\frac{0.5\,l_{列}+l_{确}+l_{制}+l_{进}}{v_{进}} \quad (\text{min}) \tag{2.7}$$

$\tau_{通}$的时间一般是 4～5 min。

七、有敌对进路时的相对方向列车不同时发到及不同时到发间隔时间

在有敌对进路的车站,例如车站衔接有分歧方向或双线区间到发线设于正线同一侧,自某一列车由车站发出时起至另一相对方向列车到达该站时止的最小间隔时间,称为有敌对进路时相对方向列车不同时发到间隔时间($\tau_{敌发到}$);自某一方向列车到达车站时起,至另一对向列车由该站发出时止的最小间隔时间,称为有敌对进路相对方向列车不同时到发间隔时间($\tau_{敌到发}$),如图 2.16 和图 2.17 所示。

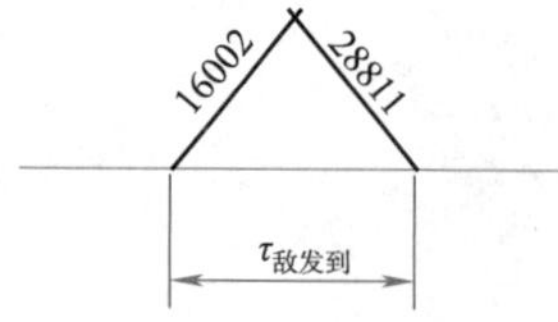

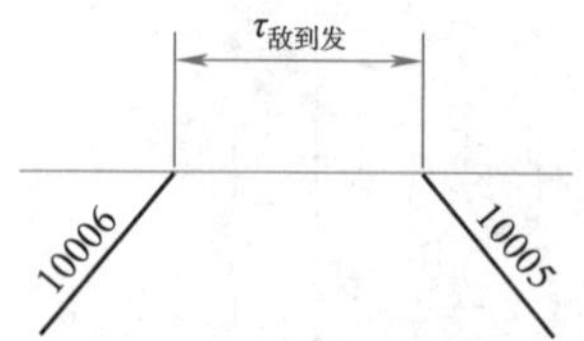

图 2.16 有敌对进路时相对方向列车不同时到发间隔时间示意图

间隔时间$\tau_{敌到发}$和$\tau_{敌发到}$计算确定原理与同方向列车不同时到发和不同时发到间隔时间基本相同。$\tau_{敌发到}$一般为 7～9 min;$\tau_{敌到发}$一般为 2～3 min。

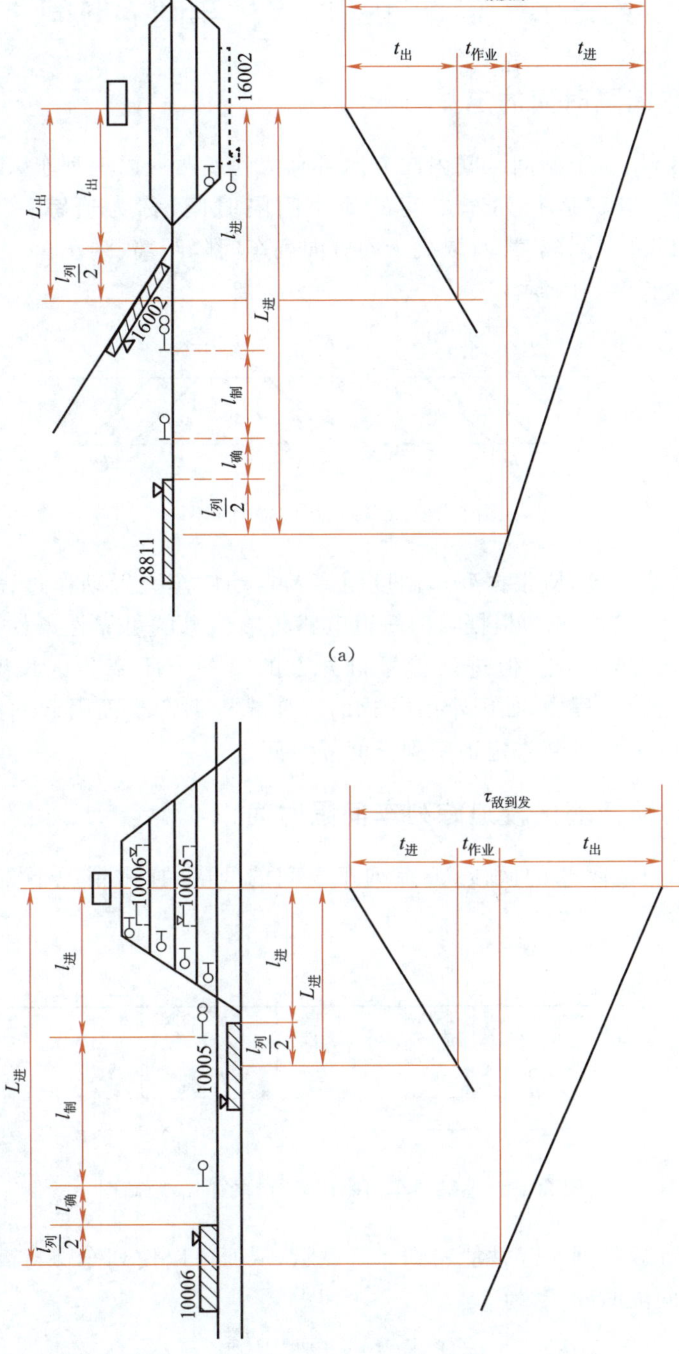

图 2.17 有敌对进路时相对方向列车不同时发到间隔时间示意图

上述各种车站间隔时间数值的大小，与列车运行速度和列车长度相关。因此，应分别对旅客列车和货物列车进行查定。

第三节　自动闭塞区段列车间隔时间

一、追踪列车间隔时间的定义

在自动闭塞区段，一个站间区间内同方向可有两列或两列以上列车，以闭塞分区间隔运行，称为追踪运行。追踪运行列车之间的最小间隔时间，称为追踪列车间隔时间 I，如图 2.18 所示。追踪列车间隔时间，取决于同方向列车间隔距离、列车运行速度、信联闭设备类型以及闭塞分区长度等因素。

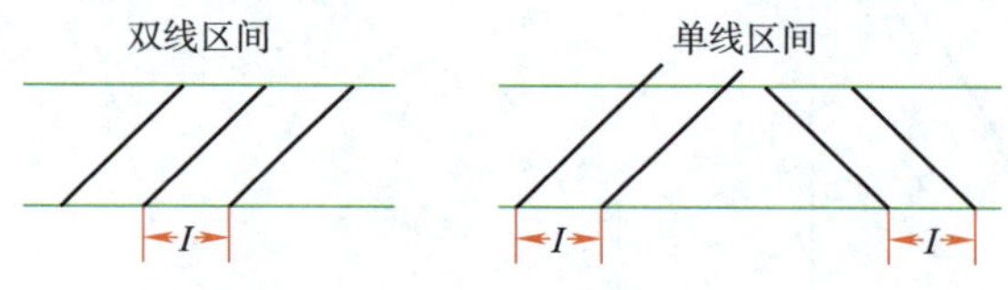

图 2.18　追踪列车间隔时间图

闭塞分区的最小长度，应根据列车制度距离及自动停车装置动作过程中列车空走距离确定，一般不应小于 1 200 m。根据目前轨道电路传输信息的可靠性条件，自动闭塞分区的最大长度不应大于 2 600 m。但进站信号机外方的第一个闭塞分区长度，一般不应大于 1 500 m。在实际运营过程中，如因牵引方式的改变或机型调整而引起的列车重量、长度及运行速度发生变化，需要重新查定追踪列车间隔时间。

二、三显示自动闭塞区段追踪列车间隔时间

在使用三显示自动闭塞的区段，追踪列车之间的间隔，通常情况下需相隔三个闭塞分区，如图 2.19 所示。

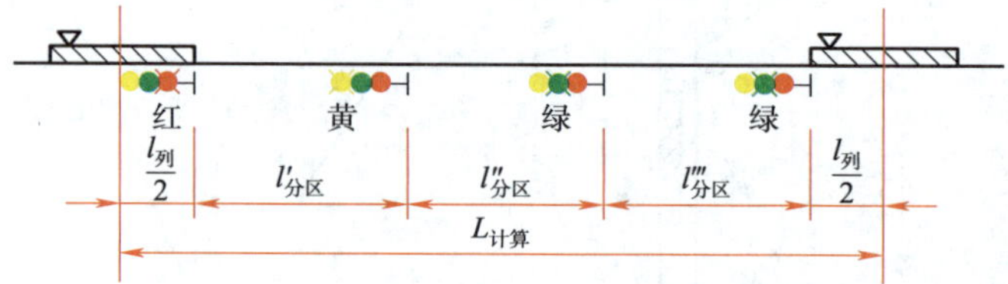

图 2.19　追踪列车向绿灯运行时的间隔距离图

这样，可以保证后行列车经常能看到绿灯显示，从而可以使列车保持高速运行。在这种情况下，追踪列车间隔时间 $I_{追}^{绿}$ 为

$$I_{追}^{绿}=0.06\frac{l_{列}+l'_{分区}+l''_{分区}+l'''_{分区}}{v_{运}}\quad(\text{min})\tag{2.8}$$

式中　　$l_{列}$——列车平均长度，m，计算公式为

$$l_{列}=\frac{l_{后列}}{2}+\frac{l_{前列}}{2}\tag{2.9}$$

其中　$l_{前列}$，$l_{后列}$——前后两列车的长度，m；

$l'_{分区}, l''_{分区}, l'''_{分区}$——各闭塞分区长度，m；

$v_{运}$——列车通过计算距离的平均运行速度，km/h。

列车向绿灯运行是计算和查定追踪列车间隔时间的主要形式。如果追踪列车间隔时间标准已定，则根据上式，闭塞分区的平均长度应为

$$l_{分区}=\frac{\dfrac{I_{追}^{绿}v_{运}}{0.06}-l_{列}}{3}\quad(\text{m})$$

可以看出，闭塞分区的平均长度取决于货物列车平均运行速度，速度越高闭塞分区越长，速度越低闭塞分区越短，这样，当列车在长大上坡道上运行时，由于运行速度较低，为了保证必要的通过能力，追踪列车间隔时间也可以按照前后列车间隔两个闭塞分区的条件(如图 2.20 所示)来确定。

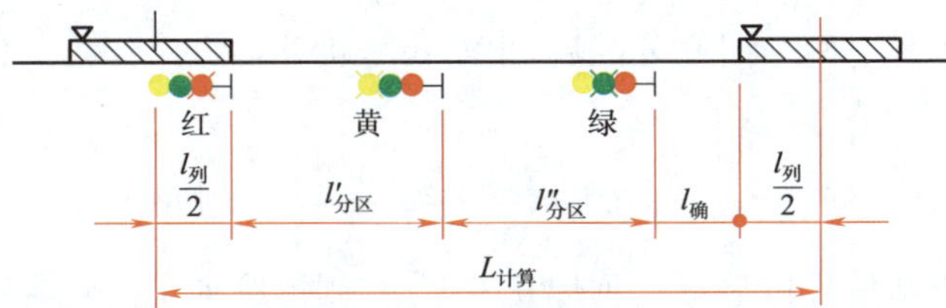

图 2.20　追踪列车向绿灯运行时的间隔距离图

这时，追踪列车间隔时间 $I_{追}^{黄}$ 为

$$I_{追}^{黄}=0.06\frac{l_{列}+l'_{分区}+l''_{分区}}{v_{运}}+t_{确}\quad(\text{min})\tag{2.10}$$

式中　$t_{确}$——司机确认信号转换显示的时间，min。

在自动闭塞区段，除计算列车在两站间各闭塞分区追踪运行的间隔时间标准外，还应对区段内每一车站分别上下行方向查定同方向发车、同方向到达或通过及两列车不停车通过车站的追踪列车间隔时间。

按到站停车条件确定追踪列车间隔时间时，应确保后行的追踪列车不因站内未准备好接车进路而降低速度。为此，车站准备好进路和开放好进站信号的时刻，应不迟于第二列车头部接近站外第二通过色灯信号机的时刻，如图 2.21 所示。

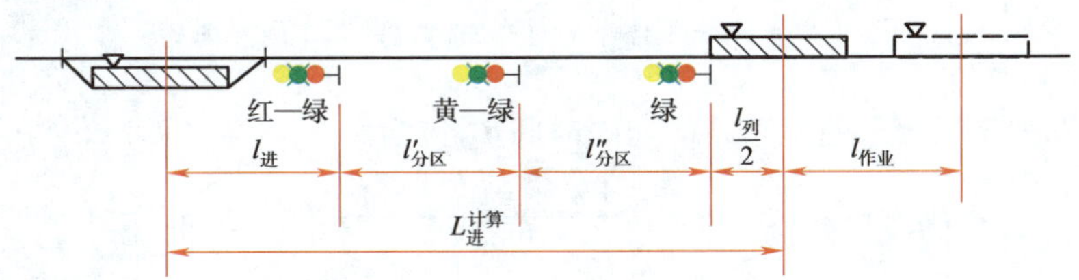

图 2.21　列车到站停车时追踪列车间隔图

这时，追踪列车间隔时间 $I_{到}$ 应为

$$I_{到}=t_{作业}+0.06\frac{0.5l_{列}+l'_{分区}+l''_{分区}+l_{进}}{v_{进}^{平均}}+t_{确}\quad(\text{min})\tag{2.11}$$

式中　$t_{作业}$——车站准备进路和开放进站信号的时间，min；

$v_{进}^{平均}$——列车通过进站计算距离的平均速度，km/h。

按列车从车站出发条件确定追踪列车间隔时间时，应确保后行列车在出站信号机显示绿灯的条件下出发，如图 2.22 所示。

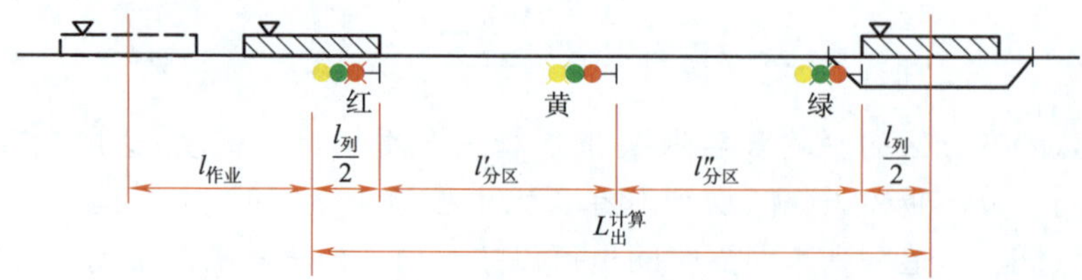

图 2.22　列车从车站出发时追踪列车间隔图

只有在第一列车腾空两个闭塞分区后，出站信号机才能显示绿灯。因此，由车站发出追踪列车间隔时间 $I_{发}$ 应为

$$I_{发}=t_{作业}+0.06\frac{l_{列}+l'_{分区}+l''_{分区}}{v_{出}^{平均}}\quad(\mathrm{min})\tag{2.12}$$

当准许列车凭出站信号机显示黄色灯光发车时，则追踪列车间隔时间 $I_{发}$ 应为

$$I_{发}=t_{作业}+0.06\frac{l_{列}+l'_{分区}}{v_{出}^{平均}}\quad(\mathrm{min})\tag{2.13}$$

式中　$t_{作业}$——车站开放信号和司机确认信号的时间，min；

$v_{出}^{平均}$——列车通过出站计算距离的平均速度，km/h。

按前后两列车不停车通过车站条件确定追踪列车间隔时间时，必须在第一列车通过出站道岔，并为后行列车开放进站信号后，后行列车才能处在与第一列车相隔三个闭塞分区（包括车站闭塞分区）距离的位置，如图 2.23 所示。

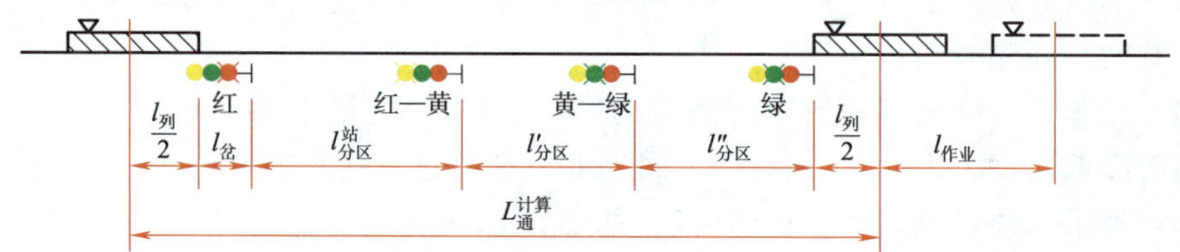

图 2.23　列车不停车通过车站时追踪列车间隔图

这时，追踪列车不停车通过车站的间隔时间 $I_{通}$ 应为

$$I_{通}=t_{作业}+0.06\frac{l_{分区}^{站}+l'_{分区}+l''_{分区}+l_{列}+l_{岔}}{v_{通}^{平均}}\quad(\mathrm{min})\tag{2.14}$$

式中　$l_{分区}^{站}$——车站闭塞分区长度，m；

$v_{通}^{平均}$——列车通过车站计算距离的平均速度，km/h；

$l_{岔}$——出站信号机至最外方道岔的距离，m；

$t_{作业}$——为第二列车开放进站信号的时间，min。

在开行组合列车或重载列车的区段，应根据组合列车与普通货物列车前后位置的不同，

分别确定 $I_{追}$、$I_{到}$、$I_{发}$和 $I_{通}$。

因为旅客列车和货物列车的运行速度不同，所以在确定货物列车与旅客列车之间的追踪间隔时间时，应按到站条件计算，如图 2.24(a)所示，而确定旅客列车与货物列车的追踪间隔时间时，则应按从车站出发的条件计算，如图 2.24(b)所示。

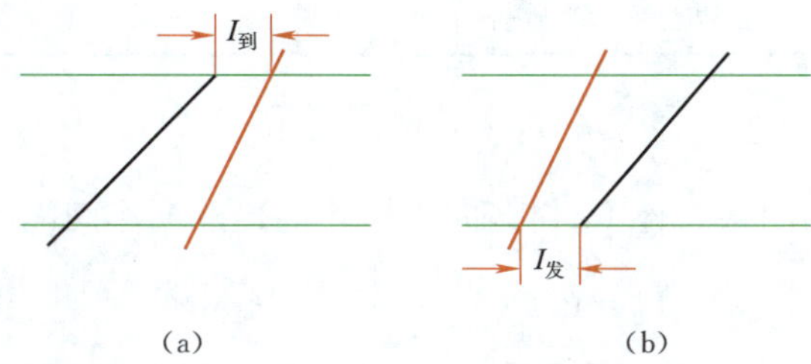

图 2.24 旅客列车和货物列车追踪间隔时间图

对各区间求出普通货物列车之间的上述几种追踪间隔时间之后，取其中最大的数值作为计算平行运行图通过能力时的追踪间隔时间。

三、四显示自动闭塞区间追踪列车间隔时间计算原理

1. 四显示自动闭塞的概念

一般称通过色灯信号机能显示诸如红(H)、黄(U)、绿黄(LU)和绿(L)四种灯光信号的自动闭塞为四显示自动闭塞。

2. 四显示自动闭塞与三显示自动闭塞的区别

四显示自动闭塞的轨道电路根据前行列车位置，发出不同的码序，表示一定的限制速度。当装设有超速防护装置时，列车超速运行，将迫使列车发生紧急制动。所以，四显示信号是具有预告功能的速差式信号。四显示与三显示两种自动闭塞在运用功能方面的主要区别见表 2.1。

表 2.1 四显示与三显示自动闭塞运用功能比较表

项　目	四　显　示	三　显　示
地面信号显示	四显示(L、LU、U、H)	三显示(L、U、H)
机车信号系统	自动停车装置，侧线运行机车信号指示	自动停车装置，侧线运行无机车信号指示
制动距离分区数	2 个闭塞分区	1 个闭塞分区
列车追踪间隔	5 个闭塞分区	3 个闭塞分区
列车运行方向	每线双向运行	每线单向运行
列车运行凭证	以机车信号为主	以地面信号为主
闭塞分区长度	700～900 m	1 600～2 600 m

3. 追踪列车间隔时间

如图 2.25 所示，在四显示自动闭塞区间，列车追踪运行至少应保证有五个闭塞分区的间隔。其中防护区用于保护区间，要求列车停车；提醒区用于提醒司机，列车将进入减速地段。

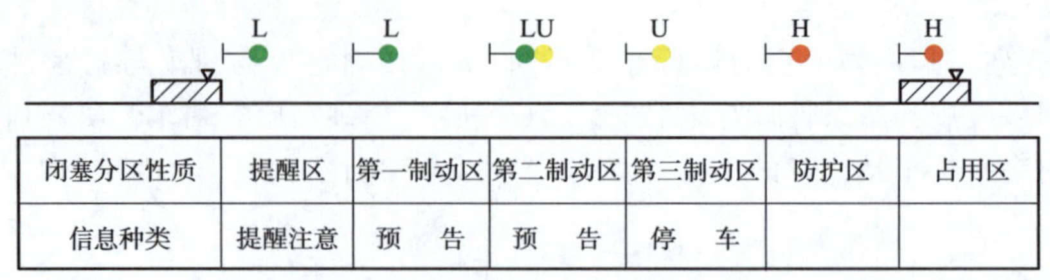

闭塞分区性质	提醒区	第一制动区	第二制动区	第三制动区	防护区	占用区
信息种类	提醒注意	预　告	预　告	停　车		

图 2.25　四显示追踪列车间隔图

据此，在四显示自动闭塞条件下，在区间内运行的追踪列车间隔时间 $I_{追}$ 可按下式计算：

$$I_{追}=0.06\,\frac{5l_{分区}+l_{列}}{v_{运}}\quad(\text{min})\tag{2.15}$$

四、高速铁路追踪列车间隔时间计算原理

高速铁路追踪列车间隔时间是指在采用调度集中（CTC）行车指挥方式和 CTCS-2/3 级列控系统控车条件下，列车运行图中相邻的同向或对向列车间应保持的最小间隔时间。

1. 列车区间追踪间隔时间 $I_{追}$

列车区间追踪间隔时间，以前行列车所在闭塞分区入口附加一定的安全防护距离为追踪目标点，在满足目标制动距离条件下，后行列车正常运行而必须间隔的最短距离范围内的在运行时间，如图 2.26 所示。

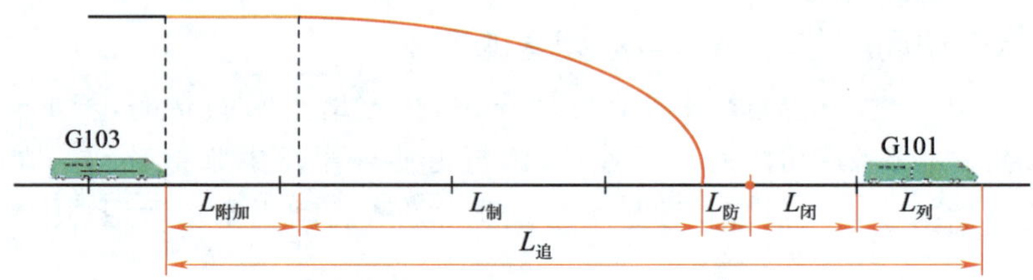

图 2.26　列车区间追踪间隔时间示意图

$I_{追}$ 可按下式计算：

$$I_{追}=3.6\times\frac{L_{制}+L_{防}+L_{闭}+L_{列}}{v_{区间}}+t_{附加}\tag{2.16}$$

式中　$I_{追}$——列车区间追踪间隔时间，s；

3.6——单位换算系数；

$L_{制}$——列控车载设备监控制动距离，m；

$L_{防}$——安全防护距离，m，区间为 110 m，车站为 60 m；

$L_{闭}$——闭塞分区长度，m；

$L_{列}$——列车长度，m；

$v_{区间}$——列车区间运行速度，km/h；

$t_{附加}$——列车区间追踪运行附加时分，s。

2. 列车出发追踪间隔时间 $I_{发}$

$I_{发}$ 是自前行列车从车站发出起，至该站同方向再发出另一列车时止的最小间隔时间，包

括前行列车从车站出发至出清第一个闭塞分区时间和办理后行列车出发作业时间，如图 2.27 所示。

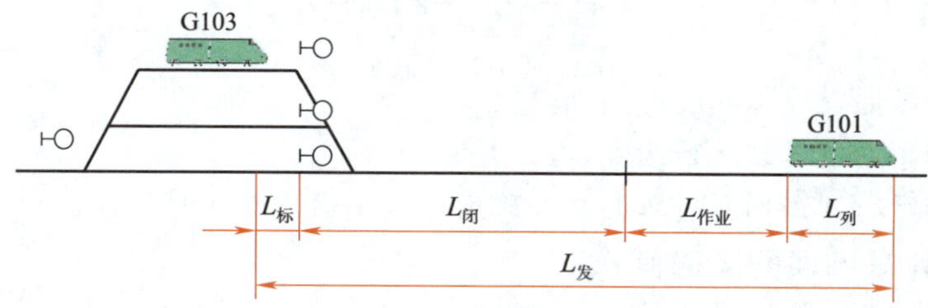

图 2.27 列车出发追踪间隔示意图

$I_{发}$按下式计算：

$$I_{发}=3.6\times\frac{L_{标}+L_{闭}+L_{列}}{v_{出发}}+t_{出发} \tag{2.17}$$

式中 $I_{发}$——列车出发追踪间隔时间，s；

$L_{标}$——列车停车标至出站信号机间的距离，m；

$v_{出发}$——列车出发运行速度，km/h；

$t_{出发}$——列车出发作业时间，s。

3. 列车到达追踪间隔时间$I_{到}$

$I_{到}$是自前行列车到达车站时起，至同方向后行列车到达该站时止的最小间隔时间，办理后行列车到达作业时间和后行列车从监控制动距离运行至站内时间，如图 2.28 所示。

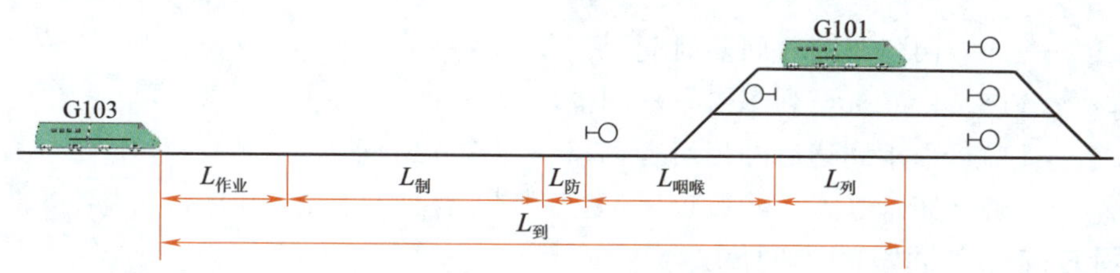

图 2.28 列车到达追踪间隔示意图

$I_{到}$按下式计算：

$$I_{到}=3.6\times\frac{L_{制}+L_{防}+L_{咽喉}+L_{列}}{v_{到达}}+t_{到达} \tag{2.18}$$

式中 $I_{到}$——列车到达追踪间隔时间，s；

$L_{咽喉}$——车站进站信号机(或出站信号机)至股道反向出站信号机(或反向进站信号机)间的距离，m；

$v_{到达}$——列车到站停车运行速度，km/h；

$t_{到达}$——列车到达作业时间，s。

4. 列车通过追踪间隔时间$I_{通}$

$I_{通}$是自前行列车通过车站时起，至同方向后行列车再通过该站时止的最小间隔时间，包括前行列车出清第一个闭塞分区后办理后行列车通过作业时间、后行列车以正常速度通过监控制动距离至第一离去范围的运行时间。

$I_{通}$按下式计算：

$$I_{通}=3.6\times\frac{L_{制}+L_{防}+2L_{闭}+L_{列}}{v_{通过}}+t_{通通} \tag{2.19}$$

式中 $I_{通}$——列车通过追踪间隔时间，s；

$v_{通过}$——列车通过车站运行速度，km/h；

$t_{通通}$——前后行列车均通过车站时办理后行列车通过作业时间，s。

5. 同方向列车到通间隔时间$I_{到通}$

$I_{到通}$是自前行列车到达车站停稳时起，至同方向后行列车通过该站时止的最小间隔时间，包括办理后行列车通过作业时间和后行列车以正常速度通过监控制动距离至进站距离的运行时间，如图 2.29 所示。

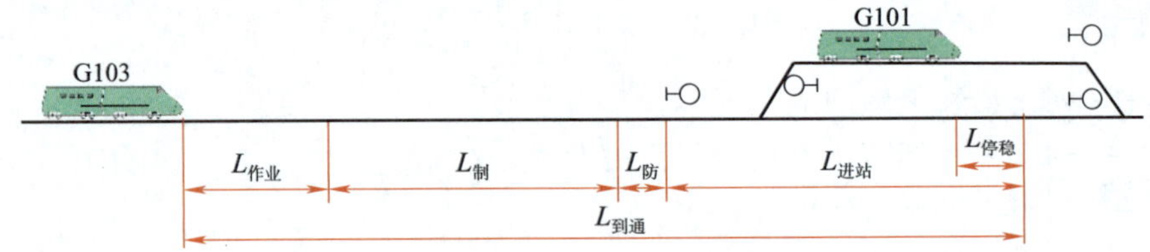

图 2.29　同方向列车到通间隔时间示意图

$I_{到通}$按下式计算：

$$I_{到通}=3.6\times\frac{L_{制}+L_{防}+L_{进站}}{v_{通过}}+t_{通过}-t_{停稳} \tag{2.20}$$

式中 $I_{到通}$——同方向列车到通间隔时间，s；

$L_{进站}$——进站信号机至列车停车标间的距离，m；

$t_{通过}$——前行列车到达后办理后行列车通过作业时间，s；

$t_{停稳}$——列车完全进入车站股道后运行至列车停车标停车的时间，s。

6. 同方向列车通发间隔时间$I_{通发}$

$I_{通发}$是自前行列车通过车站时起，至同方向后行列车从该站发出时止的最小间隔时间，包括前行列车通过车站至出清第一个闭塞分区时间和办理后行列车出发作业时间，如图 2.30 所示。

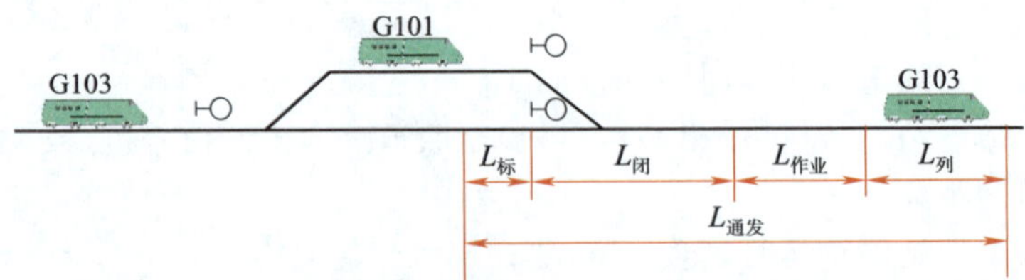

图 2.30　同方向列车通发间隔时间示意图

$I_{通发}$按下式计算：

$$I_{通发}=3.6\times\frac{L_{标}+L_{闭}+L_{列}}{v_{通过}}+t_{出发} \tag{2.21}$$

式中 $I_{通发}$——同方向列车通发间隔时间,s。

对各区间求出高速列车之间的上述几种追踪间隔时间之后,取其中最大的数值作为计算平行运行图通过能力时的追踪间隔时间。

第四节 施工检修作业时间

在营业线路上,线路、桥隧、信号、通信、接触网及其他行车设备进行修理时,须保证行车安全,力争不中断行车,不降低行车速度,做到施工与行车两不误,减少施工对行车的干扰。为此,工作量不大、临时性施工,可以利用列车运行间隔进行,不必在列车运行图上留出空隙时间,但对工作量巨大或条件复杂、时间较长、须中断行车的施工(例如,线路改建及大中修、全区段换轨、电化施工、使用大型机械进行养路机械化作业以及电气化铁路停电进行的接触网维修等),因必须封锁区间或限制列车运行速度,则应在列车运行图内预留空隙时间,以满足施工需要。

在列车运行图上预留施工或日常维修天窗,可以加强运输和施工部门双方的责任感,促使运输部门准确地按规定时间封锁区间,以保证工程能按计划质量良好地完成;同时,也约束了施工单位必须改进施工组织,保证在规定时间内完成全部作业而不致任意延长封锁时间、设置慢行地段、影响列车正常运行。

必要的最小天窗时间,主要取决于工程项目和工程复杂程度、施工机械化水平、施工技术作业过程和劳动组织等因素。为此,施工部门应制定合理的施工组织设计,科学地提出封锁区间的要求,并采取以下措施将工期及每次天窗压缩到最小限度:

(1)选择合理的施工方法和相应的工作程序,建立必要的工队编制。

(2)编制工程进度日历指示图表。

(3)编制详细的技术作业过程,其中规定准备工作、基本工作、整理结束工作中的作业项目,所需时间标准,以及每顺序号工人在工作面上的配置。

(4)尽可能地采用机械化施工以提高工效、缩短工期。

(5)尽量减少列入基本工作中的作业项目,凡无须封锁区间也可完成的作业项目,应尽可能多地列入准备和整理工作项下。

(6)运用网络技术,找出关键路线,研究设备和工艺上存在的问题,提出改进措施,进行网络计划的优化。

(7)在同一施工封锁时间内尽可能多地组织多工种联合施工,平行作业,以减少封锁区间的次数和对运输工作的干扰等。

对具有一定通过能力后备的区段,在列车运行图上可能预留的天窗时间,可用下式近似估算:

单线区段
$$t_{空隙}=1\ 440-N_{换算}t_{占均}^{对}-\sum t_{附加}\quad(\text{min}) \tag{2.22}$$

双线区段
$$t_{空隙}=1\ 440-(N_{换算}-N_{空隙})t_{占均}^{对}-\sum t_{附加}\quad(\text{min}) \tag{2.23}$$

式中 $N_{换算}$——规定的客货行车辆换算为平行运行图时的列车对数和列数;

$N_{空隙}$——施工期间组织反向行车时天窗时间内所放行的该方向的列车数；

$t^{对}_{占均}$——放行一对(单线)或一列(双线)货物列车占用限制区间的时间，min；

$\sum t_{附加}$——天窗前后慢行损失的时分或空费时分，min。

虽然，最小的和最大可能的天窗时间将随施工组织和行车组织方法而异，并不是固定的数值。在很多情况下，确定天窗时间，不仅要研究技术上的可能性，还应研究经济上的合理性。实践表明，天窗时间过长，必然使列车密度不均衡，从而影响技术站作业和机车周转，并大幅度降低列车旅行速度，导致运营费用的巨大损失；天窗时间过短，又会使施工部门过度紧张，从而影响施工效率、工程质量和作业安全，并使工程列车进出封锁区间及准备结束作业占用天窗时间的比重增大，不能充分发挥施工机械及劳力的作用，不仅增大了施工费用，也将延长工期、增加线路慢行时间。因此，天窗时间过长或过短都是不合理的。当有几个技术上可能的方案可以采用时，应通过适当的技术经济比较来选择最合理的解决办法。

在线路施工作业组织中，整个作业进度以有决定性意义工种的进度为标准。如全部或部分采用机械施工，则以大型机械的有效工作时间为控制因素。每日的有效工作时间愈长，每日完成的进尺愈多，工期也就愈短。

大型养路机械每日有效工作时间可按下式确定：

$$t_{有效}=t_{空隙}-t_{辅}\quad(\text{min})\tag{2.24}$$

式中　$t_{辅}$——车站办理区间封锁开通时间、施工机械进出施工区间走行时间，机械设备作业前的准备及作业后的整理时间，以及线路大修作业的铺合拢轨和平砟时间等，一般为 50～60 min。

因此，在辅助时间相对固定的条件下，天窗时间越长，天窗利用率(有效工作时间与天窗时间之比)越高，一个天窗时间内所完成的进尺越多，完成一定延米线路所需工期越短，线路大修或维修成本也就越低。因此，施工部门总是希望天窗时间尽可能地长一些，以充分发挥机械设备的效率、降低施工或维修成本。但是，随着天窗时间的增大，有关列车延误、机车车辆停留和列车起停车次数等运营支出将显著增加。为此，技术上可行且经济上合理的方案，应是使施工和运营换算费用之和达到最小值的方案。

在电气化铁路，电力机车牵引列车运行时，受电弓沿接触网高速滑行取流，接触网经常处于振动、摩擦之中，受电、热等因素的影响，再加上气候变化时接触网本身的热胀冷缩，其技术状态极易变化。为了严格地使接触的高度、水平位置、弹性等技术状态符合技术规范的要求，确保行车安全，必须经常对接触网进行检查、维修。目前，我国电气化铁路多按供电臂停电进行接触网检修，一个供电臂的长度一般为 20～40 km，包括 2～4 个区间，由一个接触网工区负责，按照各种设备的检修周期，逐个区间进行检修。由于是按供电臂停电，必须确认天窗前的最后一列车到达指定停车站或通过供电臂所属各区间后，才能拉闸停电。因此，除天窗外，不可避免地还要产生一些额外损失时间，双线区段采用 V 形天窗时，此项附加空费时间即为最大供电臂所包含的各区间的列车运行时分与办理停通电手续所需时分之和。如采用垂直形天窗，当各区间列车运行时分均大于追踪间隔时间，各中间站只允许停留一列同方向列车时，附加空费时间往往更大，并大大降低列车旅行速度，所以列车密度较大的区段一般不宜采用。

为减少接触网停电检修对通过能力的影响，应改按单一区间停电，即在某一区间进行接触网检修时,就断开该区间两端的隔离开关,并合上分相绝缘器两端的隔离开关,对同一供电臂的其他区间实行越区供电。这样,就可以大大减少同时停电的区间数,使附加时间减少到最低限度。同时,也要研究扩大接触网带电作业项目的范围,以求进一步减少停电时间和次数。

目前,我国铁路规定的接触网检修天窗时间标准为 120 min,并要求尽可能组织工务、电务等有关部门综合利用这一天窗。如使用大型养路机械进行线路维修时,可在预留的接触网检修天窗的基础上适当扩大天窗时间。

第三章　铁路通过能力

为了实现运输生产过程，完成既定的运输任务。铁路必须具备一定的运输能力。铁路运输能力一般采用通过能力和输送能力两种概念。在采用一定类型的机车车辆和一定的行车组织方法条件下，铁路区段的各种固定设备，在单位时间内（通常指一昼夜）所能通过的最多列车数或对数称为通过能力。通过能力在一定程度上取决于铁路各岗位工作人员协同动作和铁路固定设备、移动设备的合理运用，因此通过能力并不是一成不变的，可随着技术设备和行车组织方法的改善而提高。

第一节　铁路区间通过能力

一、概述

铁路区段通过能力，按下列固定设备分别进行计算：

1. 区间

区间是放行铁路客货列车、实现运输位移的铁路基本运输设施，也是决定铁路运输能力的基本环节。影响区间通过能力的主要因素包括区间正线数、区间长度、线路纵断面、机车类型、信号、联锁、闭塞设备的种类。

2. 车站

车站通过能力的主要影响因素包括车站到发线数，咽喉道岔的布置，驼峰和牵出线数量，信号、联锁、闭塞设备的种类。

3. 机务段设备和整备设备

机务段设备和整备设备的通过能力主要影响因素包括内燃或电力机车的定修台位及段内整备线。

4. 电气化铁路供电设备

电气化铁路供电设备通过能力主要影响因素包括牵引变电所和接触网设备配置。

根据以上固定设备计算出来的通过能力可能是各不相同的，其中通过能力最薄弱的设备限制了整个区段的能力，该能力既为该区段最终通过能力。

铁路在一昼夜时间内可供利用的时间最长为 1 440 min。但列车运行组织的实践表明，将 1 440 min 时间全部加以利用，在技术上是不可行的，在经济上往往也是不利的。因此，铁路通过能力还存在利用率的问题。通过能力利用率一般可用区间一昼夜内被放行列车占用时间与列车运行图中该区间可用来放行列车时间之比表示。

二、通过能力指标

根据铁路实际工作需要，通常把通过能力分为三个不同的概念，即设计通过能力、现有通过能力和需要通过能力。预计新线修建以后或现有铁路技术改造以后，铁路区段固定设备所能达到的能力，称为设计通过能力。在现有固定设备，现行的行车组织方法和现有的运输组织水平的条件下，铁路区段可能达到的能力称为现有通过能力。在一定时期内，为了适应国民经济发展需要，铁路区段所应具备的能力称为需要通过能力。

三、平行运行图通过能力

采用非平行运行图扣除系数计算方法计算铁路区间通过能力时，通常需要先计算平行运行图的通过能力，然后在此基础上再确定非平行运行图的通过能力。

1. 计算平行运行图通过能力的基本原理

在平行运行图上，同一区间内同方向列车的运行速度都是相同的，并且上下行方向列车在同一车站上都采取相同的交会方式。从这种列车运行图上可以看出，任何一个区间的列车运行线总是以同样的铺画方式一组一组地反复排列的。一组列车占用区间的时间称为运行图的周期 $T_{周}$。图 3.1 给出了不同类型的运行图周期，不同类型的运行图周期所包含的上下行列车数可能是不同的。如果一个运行图周期内所包含列车对数或列数，用 $n_{周}$ 表示，则放行一列或一对列车平均占用该区间的时间应为

$$t_{占均}=\frac{T_{周}}{n_{周}} \quad (\text{min}) \tag{3.1}$$

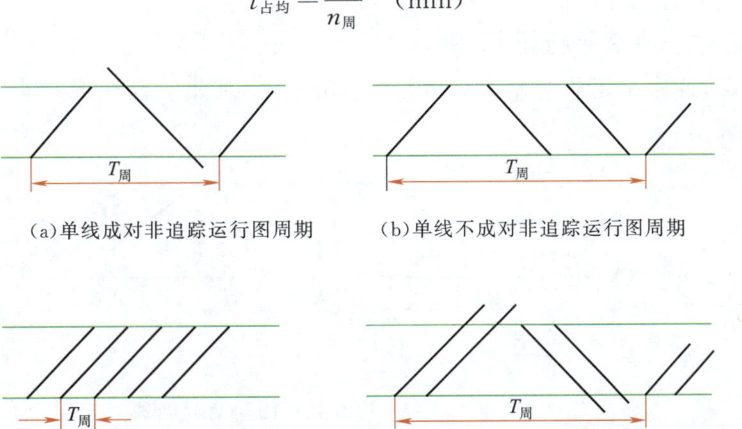

图 3.1 不同类型运行图周期示意图

因此，平行运行图的通过能力 n，应用直接计算法可按如下公式计算。

当不考虑固定作业占用时间有效度系数时

$$n=\frac{1\ 440}{t_{占均}}=\frac{1\ 440n_{周}}{T_{周}} \quad (\text{对或列}) \tag{3.2}$$

当考虑固定作业占用时间而不考虑有效度系数时

$$n=\frac{(1\ 440-T_{固})n_{周}}{t_{占均}} \quad (对或列) \tag{3.3}$$

当同时考虑固定作业占用时间和有效度系数时

$$n=\frac{(1\ 440-T_{固})n_{周}\ d_{有效}}{t_{占均}} \quad (对或列) \tag{3.4}$$

式中 $T_{固}$——为进行线路养护维修及施工作业所预留的固定作业时间；

$d_{有效}$——扣除设备故障和列车运行偏离、调度调整等因素所产生的技术损失后，区间时间可供有效利用的系数，一般取值 0.88～0.91。

运行图周期由列车区间纯运行时分$\sum t_{运}$、起停车附加时分$\sum t_{起停}$以及车站时间隔时间$\sum \tau_{站}$组成。

$$T_{周}=\sum t_{运}+\sum t_{起停}+\sum \tau_{站} \quad (\text{min}) \tag{3.5}$$

一般情况下列车在不同区间运行时分不相同，不同车站的间隔时间也可同，所以每一个区间的 $T_{周}$ 并不相等。从上述公式可以看出，通过能力大小与 $T_{周}$ 成反比，$T_{周}$ 越大，通过能力越小，在整个区段里，$T_{周}$ 最大的区间也就是通过能力最小的区间，称为该区段的限制区间，限制区间的通过能力即为该区段的区间通过能力。

列车区间运行时分是影响运行图周期大小的主要因素。在运行图周期里$\sum t_{运}$最大的区间称为困难区间。大多数情况下，困难区间往往就是限制区间，但有的区间虽然本身不是困难区间，但由于车站间隔时间数值较大，成为限制区间。

由于不同类型运行图里，$T_{周}$ 的组成及 $n_{周}$ 的数值是不同的。因此必须对不同类型的运行图分别计算其通过能力。

2. 单线成对非追踪平行运行图

在单线区段，通常采用成对非追踪运行图，如图 3.2 所示。单线成对非追踪平行运行图周期可用下式表示：

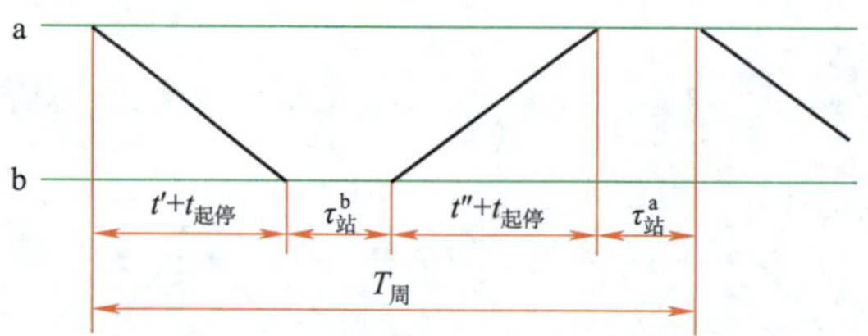

图 3.2 单线成对非追踪运行图周期示意图

$$T_{周}=t'+t''+\tau_{站}^{a}+\tau_{站}^{b}+\sum t_{起停} \quad (\text{min}) \tag{3.6}$$

式中 t'、t''——上下行列车的区间纯运行时分，min；

$\tau_{站}^{a}$、$\tau_{站}^{b}$——a、b 站的车站间隔时间，min；

$\sum t_{起停}$——列车起停附加时分，min。

由于一个周期内所包含的列车数为一对（即 $n_{周}=1$），因此只要将 $n_{周}=1$ 代入式(3.2)、式(3.3)、式(3.4)，即可得相应区间通过能力。

为了使区段通过能力达到最大，应当使限制区间的 $T_{周}$ 数值尽量缩小。在采用一定类型的机车和一定的列车重量标准的条件下，区间运行时分$\sum t_{运}$是固定不变的。因而想要缩小

$T_{周}$，只有设法缩小$\sum t_{起停}+\sum \tau_{站}$的数值。通过在限制区间合理地安排列车运行线的铺画方案，是可以达到上述目的的。如图 3.3 所示，运行图上列车运行线的可能铺画方案有四种。

(1)上下行列车不停车通过车站而进入区间，如图 3.3 (a)所示，运行图周期为

$$T_{周}=t'+t''+\tau_{不}^{a}+\tau_{不}^{b}+2t_{停}\quad(\text{min}) \tag{3.7}$$

(2)上下行列车不停车通过车站而开出区间，如图 3.3(b)所示，运行图周期为

$$T_{周}=t'+t''+\tau_{会}^{a}+\tau_{会}^{b}+2t_{起}\quad(\text{min}) \tag{3.8}$$

(3)下行列车不停车通过区间两端车站，如图 3.3 (c)所示，运行图周期为

$$T_{周}=t'+t''+\tau_{不}^{a}+\tau_{会}^{b}+t_{起}+t_{停}\quad(\text{min}) \tag{3.9}$$

(4)上行列车不停车通过区间两端车站，如图 3.3(d)所示，运行图周期为

$$T_{周}=t'+t''+\tau_{会}^{a}+\tau_{不}^{b}+t_{起}+t_{停}\quad(\text{min}) \tag{3.10}$$

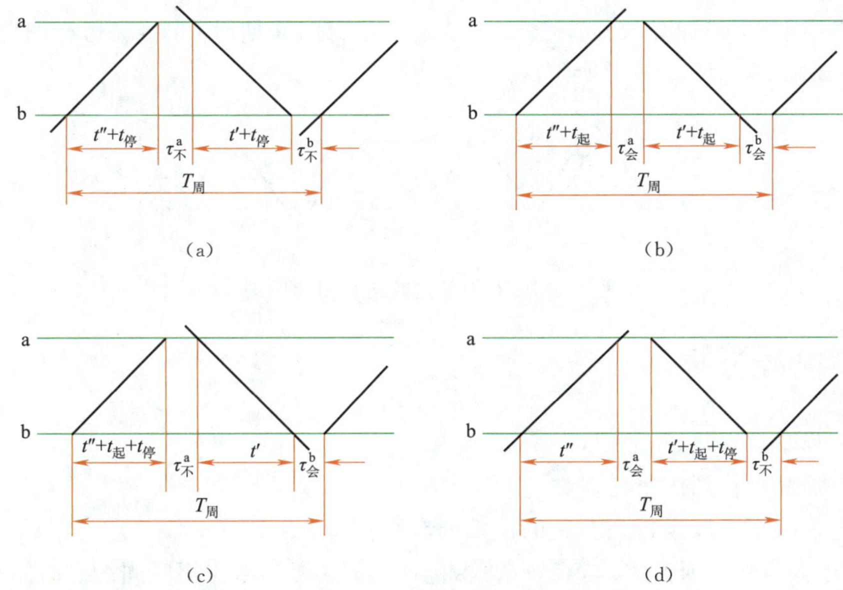

图 3.3　列车运行线铺画方案示意图

在选择限制区间列车运行线的合理铺画方案时，应考虑到区间两端车站的具体条件。例如，在 a 站(图 3.3)下行出站方向有较大上坡道时，如果采用下行列车在 a 站停车进入区间的方案，就有可能造成下行列车出发起动困难，这时就应选用下行列车通过 a 站而 $T_{周}$ 又是较小的方案。

3. 单线不成对运行图

在上下行行车量不等的区段，为了适应运量增长的需要，可以采用不成对运行图，如图 3.4 所示。在单线不成对运行图中，若行车辆较小方向列车数为 n'，行车量较大方向列车数为 n''，则有：

$$n'T_{周}+(n''-n')T_{列}=1\ 440 \tag{3.11}$$

若令

$$\beta_{不}=\frac{n'}{n''} \tag{3.12}$$

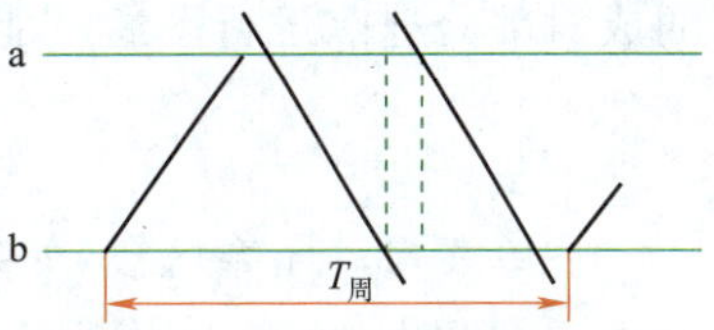

图 3.4　不成对运行图周期

在不考虑固定作业时间$T_{固}$及有效利用系数$d_{有效}$时，区间通过能力可由下式计算：

$$n''=\frac{1\ 440}{T_{周}\beta_{不}+T_{列}(1-\beta_{不})} \tag{3.13}$$

式中　$\beta_{不}$——不成对系数。

单线不成对运行图行车量较大方向的区间通过能力，比成对运行图高，并且不成对系数越小，通过能力越大。但是，采用单线不成对运行图，将明显降低旅行速度，需要增添车站配线，并且不成对系数越小，这种不良影响越显著。因此，只有在需要少量增加通过能力，并且上下行行车量不平衡条件下才采用这个措施。

4. 单线追踪运行图

在装有自动闭塞的单线区段，为了提高通过能力，也可以采用成对部分追踪运行图。当上下行行车量不同时，还可以采用不成对部分追踪运行图。由图3.5可见，在成对追踪运行图中，列车占用限制区间的总时间由若干个普通的运行图周期（即非追踪运行图周期$T_{周}$）及若干个列车追踪间隔时间$I'+I''$所组成。

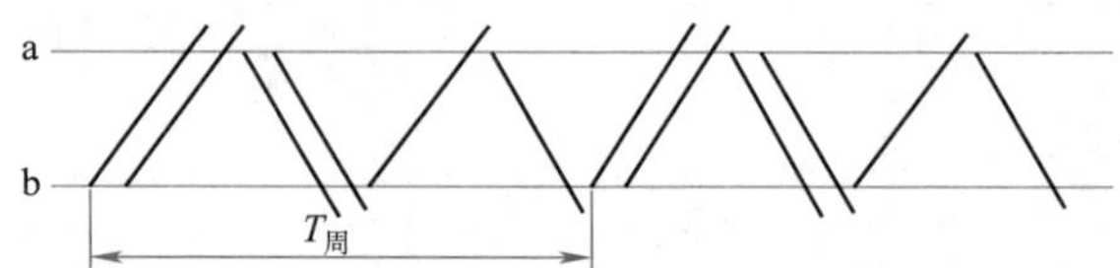

图3.5　成对部分追踪运行图周期图

普通运行图周期数为

$$N_{周}=n-n_{追}N_{追组} \tag{3.14}$$

式中　n——列车总对数；

$N_{追组}$——追踪运行列车组的对数；

$n_{追}$——每一个追踪运行列车组的追踪列车数。

当不考虑固定作业时间$T_{固}$与有效系数$d_{有效}$时，一昼夜列车占用区间的总时间为

$$(n-n_{追}N_{追组})T_{周}+n_{追}(I'+I'')N_{追组}=1\ 440 \tag{3.15}$$

设追踪列车数与总列车数之比为$\gamma_{追}$（追踪系数），即

$$\gamma_{追}=\frac{n_{追}N_{追组}}{n} \tag{3.16}$$

则

$$N_{追组}=\frac{\gamma_{追}n}{n_{追}} \tag{3.17}$$

将式(3.16)及式(3.17)代入式(3.15)，可得不考虑固定作业时间$T_{固}$与有效系数$d_{有效}$时的成对部分追踪运行图通过能力：

$$n=\frac{1\ 440}{(1-\gamma_{追})T+(I'+I'')\gamma_{追}} \tag{3.18}$$

在单线自动闭塞区段，如果上下行行车量不同，也可以采用不成对部分追踪运行图。在这种运行图中，列车占用区间的总时间由若干个普通运行图周期及上下行若干个追踪间隔时间组成。普通运行图周期数为

$$N_{周}=n''-n''_{追}N''_{追组}=n'-n'_{追}N'_{追组} \tag{3.19}$$

式中 n''、n'——行车量大的方向列车总数与反方向列车总数；

$N''_{追组}$、$N'_{追组}$——行车量大的方向追踪运行列车组数和反方向追踪运行列车组数；

$n''_{追}$、$n'_{追}$——行车量大的方向和反方向每一追踪运行列车组的追踪列车数。

当不考虑固定作业时间$T_{固}$与有效系数$d_{有效}$时，全部列车占用区间的总时间为

$$(n''-n''_{追}N''_{追组})T_{周}+n''_{追}N''_{追组}I''+n'_{追}N'_{追组}I'=1\ 440 \tag{3.20}$$

式中 I''、I'——行车量大的方向和反方向的列车追踪间隔时间，min。

由于

$$N''_{追组}=\frac{\gamma''_{追}n''}{n''_{追}} \tag{3.21}$$

$$N'_{追组}=\frac{\gamma'_{追}n'}{n'_{追}} \tag{3.22}$$

所以，当$n''_{追}=n'_{追}=1$及$I''=I'=I$时，不成对部分追踪运行图通过能力，整理可得：

$$n''=\frac{1\ 440}{(1-\gamma''_{追})T_{周}+I''\gamma''_{追}+\beta_{不}\gamma'_{追}I'} \tag{3.23}$$

$$n'=\beta_{不}\gamma'_{追}I' \tag{3.24}$$

则可得n'与n''的比值（$\beta_{不}$），即

$$\beta_{不}=\frac{1-\gamma''_{追}}{1-\gamma'_{追}} \tag{3.25}$$

当给定不成对系数$\beta_{不}$及行车量大的方向的追踪系数$\gamma''_{追}$时，利用上一关系可以求得行车量最小方向应具有的追踪系数$\gamma'_{追}$，即

$$\gamma'_{追}=1-\frac{1-\gamma''_{追}}{\beta_{不}} \tag{3.26}$$

5. 双线平行运行图

在未装设自动闭塞的双线区段，通常采用连发运行图，如图 3.6 所示。双线连发运行图的周期$T_{周}$为

$$T_{周}=t_{运}+\tau_{连} \quad (\text{min}) \tag{3.27}$$

因此，当不考虑固定作业时间$T_{固}$与有效系数$d_{有效}$时，区间通过能力分别上下行方向可按下式计算：

$$n=\frac{1\ 440}{t_{运}+\tau_{连}} \quad (列) \tag{3.28}$$

应该指出，由于区间线路断面的关系，上下行方向的限制区间可能不是在同一个区间。因此，上下行方向区间通过能力不一定相同。

自动闭塞区段，通常采用追踪运行图，如图 3.7 所示。

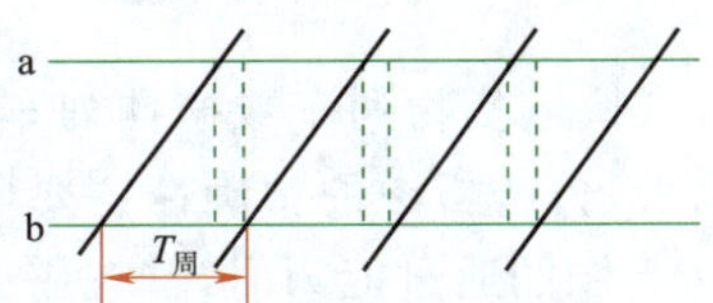

图 3.6 连发运行图周期

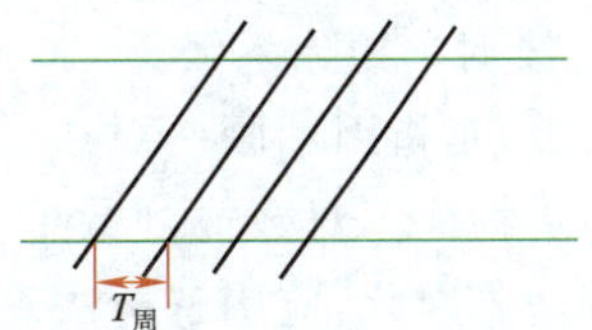

图 3.7 双线追踪运行图周期

双线追踪运行图的运行图周期$T_{周}$等于追踪列车间隔时间I，因此每一方向的区间通过能力为

$$n=\frac{1\ 440}{I}\quad（列）\tag{3.29}$$

可知，追踪列车间隔时间越短，通过能力越大。

6. 非平行运行图通过能力计算方法

采用平行运行图可以达到最大的通过能力，但这种运行图只在能力特别紧张的特殊情况下采用。通常情况下，铁路采用的是非平行运行图。

在非平行运行图上，铺画有速度较高的旅客列车和快运货物列车，也有一般货物列车以及停站次数较多和停站时间较长的摘挂列车等。

非平行运行图的通过能力，是指在旅客列车数量及其铺画位置既定的条件下，该区段一昼夜内所能通过的货物列车和旅客列车对数或列数。在一般情况下，铁路上开行的旅客列车和快运货物列车数远比一般货物列车数少，在运行图上只占一小部分，而运行图的大部分仍具有平行运行图的特征。因此，在计算非平行运行图的通过能力时，仍可以利用平行运行图所具有的明显的规律特征，先确定平行运行图的通过能力，然后根据开行快速列车对货物列车的影响，扣除由于受这种影响而不能开行的货物列车数，以及因开行摘挂列车而减少开行的货物列车数，即可求出非平行运行图的通过能力。计算非平行运行图通过能力的方法有两种：

（1）图解法

在运行图上首先铺画旅客列车，然后在旅客列车间隔内，铺画其他货物列车（包括摘挂列车）。在运行图上所能最大限度铺画的客货列车总数即为该区段的非平行运行图的通过能力。图解法比较精确，但较烦琐，故只在特殊需要时采用。

（2）解析法

根据旅客列车、快运货物列车和摘挂列车的扣除系数，可以近似地计算非平行运行图的通过能力，计算公式为

$$n_{货}^{非}=n-\varepsilon_{客}n_{客}-(\varepsilon_{快货}-1)n_{快货}-(\varepsilon_{摘挂}-1)n_{摘挂}\tag{3.30}$$

$$n_{非}=n_{货}^{非}+n_{客}\tag{3.31}$$

式中　$n_{货}^{非}$——非平行运行图货物列车通过能力（包括快运货物列车和摘挂列车）；

$n_{客}$——运行图上铺画的旅客列车对数或列数；

$n_{快货}$——运行图上铺画的快运货物列车的对数或列数；

$n_{摘挂}$——运行图上铺画的摘挂列车的对数或列数；

$\varepsilon_{客}$——旅客列车扣除系数；

$\varepsilon_{快货}$——快运货物列车扣除系数；

$\varepsilon_{摘挂}$——摘挂列车扣除系数。

所谓扣除系数，是指因铺画一对或一列旅客列车、快运货物列车或摘挂列车，须从平行运行图上扣除的货物列车对数或列数。由公式可以看出，解析法的精确性主要取决于扣除系数取值是否合理。因此，应用解析法确定非平行运行图的通过能力时，首先需要确定扣除系数的大小。

7. 单线非自动闭塞区段旅客列车扣除系数

如图 3.8 所示，在运行图上铺画旅客列车所造成的扣除系数，由如下两部分组成：

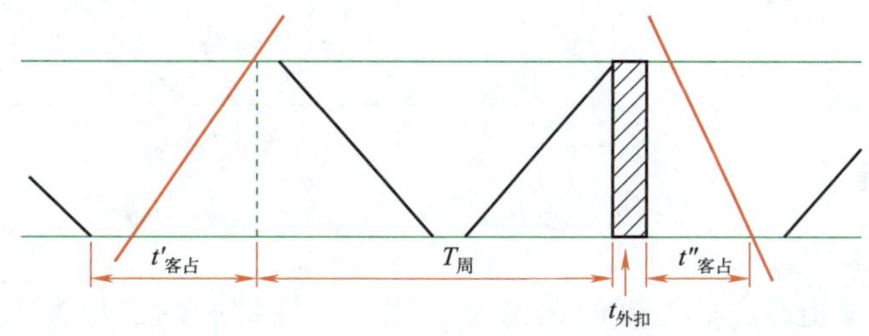

图 3.8 旅客列车扣除系数示意图

(1)基本扣除系数

一对旅客列车占用限制区间的时间$t_{客占}$与一对货物列车占用限制区间的时间$T_{周}$之比，称为基本扣除系数。$t_{客占}$由旅客列车区间运行时分$t_{客}$和车站间隔时间$\tau_{站}$两部分组成。

$$t_{客占}=t'_{客占}+t''_{客占}=(t'_{客}+t''_{客})+\sum\tau_{站}=\Delta(t'+t'')+\sum\tau_{站} \tag{3.32}$$

$$\varepsilon_{基}=\frac{t_{客占}}{T_{周}}=\frac{\Delta(t'+t'')+\sum\tau_{站}}{T_{周}} \tag{3.33}$$

式中 $t'_{客}$、$t''_{客}$——旅客列车在限制区间的上下行运行时分，min；

t'、t''——货物列车在限制区间的上下行运行时分，min；

Δ——货物列车与旅客列车速度比值。

(2)额外扣除系数

由于两相邻旅客列车之间的时间间隔不是货物列车占用限制区间时间的整倍数而产生的额外扣除时间$t_{外扣}$与一对货物列车占用限制区间的时间$T_{周}$之比，称为额外扣除系数$\varepsilon_{外扣}$。$\varepsilon_{外扣}$数值的大小与运行图上旅客列车对数及其铺画位置、区间不均等程度、中间站到发线数目等因素有关。在单线区段可以近似按如下经验公式计算：

$$\varepsilon_{外扣}=0.7j-0.025N_{客}-0.1 \tag{3.34}$$

式中 j——区间不均等程度，等于货物列车平均运行图周期与限制区间运行图周期之比，即$j=\frac{T_{周}^{平均}}{T_{周}}$。

一般情况下，额外扣除系数可取 0.2～0.5。

因此，旅客列车的扣除系数应为

$$\varepsilon_{客}=\varepsilon_{基}+\varepsilon_{外扣} \tag{3.35}$$

8. 单线自动闭塞区段旅客列车扣除系数

在装设自动闭塞的单线区段运行图中，旅客列车和货物列车运行线在限制区间内的相互配置可有两种情况，如图 3.9 所示。

(1)旅客列车按非追踪方式铺画，这时，一对旅客列车占用区间时间为

$$t_{客占}=t'_{客}+t''_{客}+2\tau_{站} \tag{3.36}$$

(2)客货列车间按追踪方式铺画，这时，一对旅客列车占用区间时间为

$$t_{客占}=I_{到}+I_{发} \tag{3.37}$$

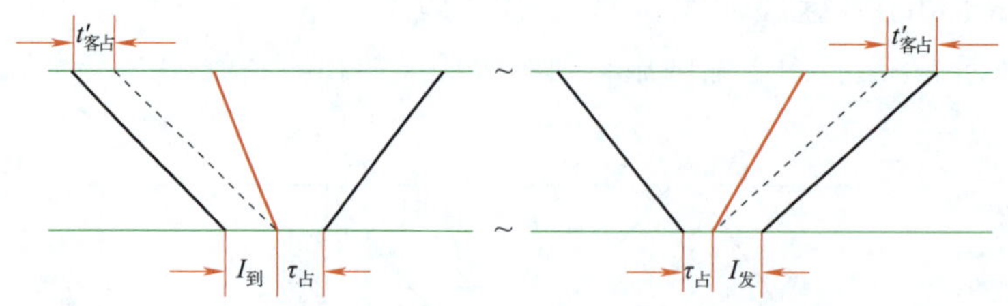

图 3.9　货物列车与旅客列车前后追踪运行示意图

若客货列车间按追踪方式铺画的比例为 σ，则非追踪铺画的比例为 $1-\sigma$。这样，一对旅客列车占用限制区间的加权平均时间为

$$t_{客占}^{均}=(1-\sigma)t'_{客占}+\sigma t''_{客占}=(1-\sigma)(t'_{客}+t''_{客}+2\tau_{站})+\sigma(I_{到}+I_{发}) \tag{3.38}$$

根据单线成对部分追踪运行图通过能力计算公式，采用成对部分追踪运行图时，一对货物列车平均占用限制区间的时间为 $(1-\gamma)T_{周}+(I'+I'')\gamma_{追}$。因而，相应旅客列车基本扣除系数的计算公式可写为

$$\varepsilon_{基}^{部追}=\frac{(1-\sigma)(t'_{客}+t''_{客}+2\tau_{站})+\sigma(I_{到}+I_{发})}{(1-\gamma_{追})(t'_{货}+t''_{货}+2\tau_{站})+(I'+I'')\gamma_{追}} \tag{3.39}$$

由于单线区段采用自动闭塞时的旅客列车基本扣除系数，在很大程度上取决于 σ 的大小，而 σ 值又取决于客货列车总数与非追踪平行运行图通过能力之比 $\gamma_{图}$（称为运行图饱和程度），它随 $\gamma_{图}$ 值的增大而增大，经验公式如下：

$$\sigma=0.72\gamma_{图}-0.22 \tag{3.40}$$

额外扣除系数，当区间不均等程度 $j\leqslant 0.8$ 时，取 $\varepsilon_{外扣}=0.3$；当 $j>0.8$ 时，取 $\varepsilon_{外扣}=0.4$。区间不均等系数等于成对非追踪运行图货物列车平均运行图周期与限制区间运行图周期之比。

应该指出，采用单线部分追踪非平行运行图时，旅客列车越行追踪货物列车又与单个列车交会的车站至少应有四股道，其中两股道停放待避列车，一股道停放对向等会列车，一股正线放行旅客列车。这样，当中间站到发线数及其分配情况与运行图结构不相匹配时，还会额外扣除一些货物列车运行线。这种额外扣除的影响因素复杂，变化范围大，最好用图解法确定。

9. 双线自动闭塞区段旅客列车扣除系数

在双线自动闭塞区段运行的旅客列车，按其与货物列车旅行时间的对比可分为旅客快车及旅客慢车两大类；对于旅客快车又有运行线分散铺画（非连发）和追踪或连发铺画两种情况；而旅客慢车则分区段内有越行和无越行两种铺画方式。由于不同条件下的旅客列车扣除系数差别较大，应分别进行研究。

当旅客快车分散铺画时，如图 3.10 所示，一列快客占用运行图的时间为

$$t_{客占}=t_{快}=T_{影响}-(n_{越}+1)I \tag{3.41}$$

式中　$T_{影响}$——快客影响区总时间，min；

$n_{越}$——在 $T_{影响}$ 时间内越行的货物列车数，它可按下式计算，并取其整数值：

$$n_{越}=\frac{\sum t_{差i}}{I}=\frac{\sum(t_{货i}-t_{客i})}{I} \tag{3.42}$$

其中 $t_{货i}$——第 i 区间货物列车运行时分，min，

$t_{客i}$——第 i 区间旅客快车运行时分，min，

$t_{差i}$——第 i 区间的客货列车运行十分之差，min。

这说明，$t_{客占}$值并不决定于限制区间，而需按整个区段考虑其对货物列车运行的影响。

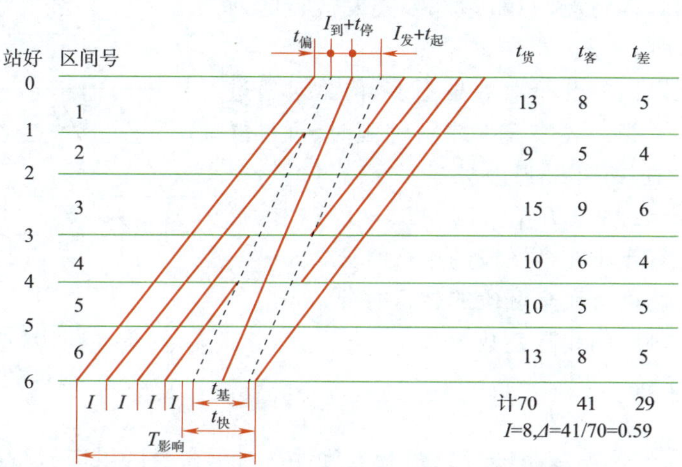

图 3.10 旅客快车分散铺画占用区间示意图

在图 3.10 中，$n_{越}=3$，$n_{越}+1=4$。旅客列车运行线前后的平行虚线表示旅客列车直接占用时间$t_{基}$，它是由$I_{到}+t_{停}$和$I_{发}+t_{起}$构成，$t_{空费}$为$t_{快}$与$t_{基}$之差。因在$T_{影响}$时间内各站扣除的货车客车占用时间之和相同，所以各站客车前后的空费时间之和必然相等。一列旅客列车占用区间的时间可用$t_{基}+t_{空费}$表示，则有：

$$\varepsilon_{快}=\frac{t_{基}+t_{空费}}{I}=\varepsilon_{基}+\varepsilon_{外扣} \tag{3.43}$$

其中，基本扣除系数可按下式计算：

$$\varepsilon_{基}=\frac{I_{到}+I_{发}+t_{起停}}{I}\approx 2\Delta+\frac{t_{起停}}{I} \tag{3.44}$$

式中 $I_{到}$、$I_{发}$——旅客列车越行货物列车所产生的同方向到发间隔时间，min；

Δ——全区段客货列车运行时分之比；

$\varepsilon_{外扣}$——旅客列车分散铺画额外扣除系数。

额外扣除系数由越行站间客货列车区间运行时分之差的积累值$\sum t_{差}$减去 I 的整倍数后有剩余而产生。这一剩余的最大值决定着扣除系数中的附加值。在不同的越行方案下附加值可能是不同的。可由如下经验公式计算空费时间及额外扣除系数。

$$t_{空费}=1.025\,t_{差}+(0.05-0.0375\,t_{差})I-1.4 \tag{3.45}$$

$$\varepsilon_{外扣}=0.05-0.0375\,t_{差}+(1.025\,t_{差}-1.4)/I \tag{3.46}$$

旅客列车追踪铺画可以大幅度减少扣除时间，这是因为开行一列追踪旅客列车只需占用$I_{客追}$，远较$t_{快}$小。即使采用连发铺画方法，即限制区间两旅客列车运行线之间的间隔，铺不下货物列车运行线时，由于两旅客列车的影响区部分重合，扣除时间亦将有所减少。但是，追踪或连发铺画的旅客列车必须与前行列车具有相同的速度和停站地点、时间，否则必

然导致间隔增大，使货物列车的越行停站时间增大，而旅客列车运行线过度集中，又会使一昼夜内货物列车运行不均衡，影响编组站到发线和调车设备的有效运用。开行追踪旅客列车必须检查客运站设备能力是否适应的问题。结合我国具体情况，每组追踪或连发运行的列数一般不应超过 3 列。

旅客慢车在区段内的开行对数虽不多，但是对通过能力的影响却很大。当旅客慢车无越行铺画时，可得慢客扣除系数的最大值，如图 3.11 所示。

$$t_{客占}=t_{慢}=T_{慢旅}-T_{货旅}+I_{发}+I_{到}-I \quad (3.47)$$

式中 $T_{慢旅}$——旅客慢车在全区段的旅行时分，min；

$T_{货旅}$——货物列车在全区段的旅行时分，min。

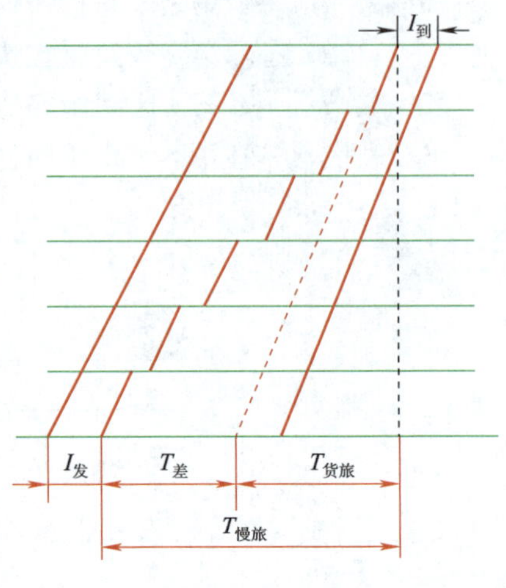

图 3.11 慢客无越行铺画的扣除时间图

慢客无越行铺画时的扣除系数为

$$\varepsilon_{慢}=\frac{T_{慢旅}-T_{货旅}+I_{发}+I_{到}}{I}-1 \quad (3.48)$$

可以看出，慢客扣除系数将随着旅客慢车与货物列车在全区段内旅行时分之差 $T_{差}$ 的增大和 I 的减小而增加。

当区段内的旅客列车数量较多时，将会出现慢客待避快客的情况。这时，一方面慢客因待避快客而将停站时间大大延长，从而使扣除系数有增大的可能；另一方面，因慢客与快客影响区重合，使平均扣除时间大幅度下降。总的看来，有越行铺画对减少扣除时间是有利的。

快运货物列车扣除系数的确定方法，与旅客列车基本相同，但由于有可能在运行图上移动这类列车运行线的位置，额外扣除系数可取 0.2～0.3。所以，扣除系数一般较旅客列车扣除系数稍小一些。

10. 双线非自动闭塞区段旅客列车的扣除系数

在双线非自动闭塞区段，旅客列车扣除系数如同自动闭塞区段一样，也应按列车在区段的分布情况进行计算。当区段的限制区间与其他区间差别较大时，如图 3.12 所示，基本扣除系数可按限制区间计算。

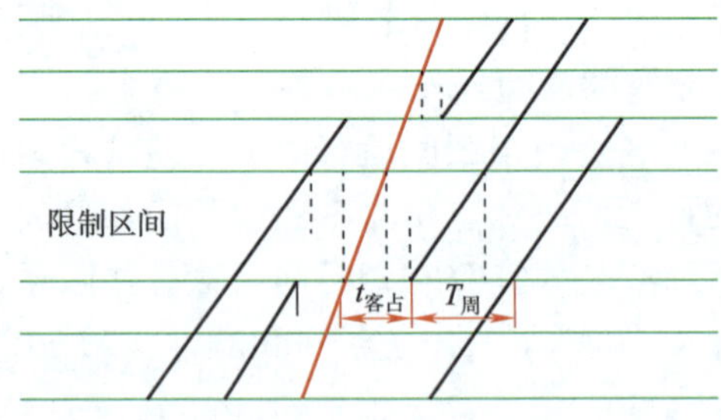

图 3.12 旅客列车占用运行图时间（限制区间与其他区间差别较大）

$$\varepsilon_{基}=\frac{t_{客占}}{T_{周}}=\frac{t_{货}+\tau_{连}}{t_{客}+\tau_{连}} \quad (3.49)$$

式中 $t_{货}$、$t_{客}$——货物列车与旅客列车在限制区间的运行时间。

在多数情况下，如图 3.13 所示，旅客列车基本扣除系数可由固定部分与可变部分两部分组成，即

$$\varepsilon_{基}=\frac{t_{客占}}{T_{周}}=\frac{t_{货}+\tau_{连}}{T_{周}}+\frac{\Delta t_{空}}{T_{周}}=\varepsilon_{基}^{最小}+\varepsilon_{基}^{变} \tag{3.50}$$

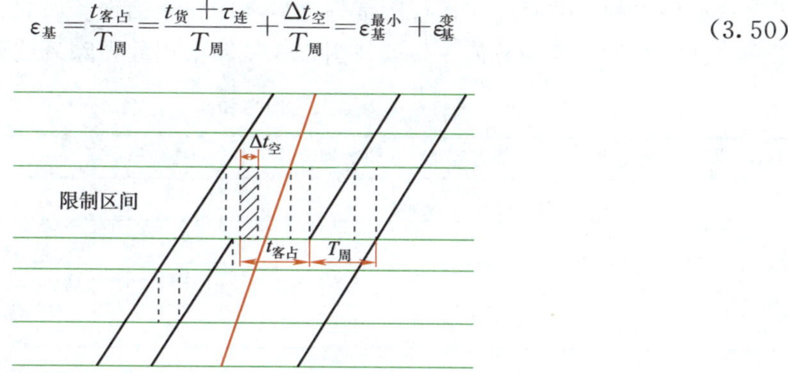

图 3.13 旅客列车占用运行图时间(限制区间与其他区间差别不大)

基本扣除系数的可变部分与区段内的区间分布情况有关，因此在近似计算中，应当分析不同区段的情况，确定出平均的$\varepsilon_{基}^{变}$值。

研究证明，双线非自动闭塞区段旅客列车额外扣除系数的近似值可取 0.1～0.2。

快运货物列车扣除系数的确定方法，同旅客列车基本相同，但由于有可能在运行图上移动这些列车运行线的位置，所以扣除系数一般较小。

11. 摘挂列车扣除系数

摘挂列车的运行速度虽然与货物列车一样，但由于摘挂列车在中间站停站次数较多、停站时间较长，所以对通过能力也有一定影响。区间越均等，运行图铺满程度越高，这种影响就越大。如图 3.14(a)所示，在平行运行图上，当区间均等时，摘挂列车每一次在车站完成作业后发出，都要从运行图上扣掉一条列车运行线。在这种情况下，摘挂列车的扣除系数等于停站次数加 1。

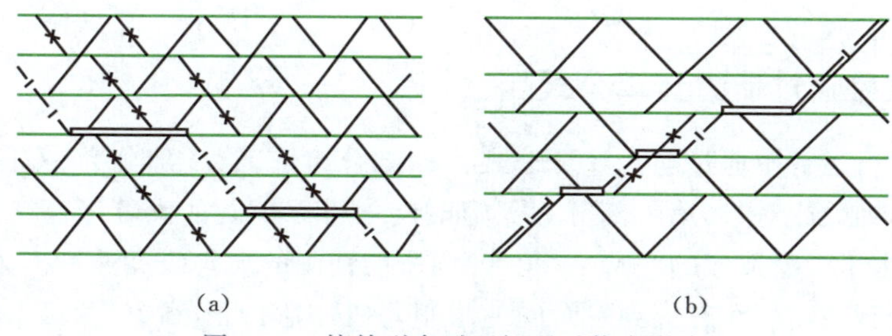

图 3.14 摘挂列车对区间通过能力影响

在非平行运行图上，除了因铺画旅客列车而产生一定的空费时间$t_{外加}$外，由于区间不均等，在邻接较小区间的车站还将产生运行图空隙。利用这些空隙时间在运行图空隙铺画摘挂列车，就可以使摘挂列车扣除系数大大缩小。

从上述分析可以看出，扣除系数的大小与一系列因素有关，其中主要有：

(1)区间的不均等程度。

(2)旅客列车、快运货物列车摘挂列车的运行速度、数量及其在运行图上的铺画位置。

(3)旅客列车和摘挂列车在区段内的停站次数及停站时间。

这些因素的影响只能在运行图铺好之后才能完全确定。因此,在计算通过能力时,不得不利用扣除系数的经验数值。目前我国普速铁路采用的扣除系数见表3.1、表3.2。

表3.1 列车扣除系数表

区间正线	闭塞方法	旅客列车	快运货物列车	摘挂列车	备注
单线	自动	1.0	1.0	1.3～1.56	
	半自动	1.1～1.3	1.2	1.3～1.5	摘挂列车3对以上取1.3
双线	自动		2.0～2.3	2.5～3.0	摘挂列车3对以上取2.5,6对以上取2.0
	半自动	1.3～1.5	1.4	1.5～2.0	

表3.2 三显示双线自动闭塞区段旅客列车扣除系数表

旅客列车数量	追踪间隔时间						
	6	7	8	9	10	11	12
5～10			2.3～2.4	2.15～2.3	2.05～2.2	1.95～2.1	1.9～2.0
11～20			2.3～2.35	2.15～2.2	2.05～2.1	1.95～2.0	1.8～1.9
21～30		2.4～2.45	2.2～2.25	2.05～2.1	1.95～2.0	1.85～1.9	1.7～1.8
31～40	2.5～2.55	2.3～2.35	2.1～2.15	1.95～2.0	1.85～1.9	1.75～1.8	1.6～1.7
41～50	2.4～2.45	2.2～2.25	2.0～2.05	1.85～1.9			
51～60	2.23～2.23	2.1～2.15	1.9～1.95				
61及以上	用图解法确定						

注:四显示双线自动闭塞区段,用图解并参照本表取值确定。

第二节 高速铁路区间通过能力

一、高速铁路通过能力计算公式

高速铁路平行运行图通过能力计算公式由四部分组成,第一部分为一日内可以铺画的高等级高速列车列数或对数;第二部分为天窗时间内可以铺画的高等级高速列车列数或对数;第三部分为由于天窗造成的空费"三角区"内所能铺画的高等级高速列车列数或对数;第四部分为由于受到高速列车有效到发时间的限制,一日内除天窗和"三角区"外,列车运行图中不能利用的无效时间段内所能铺画的高等级高速列车列数或对数。

$$n=\frac{1\ 440}{I}-\frac{T_{天窗}}{I}-\frac{60S_{区段}}{v_{高建}I}-\frac{T_{无效}}{I} \tag{3.51}$$

式中 n——平行运行图通过能力;

$T_{天窗}$——维修天窗时间,min;

I——高速铁路列车最小追踪间隔时间,min;

$S_{区段}$——高速铁路客运区段长度，km；

$v_{高建}$——高等级高速列车在区段平均运行速度，km/h；

$T_{无效}$——由于受到高速列车有效到发时间的限制，除天窗和“三角区”外，在运行图中不能被利用的无效时间段，min。

二、多种速度列车共线运输组织模式的通过能力

在多种速度列车共线运输组织模式下，高速列车的停站与不同速度等级列车间的速差导致高速铁路运行图为非平行运行图。因此，计算多种速度列车共线运输组织模式下区间通过能力时，需从高速铁路平行运行图能力中扣除由于列车停站、列车速差所造成的能力损失。

$$N_{混}=N-n_{停}\varepsilon_{停}-n_{低}\varepsilon_{低}+n_{低}+n_{停} \tag{3.52}$$

式中 $N_{混}$——多种速度列车共线运行条件下的通过能力；

$\varepsilon_{停}$——高速列车停站一次需从平行运行图中扣除的中途不停车的高等级列车列数或对数；

$n_{停}$——高速铁路运行图中一个方向（上行或下行）高速列车停站的总次数；

$\varepsilon_{低}$——铺画一列或一对低等级高速列车，由于速差造成的影响需从平行运行图中扣除的中途不停车的高等级列车列数或对数；

$n_{低}$——运行图中低等级列车列数或对数。

其他符号意义同上。

可以看出，N、$n_{停}$、$n_{低}$可以从运行图中已知，计算通过能力关键要确定$\varepsilon_{停}$、$\varepsilon_{低}$两个扣除系数的取值。以下具体分析停站列车扣除系数与两个扣除系数的具体取值。

1. 高速列车停站扣除系数分析

（1）高速列车停站基本扣除系数分析

高速列车在区段内停站一次，对通过能力的影响可由图 3.15 表示。

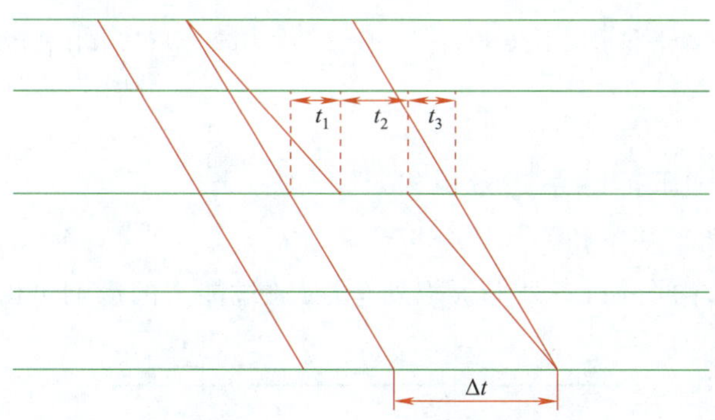

图 3.15 停站一次对通过能力影响

高速列车在区段内停站一次，将引起旅行时间增加 Δt。Δt 由三部分时间组成，即

$$\Delta t=t_1+t_2+t_3 \tag{3.53}$$

式中 t_1——高速列车停车附加时间；

t_2——高速列车停站时间；

t_3——高速列车起动附加时间。

高速列车停站一次需从平行运行图中扣除的不停站高等级列车基本为 $\varepsilon_{停}^{基}=\dfrac{\Delta t}{I}$ 列，可以直观看出，列车的停站时间越长对通过能力影响越大。

(2)不同停站方案下高速列车停站扣除系数分析

在运行区段内，列车停站对通过能力的影响不仅与停站时间有关，不同的列车停站方案对通过能力产生的影响不同。

高速列车成组停站中后行列车停站不能利用前行列车停站所产生的空隙，如图 3.16 所示，多个停站可看成是相互独立的，此种情况下，列车停站扣除系数与基本扣除系数相同，即

$$\varepsilon_{停}^{不利}=\varepsilon_{停}^{基}=\frac{\Delta t}{I}$$

这是高速列车停站扣除系数的上限。

高速列车成组停站中后行列车停站能够利用前行列车停站所产生的空隙，如图 3.17 所示，多个列车停站在运行图中占用的总时间等于一个列车停站所占用的时间，此种情况下，列车停站扣除系数为

$$\varepsilon_{停}^{有利}=\frac{\Delta t}{mI}$$

式中　m——最有利停站方案下高速列车追踪列数。

这是列车停站扣除系数的下限。

图 3.16　最不利情况下高速列车停站方案

图 3.17　最有利情况下高速列车停站方案

2. 低等级高速列车扣除系数分析

(1)低等级高速列车基本扣除系数分析

在高等级高速列车间开行一列低等级列车，对通过能力的影响可由图 3.18 表示。

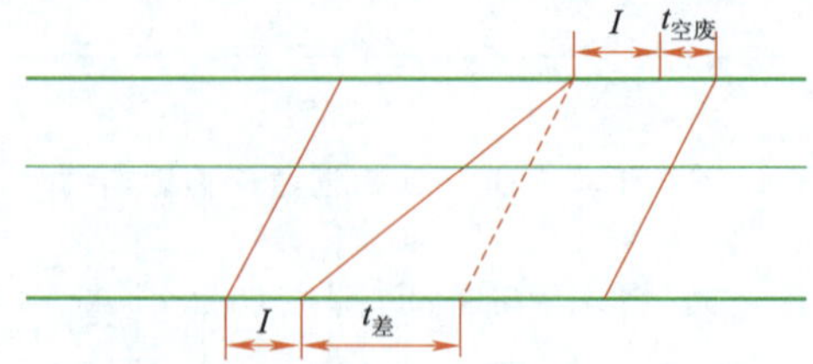

图 3.18　在高等级高速列车之间开行一列低等级列车示意图

图中，$t_{差}=t_{低}+t_1+t_3-t_{高}$。$t_{高}$ 表示高等级高速列车在区段的运行时分；$t_{低}$ 表示低等级高速列车在区段的运行时分；t_1、t_3 分别表示低等级高速列车起停车附加时间，在高速铁路线路，不同速度等级高速列车时分差最大的区间为限制区间。由于高速铁路低等级列车大多为跨线列车，跨线列车的分布受到天窗、合理到发时间、通过能力等影响，跨线低等级列车与本线高等级列车之间的间隔一般都大于追踪间隔，产生一定的空费时间，列车实际时间间隔与追踪列车时间间隔标准之差即为空费时间 $t_{空费}$。

则低等级高速列车基本扣除系数如式：

$$\varepsilon_{低}^{基}=1+\frac{t_{差}+t_{空费}}{I} \tag{3.54}$$

从以上计算公式可以看出，$\varepsilon_{低}^{基}$ 在高速铁路追踪间隔 I 一定的情况下，与不同速度列车在区间的时分差及由于列车分布造成的空费时间有关，不同速度列车速差越大，其基本扣除系数呈增大趋势。

(2)低等级列车追踪时扣除系数分析

由图 3.19 所示可得：

$$T_{占}=(n-1)I+t_{差}+2I+t_{空废} \tag{3.55}$$

式中，n 表示追踪运行的列车数；其他参数意义同前。

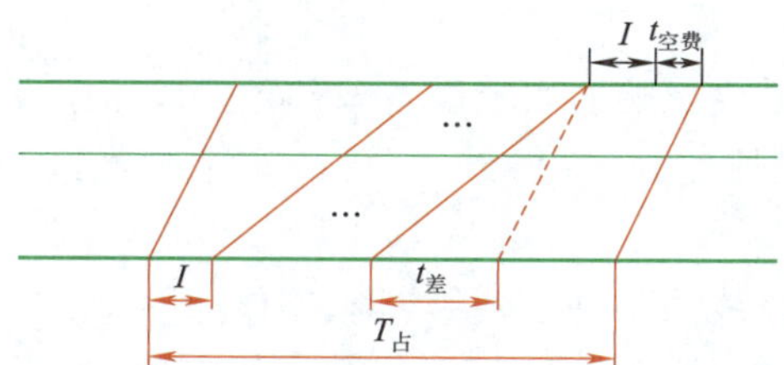

图 3.19 在高等级高速列车之间开行多列低等级列车示意图

则

$$\varepsilon_{低}^{多}=\frac{T_{占}-I}{nI}=\frac{nI+t_{差}+t_{空费}}{nI}=1+\frac{t_{差}+t_{空费}}{nI} \tag{3.56}$$

由此可知，在不同速度列车区段时分差一定的情况下，低等级列车连发系数越大，扣除系数越小，对通过能力的影响越小。但低等级列车追踪列车数越多，被高等级列车越行时，低等级列车停站时间过长，严重影响了低等级高速列车的服务质量，因此，低等级列车追踪列车数应控制在一定的范围内。

三、高速铁路列车间隔时间影响因素分析

1. 影响因素定性分析

影响列车追踪间隔时间的因素很多，列车追踪间隔时间主要受列车监控制动距离 $L_{制}$、列车停车标至出站信号机距离 $L_{标}$、闭塞分区长度 $L_{闭}$、列车长度 $L_{列}$、安全防护距离 $L_{防}$、车站咽喉区长度 $L_{咽喉}$、列车区间追踪附加时间 $t_{附加}$、列车到达作业办理时间 $t_{作业}^{到达}$、列车出发作业办理时间 $t_{作业}^{出发}$、列车通过作业办理时间 $t_{作业}^{通过}$ 等参数值的影响。而这些参数主要受动车组技术条

件、固定设备条件、列控系统、信号系统、人为因素等方面的影响。

(1)动车组技术条件

影响列车追踪间隔时间的动车组技术条件包括列车牵引制动性能、列车编组方式等。

列车牵引性能主要影响列车发车过程,具体表现为影响列车从起动到加速到线路限速所需的时间,影响列车发车过程中从起动到加速出清发车进路所需时间,从而列车牵引性能主要影响列车发车间隔。其他条件相同情况下,列车牵引性能越好,列车出发追踪间隔时间越小。

列车制动性能是重要影响因素之一,列车制动性能主要影响列车到达追踪间隔时间。列车进站时采用制动工况进站,列车制动性能决定了列车从运行速度减速至线路限速或停车所需时间,从而影响到达追踪间隔时间。列车制动过程中,列车制动率可直接影响列车追踪间隔时间。同理,其他条件相同的情况下,列车制动性能越好,列车追踪间隔时间越小。

因此,采用牵引制动性能较好的动车组能够有效缩短列车追踪间隔时间。目前我国投入使用的动车组型号中,牵引制动性能较好的为标准动车组(复兴号)。

列车编组方式分为 8 辆编组和 16 辆编组,列车编组方式的不同影响了列车牵引制动性能、列车长度等。根据列车追踪间隔时间计算公式可知,其他条件确定的情况下,列车长度越长,对追踪间隔越不利。

(2)固定设备设施条件

对列车追踪间隔时间产生影响的固定设备条件包括线路条件(坡度、曲线等)、线路静态限速及临时限速、闭塞分区长度、应答器设置位置、车站咽喉区布置、接触网电分相设置位置、道岔侧向限速等。

①线路条件。高速铁路线路条件(包括坡度、曲线半径等)是影响追踪间隔时间的重要因素。坡道尤其是长达坡道对于列车区间运行产生很大影响,不仅表现为上坡道附加阻力造成制动力不足、降低列车运行速度、增加区间运行时分,更会造成下坡道列车速度增加、监控制动距离增加、要求的闭塞分区长度增加,从而追踪间隔时间增加,同时还会造成行车安全性降低等不利影响。其他条件相同情况下,线路条件越恶劣,列车追踪间隔时间越长。

②线路静态限速及临时限速。高铁线路限速区段列车运行速度较低,且需在到达限速区段前减速至限速,造成列车运行时分增加,线路限速影响 ATP 控车曲线的最严格限制曲线的确定,影响列车追踪间隔。尤其在车站周围区间的限速,对列车出发、到达间隔造成影响。

③闭塞分区长度。对于分级速度控制模式,由于前后车之间闭塞分区数目一定,因此闭塞分区长度会直接影响前后车追踪间隔距离和时间。闭塞分区越长,追踪间隔越大。对于连续式速度控制模式,由于目标点为前车所在闭塞分区入口处,且分析追踪间隔时考虑最不利情况,即前车车尾刚好没有出清所在闭塞分区时,计算追踪间隔需考虑闭塞分区长度,因此闭塞分区长度越长,区间追踪间隔时间越长。在办理列车出发或通过作业时,由于需前车出清发车方向反向进站信号机外一离去区段后,CTC 系统方可出清进路,因此闭塞分区长度对于发车追踪间隔时间的影响较大,一离去区段闭塞分区长度越长,列车出发追踪间隔时间越长。尽管闭塞分区长度过长会对追踪间隔时间产生不利影响,但由于列车安全制动距离的限制,闭塞分区长度不可过短,因此对于闭塞分区长度的优化仍有更深层次的研究。

④应答器设置位置。应答器包括无源应答器、有源应答器、地面电子单元(LEU)以及应答器书写工具等,是列控系统进行车-地信息传输的主要设备之一。在列车运行中为CTCS-2级列控系统车载设备提供线路速度、坡度、临时限速参数、轨道电路区段空闲数量等信息,为CTCS-3级列控系统车载设备提供列车定位信息、等级转换信息等信息,建立无线通信。应答器对于列车实际运行的主要影响表现为传输速度控制信息到车载设备,经司机确认信号并做出操作,保证列车安全运行。

⑤车站站场咽喉区布置。车站咽喉区布置对于追踪间隔的影响主要有两方面:一方面是咽喉区走行时间影响追踪间隔时间,另一方面是咽喉区结构布置不合理而导致的作业时间增加。列车在进站、出站作业过程中经过咽喉区时,由于道岔侧向速度的限制,通常运行速度较低,因此在道岔侧向速度一定的条件下,咽喉区长度越长,对缩短追踪间隔越不利,且咽喉区过长,对速度较低的列车格外不利。列车追踪间隔中的列车出发追踪时间间隔和到达追踪时间间隔受咽喉区的影响格外明显。因此为减少列车追踪间隔时间,提高车站办理列车到发作业的效率,咽喉区的长度应尽量减小,道岔的位置关系因尽量紧密。车站咽喉区结构的布置如果不够合理,产生特殊站形,可能会对列车进路安排产生不良影响,造成较多的敌对进路,因此需根据车站办理列车的径路等信息和具体的站场设置分析。

⑥接触网分相设置位置。列车运行过程中在电分相区段内不能从接触网获得电能,列车无法产生牵引力,因此列车在电分相区段内属于惰行状态,不同线路条件下,列车运行速度会产生不同程度的降低。列车不同运行状态下电分相对于追踪间隔时间的影响不同。电分相区段主要影响列车的牵引过程,因此接触网分相的设置位置对于列车出发追踪间隔时间影响较大。若电分相位置距离车站过近,且在列车出发端,将大幅增加列车出发过程中出清进路所需时间,增加列车出发追踪间隔。列车区间运行时,电分相对于追踪间隔的影响主要表现为车辆惰行状态的减速和出清电分相区段的加速过程的时间增加,影响程度主要与线路条件有关。列车到达作业过程中,列车处于制动状态时进入电分相区段,车辆电制动并不会停止,车辆仍能维持制动状态,因此在列车进站过程中遇到电分相区段对于列车到达追踪间隔影响不大。综上,一般情况下,接触网分相区段长度越长,距离车站发车端咽喉区越长,对列车追踪间隔时间越不利。关于电分相位置设置的研究较为复杂,需综合车辆性能、车辆编组情况以及闭塞分区划分等多种因素进行分析,且需进行牵引计算,来验证电分相位置设置是否合理。

⑦道岔侧向限速。道岔侧向限速是限制列车在咽喉区走行时间的主要因素。由于较大号码的道岔侧向限速较大,追踪间隔时间会随道岔号码的增大而减小,因此在站场设计中可采用大号码的道岔。但此举措会增加咽喉区长度和车站站场长度,增加建设费用;且在道岔侧向限速较大情况下,若要求增大道岔号码能够在实际运行中有效缩短追踪间隔时间,则要求动车组列车有较大的制动率,以便能够充分利用列车的牵引制动性能,并在指定停车标处停车。综上,在站场设计时,需综合考虑各方面因素,选取适宜号码的道岔。

(3)列控系统

列控系统对追踪间隔的影响主要表现为,控车模式的不同、系统信息传输的不同模式影响列车监控制动距离、作业办理时间等,从而影响列车追踪间隔时间。

不同列控系统技术方案不同,不同控车模式情况下对列车间隔的控制方法也不同。列控系统列车监控曲线的设定影响 ATP 控车曲线，动车组列车按 ATP 控车曲线运行。由于不同信号厂家的原理及参数设定不同，列控系统对列车监控制动距离、列车追踪间隔时间均会产生影响。

（4）信号系统

信号系统主要通过控制车站联锁设备办理进路过程及时间、控制闭塞方式等，影响追踪间隔时间。闭塞方式不同会影响列车运行、车站进路作业等各项作业。我国高铁现行的闭塞方式为准移动闭塞。不同车站不同设备办理列车相应作业的流程、步骤、响应时间均不同，这部分内容在本文后续章节会做详细分析。

（5）人为因素

影响追踪间隔时间的人为因素主要包括行业作业标准相关规定以及司机操控列车运行的水平等。

为保证行车安全，行业作业标准规定了司机和车组乘务人员、车站工作人员各项作业的流程、操作步骤，行车相关人员需严格按照标准执行各项相应作业，因此影响各项作业操作时间。

司机操控水平在列车实际运行过程中对追踪间隔时间影响很大。司机操作水平影响着司机确认信号的反应时间，司机根据 DMI 人机界面的显示进行的速度控制影响着列车的运行，司机控制列车速度越接近监控曲线，列车追踪间隔时间越小。司机操控列车水平还表现在司机对于紧急情况的处理等。

2. 到达追踪间隔时间的影响因素及压缩措施

（1）计算方法及影响因素

列车到达追踪间隔时间（$I_{到}$）是指自前行列车到达车站时起，至同方向后行列车到达该站时止的最小间隔时间，如图 3.20 所示。在进路一次解锁条件下，当前行列车完全进入车站股道，进站进路解锁后，方可为后行列车办理进站进路。

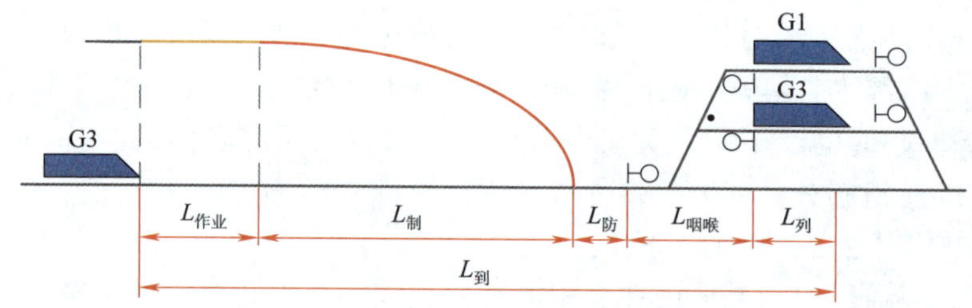

图 3.20　列车到达追踪间隔示意图

$I_{到}$的计算公式如下：

$$I_{到}=3.6\times\frac{L_{制}+L_{防}+L_{咽喉}+L_{列}}{v_{到达}}+t_{作业}^{到达}$$

式中　3.6——单位换算系数；

$L_{制}$——列车制动距离，m；

$L_{防}$——安全防护距离，m；

$L_{咽喉}$——车站进站信号机至股道反向出站信号机间的距离，m；

$L_{列}$——列车长度，m；

$v_{到达}$——列车到站停车的运行速度，km/h，由于列车制动减速，故$v_{到达}$动态变化非恒定；

$t_{作业}^{到达}$——列车到达作业时间，s。

针对某一确定的动车组车型来说，其到达追踪间隔时间主要受以下几个因素的影响：

①列车制动距离

$L_{制}$主要与动车组的制动性能有关。

②列车到达作业时间

$t_{作业}^{到达}$包含轨道电路状态转换、进路办理、信号传递及司机确认等时间，在现有 CTC 条件下，这些时间会线性影响$I_{到}$。

③咽喉区长度

车站规模越大，衔接方向及股道数量越多，$L_{咽喉}$越大，列车在咽喉区的走行时间越长，进路解锁时间越晚，$I_{到}$越大，反之$I_{到}$越小。

④列车到站停车的运行速度

车站内的列车运行速度必须小于道岔侧向限速，限速越低，列车在咽喉区的走行时间越长，进路解锁时间越晚，$I_{到}$越大，反之$I_{到}$越小。

(2)压缩措施

①CTC 系统优化：采用分段解锁，缩短 CTC 轮询时间

CTC 原采用接车进路分段解锁的进路解锁方式，目前已经基本改为一次解锁的方式。在一次解锁时，CTC 待前行列车完全进入股道后，方可办理后行列车进路，如图 3.21(a)所示；而在分段解锁时，只需要前行列车出清关联道岔即可为后行列车办理进路，如图 3.21(b)所示。

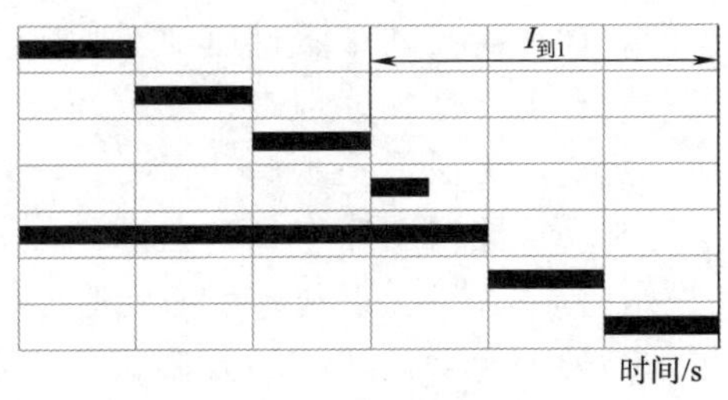

(a)

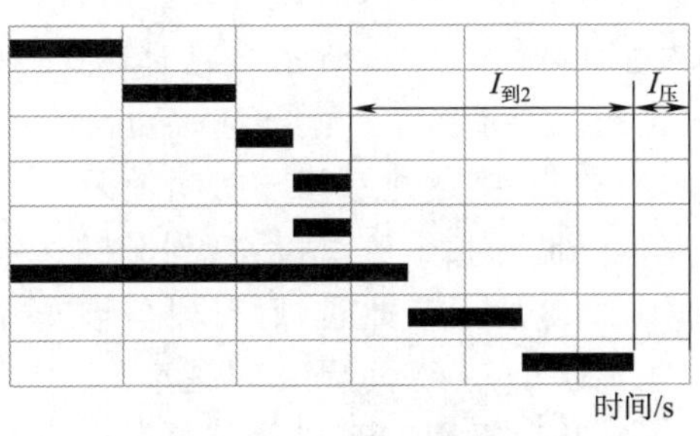

(b)

图 3.21 接车进路分段解锁情况下的列车到达追踪间隔时间压缩示意图

$I_{到1}$与$I_{到2}$—接车进路一次解锁与分段解锁情况下列车到达追踪间隔时间，s；

$I_{压}$—分段解锁相对于一次解锁能够压缩的列车到达追踪间隔时间，s

分段解锁相对于一次解锁来说，虽然没有缩短列车到达作业时间，但是通过将接车过程中的并行作业代替串行作业，能够压缩列车到达追踪间隔时间。在接车进路分段解锁情况下，前行列车每通过一个联锁设备，均可将其解锁，当前行列车通过与后行列车最后一个关联道岔后，便可办理后行列车接车进路，但此时前行列车尚未完全进入股道。因此从前行列车通过最后一个关联道岔至其完全进入股道的时间（下称$t_{走}$）与列车到达作业时间（$t_{作业}^{到达}$）存在重叠的部分，重叠部分的时间可从$I_{到}$中减去，从而实现到达追踪间隔时间压缩。

在接车进路分段解锁情况下，到达列车的追踪间隔时间与前后行列车的接车进路密切相关，主要体现在以下两个方面：

a. 前后行列车接车进路共用联锁设备的数量直接决定前行列车的进路解锁时机；

b. 后行列车的接车进路决定后行列车完全进入股道的时间。

因为列车的接车进路由其目标股道决定，所以合理的股道运用方案能够充分发挥分段解锁的优势，最大化地压缩列车到达追踪间隔时间。

由于受到计算机性能限制，同时出于提高进路办理成功率以避免多次进路办理失败报警的情况，CTC 系统都会设置一定的轮询时间。原 CTC 系统的轮询时间多为 30 s，即 CTC 系统每隔 30 s 会检查是否具备了进路办理条件，如果具备则办理进路，否则将继续在下一个轮训周期即 30 s 后再次检查是否具备办理条件。显然，对于极端情况下，某些进路在具备条件后可能会在 30 s 之后才办理，这也大大增加了到达间隔时间。

因此，通过将 CTC 系统的轮询时间压缩，即可实现对部分进路办理时机的提前，进而压缩列车间隔时间。

②列车速度优化控制

由于动车组的制动性能与列车运行速度不匹配，所以随着列车区间运行速度的提升，列车到达追踪间隔时间会随之增加。但是由于列车技术条件以及旅客舒适性等要求的限制，动车组制动性能在短期内无法进一步提升。

为避免动车组制动性能限制列车到达追踪间隔时间，考虑通过在站外一定范围内设置限速，使列车在进站前提前降速，以达到压缩到达追踪间隔时间的目的。列车到达追踪间隔时间的压缩效果与站外限速的设置区域及限速值密切相关，合理设置站外限速区域及限速值才能有效压缩列车到达追踪间隔时间。

当站外不设置限速或者限速值设置较高时，后行列车到达限速点前的车载监控曲线受限于前车而非限速区，如图 3.22 所示。此时，后行列车与进站信号机间最小间隔距离与限速值无关，是固定的。但是由于区间限速，后行列车通过与进站信号机间最小间隔距离的时间会增大，从而导致列车到达追踪间隔时间增大。

当站外限速值降低到某个值时，后行列车到达限速点前的车载监控曲线将受限于限速区而非前车，如图 3.23 所示。此时，后行列车与进站信号机间最小间隔距离与限速值有关，限速越低，间隔距离越小，追踪间隔时间越小。并且，相对于站外不设置限速或者限速值设置较高的情况来说，从后行列车降速至其打靶点到达车站范围内的一段时间内不受限于前车，因此，当站外限速值降低到某个值时，列车到达追踪间隔时间陡降。

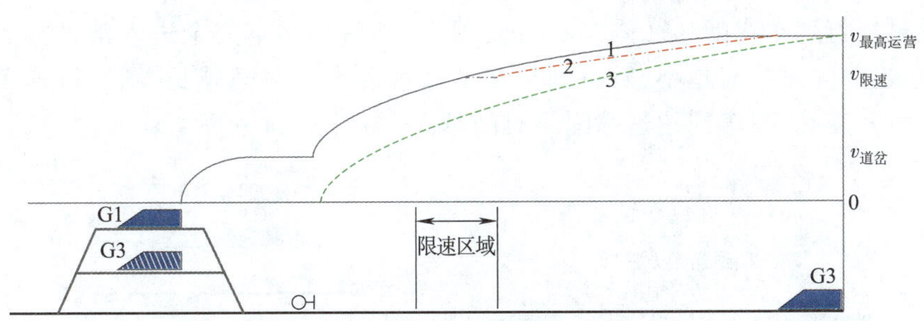

图 3.22 站外不设置限速或者限速值设置较高情况下速度-距离曲线

$v_{最高运营}$、$v_{限速}$及$v_{道岔}$—列车最高运营速度、限速区域内限速值及道岔侧向限速，km/h；曲线 1—不设置限速情况下列车速度-距离曲线；曲线 2—以限速区入口为打靶点、限速值为打靶速度时的降速曲线；曲线 3—ATP 常用制动曲线

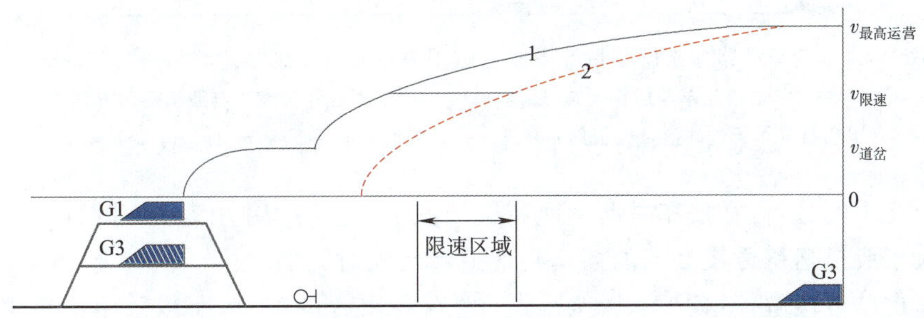

图 3.23 站外限速值设置较低情况下速度-距离曲线

曲线 1—不设置限速情况下列车速度-距离曲线；曲线 2—ATP 常用制动曲线，且其上半部分也为以限速区入口为打靶点、限速值为打靶速度时的降速曲线

由于站外限速的限速范围是在区间里，故站外限速也会对列车区间追踪间隔时间造成影响。其具体影响体现在，前车由于遇到前方限速，所以必须减速运行，相比于不加限速的情况，前车通过同一闭塞分区的时间增加。当前车所处闭塞分区未发生变化时，后车打靶点也保持不变，因此为避免因为前车降速而导致后车降速的情况，后车距离前车的距离需增大，从而导致列车区间追踪间隔时间增大。

所以通过列车速度优化控制来压缩到达追踪间隔时间时，需要保证压缩后的到达追踪间隔时间仍然不小于区间追踪间隔时间。否则，列车区间追踪间隔时间会取代到达追踪间隔时间成为新的瓶颈，从而影响追踪间隔时间压缩的效果。

③股道运用方案优化

由于列车目标股道不同，则其接车进路不同，所以列车在咽喉区内的走行时间也可能不相同。考虑到咽喉区长度对列车到达追踪间隔时间的影响，可采用股道运用方案优化的方法来压缩列车到达追踪间隔时间。

在接车进路一次解锁情况下，根据现有到达追踪间隔时间计算方法，当后行列车目标股道确定以后，后行列车能够与前行列车实现的最小到达追踪间隔是确定的。即在接车进路一次解锁情况下，两列车的最小到达追踪间隔时间仅与后行列车的目标股道有关。

当前行列车目标股道及接车时刻确定时，则后行列车满足接车条件的时刻便相应地确定下来。此时后行列车在咽喉区内走行时间越短，则后行列车完全进入其目标股道时间越早，列车到达追踪间隔时间越小；后行列车在咽喉区内走行时间越长，则后行列车完全进入其目标股道时间越晚，列车到达追踪间隔时间越大，如图 3.24 所示。

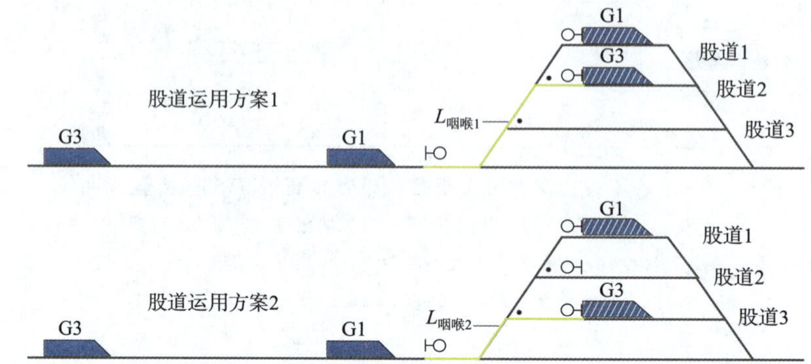

图 3.24　接车进路一次解锁情况下股道运用方案对列车到达追踪间隔时间的影响

G1 与 G3—前行列车与后行列车；$L_{咽喉1}$与$L_{咽喉2}$—股道运用方案 1 与股道运用方案 2 下后行列车从进站信号机至其完全进入目标股道的走行距离，m，且$L_{咽喉1}>L_{咽喉2}$

根据上文中的分析，在接车进路一次解锁情况下，股道运用方案 1 下的列车到达追踪间隔时间是大于股道运用方案 2 下的列车到达追踪间隔时间的。

在接车进路分段解锁情况下，因为$t_{走}$与$t_{作业}^{到达}$存在重叠的部分，所以采用接车进路分段解锁的方式能够压缩到达追踪间隔。而股道运用方案对列车到达追踪间隔时间的影响体现在以下两个方面。首先$t_{作业}^{到达}$是固定的，而$t_{走}$则与两列车的股道运用方案有关。一般说来，在同一车站内，两列车接车进路共用联锁设备越少，则$t_{走}$越大，到达追踪间隔时间越小；两列车接车进路共用联锁设备越多，则$t_{走}$越小，到达追踪间隔时间越大。其次，后行列车目标股道不同，则其在咽喉区的走行时间可能会不一样，到达追踪间隔时间也会因此不同。股道运用方案对列车到达追踪间隔的影响如图 3.25 所示。

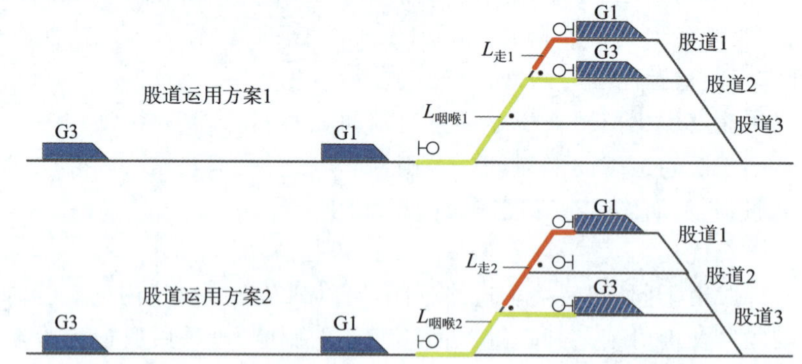

图 3.25　接车进路分段解锁情况下股道运用方案对列车到达追踪间隔时间的影响

G1 与 G3—前行列车与后行列车；$L_{走1}$与$L_{走2}$—股道运用方案 1 与股道运用方案 2 下前行列车通过与后行列车最后一个关联道岔至其完全进入股道的走行距离，m，且$L_{走1}<L_{走2}$；$L_{咽喉1}$与$L_{咽喉2}$—股道运用方案 1 与股道运用方案 2 下后行列车从进站信号机至其完全进入目标股道的走行距离，m，且$L_{咽喉1}>L_{咽喉2}$

根据上文中的分析，在接车进路分段解锁情况下，股道运用方案 1 下的列车到达追踪间隔时间是大于股道运用方案 2 下的列车到达追踪间隔时间的。

④技术改造

除通过缩短列车进站走行距离来压缩列车进站走行时间以外，还可以通过提升列车运行速度的方式来缩短列车进站走行时间，从而实现列车到达追踪间隔时间的压缩。列车通过道岔时必须以小于道岔侧向限速的速度运行，但车站布置一旦确定，道岔侧向限速也就相应地确定下来。所以要提升列车运行速度则必须先提升道岔侧向限速。

增大导曲线半径，减小车轮对道岔各部位的冲击角，是提高道岔侧向限速的主要途径。采用大号码道岔、对称道岔以及在道岔号数固定的条件下改进平面设计都能够有效地增大导曲线半径，从而提高道岔侧向限速。此外，加强道岔结构，也有利于提高道岔侧向限速。

在车站已投入使用的情况下进行大规模的技术改造是非常困难的，需要一定的改造周期与投资成本。并且，技术改造可能导致车站短期内无法通车，造成列车大规模改道，给铁路行车组织带来困难。除此之外，采用大号码道岔会增加咽喉区长度，而咽喉区长度的增加则会一定程度上增大列车追踪间隔时间。

3. 出发追踪间隔时间的影响因素及压缩措施

(1)计算方法及影响因素

列车出发追踪间隔时间($I_{发}$)是指自前行列车由车站发出时起，至由该站同方向再发出另一列车时止的最小间隔时间，如图 3.26 所示。当前行列车从车站出发至出清一离去后方可办理后行列车出发作业，因此$I_{发}$包括这两个过程时间。

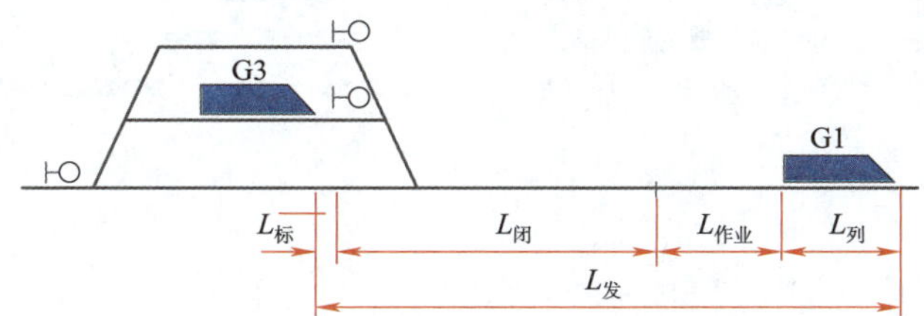

图 3.26 列车出发追踪间隔示意图

$I_{发}$的计算公式如下：

$$I_{发}=3.6\times\frac{L_{标}+L_{闭}+L_{列}}{v_{出发}}+t_{作业}^{出发}$$

式中 $L_{标}$——列车停车标至出站信号机间的距离，m；

$L_{闭}$——闭塞分区长度，m；

$v_{出发}$——列车从车站出发的运行速度，km/h，由于列车起动加速，故$v_{出发}$动态变化非恒定；

$t_{作业}^{出发}$——列车出发作业时间，s。

针对某一确定的动车组车型来说，其出发追踪间隔时间主要受以下几个因素的影响：

①列车出发作业时间

$t_{作业}^{出发}$包含轨道电路状态转换、进路办理、信号传递及司机确认等时间，在现有 CTC 条件下，这些时间会线性影响$I_{发}$。

②咽喉区长度

在闭塞分区长度确定的条件下，车站规模越大，衔接方向及股道数量越多，$L_{咽喉}$越大，列车在咽喉区的走行时间越长，一离去加速运行时间越短，进路解锁时间越晚，$I_{发}$越大，反之$I_{发}$越小；

③列车从车站出发的运行速度

车站内的列车运行速度必须小于道岔侧向限速，限速越低，列车在咽喉区的走行时间越长，进路解锁时间越晚，$I_{发}$越大，反之$I_{发}$越小。

④闭塞分区长度

$L_{闭}$越大，列车在闭塞分区内走行时间越长，进路解锁时间越晚，$I_{发}$越大，反之$I_{发}$越小。

(2)压缩措施

①CTC 系统优化：预办发车进路、缩短 CTC 轮询时间

现有 CTC 系统为了提高发车进路办理的成功率，在前行列车尾部出清第一离去后，方可为后行列车办理发车进路。此时列车出发作业时间将线性影响列车出发追踪间隔时间，即列车出发作业时间直接附加在列车出发追踪间隔时间内。列车出发作业时间越大则列车出发追踪间隔时间越大，列车出发作业时间越小则列车出发追踪间隔时间也越小，如图 3.27(a)所示。

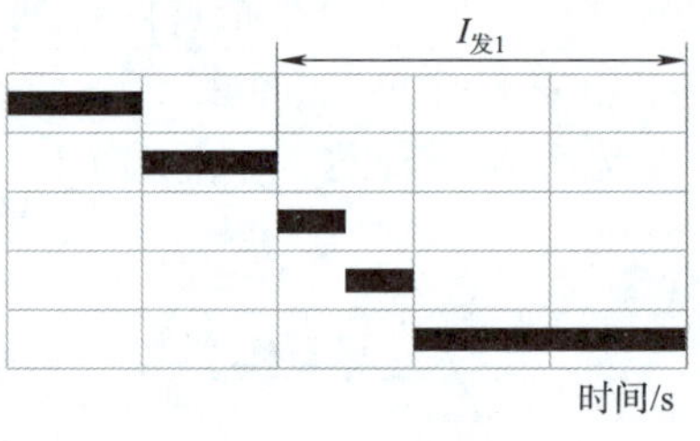

(a)

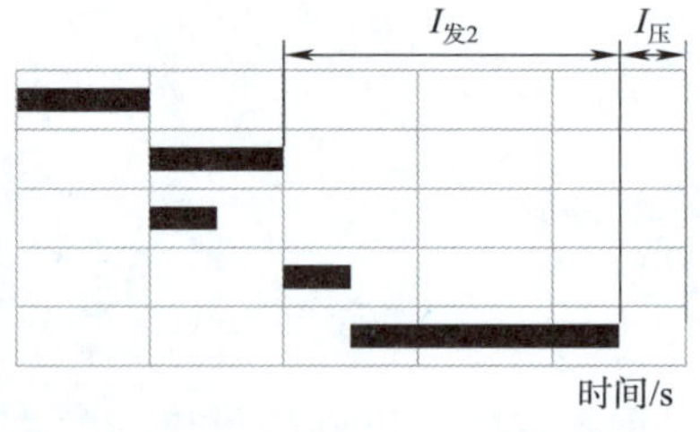

(b)

图 3.27　预办发车进路情况下的列车出发追踪间隔时间压缩示意图

$I_{发1}$与$I_{发2}$—非预办发车进路情况下与预办发车进路情况下的列车出发追踪间隔时间，s；

$I_{压}$—预办发车进路相对于非预办发车进路能够压缩的出发追踪间隔时间，s

通过采用更先进的信、联、闭设备能够一定程度上缩短列车出发作业时间，从而压缩列车出发追踪间隔时间。但是，设备更新升级需要较长的更新周期与投资成本。通过预办后行列车发车进路，能够实现出发追踪间隔时间的压缩。

预办后行列车发车进路是指，当前行列车出清车站反向进站信号机后，为后行列车办理发车进路，但发车进路办理好后并不开放出站信号机，待前行出发列车尾部出清第一离去后，方可开放出站信号机，后行列车出站。预办发车进路对出发追踪间隔时间的压缩如图 3.27(b)所示。

在预办发车进路情况下，后行列车发车进路办理的相关时间包含于前车出清第一离去的时间中，因此采用预办发车进路的方式能够压缩列车出发追踪间隔时间。但是目前 CTC 系统尚不具备预办进路的条件，在实际生产中需要通过人工办理或系统升级的途径来实现。

压缩 CTC 系统轮询时间的原理及效果同上节到达间隔部分，此次不再赘述。

②股道运用方案优化

采用合理的股道运用方案能够有效地压缩列车出发追踪间隔时间。股道运用方案对列车出发追踪间隔的影响体现在，后行列车发车时，其所处股道离正线越近，列车在咽喉区的走行距离越短，走行时间也越短，列车出发追踪间隔时间越小；反之，列车出发追踪间隔时间越大。股道运用方案对列车发车间隔的影响如图 3.28 所示。

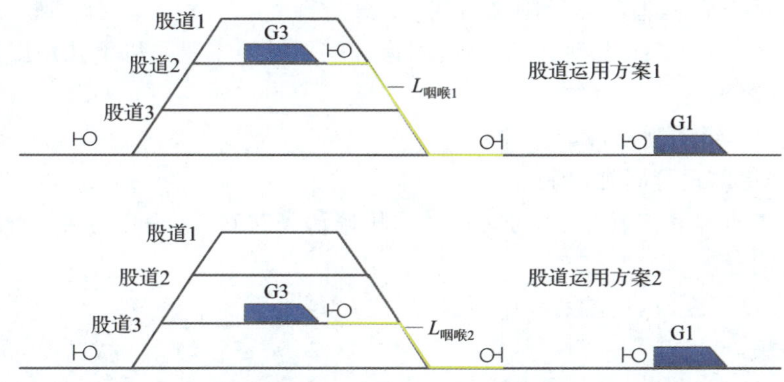

图 3.28 股道运用方案对列车出发追踪间隔时间的影响

G1 与 G3—前行列车与后行列车；$L_{咽喉1}$与$L_{咽喉2}$—股道运用方案 1 与股道运用方案 2 下后行列车出站咽喉的长度，m，且$L_{咽喉1}>L_{咽喉2}$

根据上文中的分析，股道运用方案 1 下的列车出发追踪间隔时间是大于股道运用方案 2 下的列车出发追踪间隔时间的。

③线路设计改造

通过技术改造可以提升道岔侧向限速，从而缩短出发列车在咽喉区的走行时间，以达到压缩出发追踪间隔时间的目的，其具体措施同上述列车到达追踪间隔时间压缩策略。

除此之外，闭塞分区长度及一离去内设置电分相也会影响列车出发追踪间隔时间。欲缩短闭塞分区长度，则需要通过重新划分轨道电路以及重新布置信号机的方式来实现。而改变电分相设置方式也需要通过一定的技术改造措施。

4. 区间追踪间隔时间的影响因素及压缩措施

(1)计算方法及影响因素

列车区间追踪间隔时间$I_{追}$是指以前行列车所在闭塞分区入口附加一定的安全防护距离为追踪目标点，在满足目标制动距离条件下，后行列车正常运行而必须间隔的最小距离的走行时间，如图 3.29 所示。

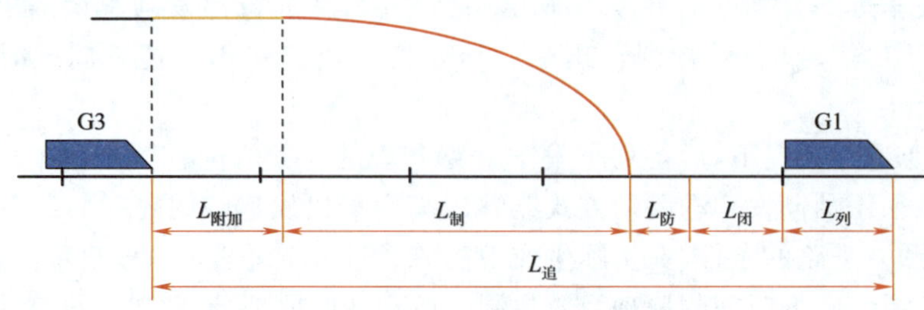

图 3.29 列车区间追踪间隔示意图

$I_{追}$的计算公式如下：

$$I_{追}=3.6\times\frac{L_{制}+L_{防}+L_{闭}+L_{列}}{v_{区间}}+t_{附加}$$

式中 $v_{区间}$——列车区间运行速度，km/h；

$t_{附加}$——列车区间追踪运行附加时间，s。

针对某一确定的动车组车型来说，其区间追踪间隔时间主要受以下几个因素的影响：

①列车制动距离

$L_{制}$主要与动车组的制动性能有关；

②列车区间追踪运行附加时间

$t_{附加}$包含轨道电路状态转换、信号传递及司机确认等时间，这些时间会线性影响$I_{追}$。

③闭塞分区长度

区间运行速度不变时，$L_{闭}$越大，$I_{追}$越大，反之$I_{追}$越小。

(2)压缩措施

通过换用制动性能更好的动车组列车、换用效率更高的列控系统以及线路设计改造等途径。

第三节 技术站通过能力

铁路技术站包括编组站与区段站，是铁路网络的重要节点。技术站通过能力包括通过能力和改编能力，是铁路通过能力的重要组成部分。技术站通过能力，是指车站在现有设备条件下，采用合理的技术作业过程，一昼夜能够接发各方向的货物列车数和运行图规定的旅客列车数(客运站通过能力是旅客列车数和运行图规定的货物列车数)。它包括咽喉通过能力和到发线通过能力两部分。技术站改编能力是指在合理使用技术设备条件下，车站的固定调车设备一昼夜内所能解体和编组各方向的货物列车数或车数。

一、概述

1. 影响车站能力的主要因素

(1)车站现有设备情况，如站场类型和咽喉进路布置、到发线数量和有效长、调车设备类型和数量、信号联锁闭塞设备类型等。货运站还涉及货物线、装卸站台长度，货场、仓库的面积和货物装卸能力等。

(2)车站作业组织情况,如各种列车的技术作业过程,所采用的先进工作方法,各项作业占用设备的时间标准,各车场分工和线路固定用途等。

(3)车站办理各方向的列车种类和数量,计划行车量的分配方案等。

(4)占用车站设备的各种作业,包括主要作业与固定作业。主要作业的内容包括各种列车(旅客列车和摘挂列车编组除外)的到达、解体、编组、出发和机车出入段等作业。这一类作业占用设备次数较多,随着行车量的变化其数量增减也较大。固定作业是指与行车量增减无关的作业,如旅客列车到、发、调移及其本务机车出入段等作业,列车运行图中规定的摘挂列车编组作业,向车辆段、机务段和货物装卸地点定时取送车辆的作业,调车组和机车乘务组交接班、吃饭及调车机车整备作业等。计算客运站通过能力时,运行图规定的货物列车到发及其本务机出入段等作业应按固定作业计算。

2. 计算方法

计算车站通过能力和改编能力的解析计算方法,有直接计算法和利用率计算法两种。直接计算法是根据每一列车到发作业或改编作业占用某项技术设备的平均时间,利用公式直接算出该设备的能力。当某项技术设备担当的作业种类比较单一时,可采用直接计算法。例如某驼峰只担当解体作业,可采用直接计算法计算驼峰的解体能力。利用率计算法是以列车、机车、车辆不间断地均衡占用技术设备为前提,并考虑设备占用有一定空费时间或妨碍时间,先计算该项设备能力的利用率,再用利用率计算车站能力。这是计算车站能力最常用的方法,它能反映出在完成规定任务的情况下,车站各项设备的利用程度,计算方法简便,但计算结果有一定的误差。

当车站通过能力利用率达到85%,改编能力利用率达到90%时,应按阶段或小时计算能力并作图解验算分析,采取加强能力的措施。

二、车站通过能力

1. 咽喉道岔组通过能力

咽喉道岔组通过能力,是指某方向接、发列车进路上最繁忙的道岔组一昼夜能够接、发该方向的货物列车数和运行图规定的旅客列车数。咽喉通过能力,是咽喉区各进路咽喉道岔组通过能力之和。计算咽喉通过能力,应首先计算咽喉道岔组通过能力。

(1)咽喉区道岔分组方法

为避免对咽喉区道岔逐个计算通过能力,减少计算工作量,可将咽喉区的许多道岔划分为若干个道岔组,通过计算比较,找出各方向各接发列车进路上的咽喉道岔组。

道岔分组的基本原则是:

①不能被两条进路同时分别占用的道岔,应合并为一组。如图3.30(a)所示,当其中任何一副道岔被占用时,其余道岔均无法同时开通其他进路,这些道岔应划为一组。

②两条平行进路上的道岔和渡线两端的道岔不能并为一组,如图3.30(b)所示。

③可以被两条进路同时分别占用,以及辙叉尾部相对且分布在线路两侧的相邻道岔不能并为一组,如图3.30(c)所示。

④交叉渡线一端的道岔应合并为一组,如图3.30(d)所示。

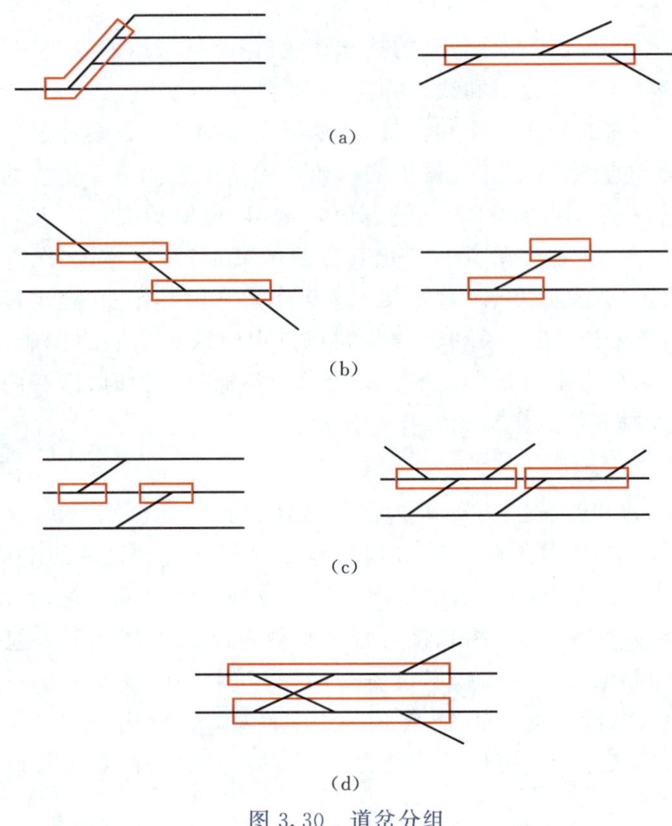

图 3.30　道岔分组

现以乙站丙方向咽喉为例，根据道岔分组的原则和方法，可将该咽喉区的道岔划分为四个道岔组，如图 3.31 所示。

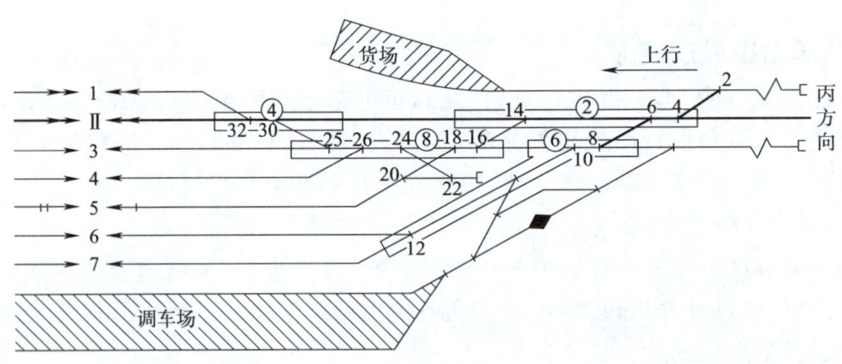

图 3.31　乙站丙端咽喉区示意图

(2)占用咽喉道岔组的时间标准

占用咽喉道岔组的时间按作业性质不同，可归纳为接车、发车和调车占用三种。

①接车占用咽喉道岔组的时间($t_{接车}$)

$$t_{接车}=t_{准}+t_{进}\quad(\text{min})\tag{3.57}$$

式中 $t_{准}$——准备接车进路(包括开放信号)的时间,电气集中设备为 0.1～0.15 min;

$t_{进}$——列车通过进站距离的时间,是自接车进路准备完毕时起至列车腾空该咽喉道岔组或该进路解锁时止的一段时间, min。

列车通过进站距离($L_{进}$)如图 3.32 所示。$t_{进}$ 可采用写实查定方法或按下式计算:

$$t_{进}=\frac{L_{进}}{v_{进}}\times 0.06=\frac{l_{确}+l_{制}+l_{进}+0.5l_{列}}{v_{进}}\times 0.06 \quad (\text{min}) \tag{3.58}$$

式中 $l_{确}$——司机确认预告信号的时间内,列车所走的距离,m;

$l_{制}$——列车制动距离,m;

$l_{进}$——进站信号机至车站中心线的距离,m;

$l_{列}$——列车长度,m;

$v_{进}$——列车进站平均速度, km/h;

0.06—— km/h 换算为 m/min 的单位换算系数。

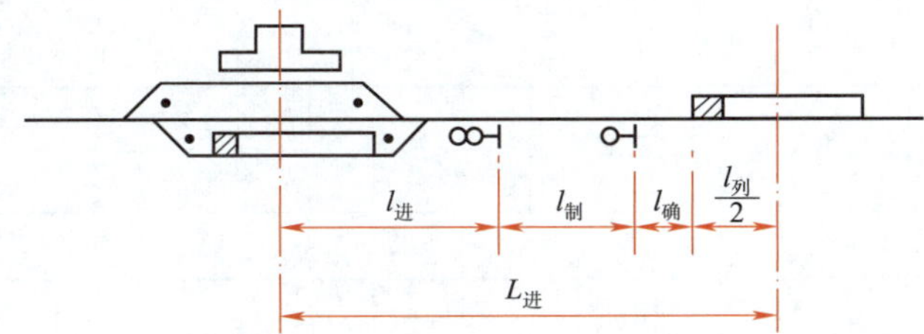

图 3.32 列车进站走行距离示意图

②发车占用咽喉道岔组的时间($t_{发车}$)

$$t_{发车}=t_{准}+t_{出} \quad (\text{min}) \tag{3.59}$$

式中 $t_{出}$——列车通过出站距离的时间,是自发车进路准备完毕后列车起动时起至列车尾部离开该发车进路最外方道岔或该进路解锁时止的一段时间, min。

列车通过出站距离($L_{出}$)如图 3.33 所示。$t_{出}$ 可采用写实查定方法或按下式计算:

$$t_{进}=\frac{L_{出}}{v_{出}}\times 0.06=\frac{l_{出}+l_{列}}{v_{出}}\times 0.06 \quad (\text{min}) \tag{3.60}$$

式中 $l_{出}$——由出站信号机起至发车进路最外方道岔或咽喉道岔联锁区段轨道绝缘节止的距离,m;

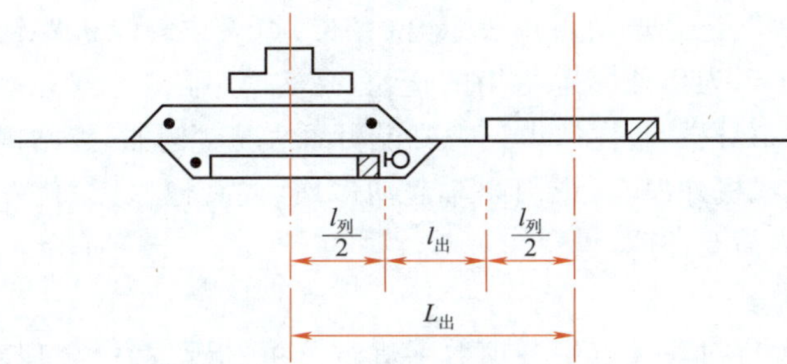

图 3.33 列车出站走行距离示意图

$v_{出}$——列车出站平均速度，km/h。

③调车占用咽喉道岔组的时间($t_{调}$)

调车作业包括机车出入段、车列牵出或转线、编组、解体或车辆取送等，各单项作业时间标准，多采用写实法确定。

采用写实法查定接车、发车和调车作业占用咽喉道岔组的时间标准，一般分为写实、资料汇总和定标三个步骤。

第一步，写实。

写实一般通过连续三昼夜采集相关作业时分。以乙站丙方向咽喉区为例(如图 3.21)，乙站《站细》规定到发线固定使用为:1 道接发旅客列车，Ⅱ道正线，3、4 道接发直通货物列车，5 道为机车走行线，6、7 道接发区段、摘挂列车。各项作业占用丙方向咽喉道岔组的时间写实摘录见表 3.3。

表 3.3 乙站丙方向咽喉道岔组占用时间写实表(摘录)

7 月8 日18 时01 分—7 月11 日18 时00 分

作业项目	准备进路	开始占用	道岔解锁	占用咽喉道岔组号码				备注
				②	④	⑥	⑧	
Ⅰ	Ⅱ	Ⅲ	Ⅳ	Ⅴ				Ⅵ
接 32008	18:08	18:10	18:15	√		√		
货场送车	18:12	18:15	18:20	√		√		
发 20111	18:23	18:25	18:30	√			√	
货场取车	18:38	18:40	18:45	√		√		
接 20114	19:23	19:25	19:30	√			√	
发 20113	19:48	19:50	19:53	√			√	
接 K302	20:38	20:41	20:45	√	√			
…	…	…	…	…	…	…	…	…

表 3.3 第Ⅰ栏“作业项目”，简单记明有关作业名称。第Ⅱ栏“准备进路”，记录扳道员或信号员开通进路或控制台上该进路亮白色光带的时刻。第Ⅲ栏“开始占用”，接车时记录列车接近或进入预告信号机的时刻;发车时记录列车起动时刻;调车时记录车列或机车起动时刻。第Ⅳ栏“道岔解锁”，记录道岔占用表示灯(光带)熄灭或解除进路锁闭的时刻。第Ⅴ栏“占用咽喉道岔组号码”，为作业实际占用的道岔，写实时，可在各该进路经过的咽喉道岔组的空格内记录“√”。第Ⅵ栏“备注”，填记需要说明的情况。例如，因站内办理调车作业致使进站信号开放过晚造成机外停车，或因列车起动多次(或其他原因)使发车占用时间过长等等情况，均应在该栏内简要注明。

第二步，资料汇总。

采点写实结束后，应对写实表中各项数字进行分析，保留其中合理部分，剔除不合理部分，然后按不同作业项目(接车、发车、调车)分别汇总。接车和发车还应按车站衔接方向、客货列车分别汇总。

例如，7 月 8 日 18:01 至 11 日 18:00 乙站丙方向货物列车接车占用咽喉道岔组时间汇总摘录见表 3.4。

表 3.4　乙站丙方向接车占用咽喉道岔组时间汇总表(摘录)

列车车次	准备进路	开始占用	道岔解锁	实际占用(min)	最小占用(min)	备注
Ⅰ	Ⅱ	Ⅲ	Ⅳ	Ⅴ	Ⅵ	Ⅶ
32008	18:08	18:10	18:15	7	5	
20114	19:23	19:25	19:30	7	5	
20116	21:23	21:24	21:30	7	6	
41002	22:23	22:25	22:31	8	6	
…	…	…	…	…	…	…
合计:69 列				489	379	
每次平均				7.1	5.5	

表 3.4 中第Ⅰ～Ⅳ栏是由写实表 3.3 中转抄过来的；第Ⅴ栏"实际占用"咽喉道岔组的时分，等于第Ⅳ栏减第Ⅱ栏；第Ⅵ栏"最小占用时分"，等于第Ⅳ栏减第Ⅲ栏。

第三步，定标。

将连续三昼夜的写实表资料填入汇总表内，检查核对无误后，即可求出接车、发车和调车一次占用咽喉道岔组的平均时间。经过进一步分析研究，参考作业中经常出现的、符合安全操作要求的时分标准，最终经过研讨确定平均的时间标准，这项工作称为定标。

例如，从表 3.4 可知，乙站丙方向共接入货物列车 69 列，实际占用咽喉道岔组的总时间为 489 min，平均每列为 7.1 min；最小占用的总时间为 379 min，平均每列占用 5.5 min。两者相差 1.6 min，应如何定标呢？

如按最小占用时间定标，信号员必须在列车接近预告信号机时开放进站信号，这是很难实现的，故不宜采用。如按实际占用时间定标，则数值偏大，浪费车站通过能力，故亦不宜采用。因此，一般采用两者的平均值，作为接车占用咽喉道岔组的时间标准，即

$$t_{接车}=t_{准}+t_{进}=0.15+\frac{7.1+5.5}{2}=6.5(\text{min}) \tag{3.61}$$

在电气集中设备的车站，准备接车进路的时间一般采用 0.15 min。计算结果保留小数点后一位。定标时一般采用 7 min。

(3)计算咽喉区道岔组占用时间

根据定标结果，编制咽喉区道岔组占用时间计算表，见表 3.5。将各组道岔号填入第Ⅵ栏，根据车站技术作业过程、线路固定使用的规定，将该咽喉区全部作业进路依次填入第Ⅱ栏，将作业次数、每次占用的时间标准填入第Ⅲ、Ⅳ栏，第Ⅲ栏和第Ⅳ栏的乘积填入第Ⅴ栏和第Ⅵ栏被占用的有关道岔组内。最后将各道岔组被占用的时间分别加总，其中被占用总时分最长的道岔组为该方向接发列车进路上的咽喉道岔组。

例如，根据乙站车流汇总表，该站甲、丙方向行车量均为：直通货物列车 15 对、区段列车 6 对、摘挂列车 2 对；图定旅客列车 10 对；按上述写实查定法，各项作业占用道岔组的时间标准如表 3.5 第Ⅳ栏所示。表 3.5 第Ⅴ、Ⅵ栏括号内的数字表示固定作业占用时间，"□"内的

数字表示妨碍作业时间。由于固定作业而产生的妨碍时间，应计入固定作业时间内。从表 3.5 可以看出，第②号道岔组(包括 4、6、14 号道岔)被占用的总时分最长，其利用率也最高。因此确定②号道岔组为乙站丙方向最繁忙咽喉道岔组。

表 3.5　乙站丙方向咽喉区道岔组占用时间计算表

顺序	作业进路名称	占用次数	每次占用时间	总占用时分	各道岔组占用时间(min)				
					②	④	⑥	⑧	
Ⅰ	Ⅱ	Ⅲ	Ⅳ	Ⅴ	Ⅵ				
1	下行旅客列车出发	10	5	(50)	(50)	(50)			
2	上行旅客列车到达	10	6	(60)	(60)	(60)			
3	下行直通列车出发	15	6	90	90	90		90	
4	上行直通列车到达	15	7	105	105	105		105	
5	下行区段列车出发	6	6	36	36		36		
6	上行区段列车到达	6	7	42	42		42		
7	下行摘挂列车出发	2	6	12	12		12		
8	上行摘挂列车到达	2	7	14	14		14		
9	下行旅客列车机车出入段	20	3	(60)		(60)		(60)	
10	下行直通列车机车出入段	30	3	90				90	
11	下行区段列车机车出入段	12	3	36			36	36	
12	下行摘挂列车机车出入段	4	3	12			12	12	
13	解体区段列车转线	12	6	72			72		
14	解体摘挂列车转线	4	6	24			24		
15	货场取送车	8	6	(48)	(48)		(48)		
16	调车机车出入段	4	3	(12)			(12)	(12)	
合计	道岔组被占用总时分 $T_{总}$(min)				457	365	308	405	
	其中	固定作业时间 $\sum t_{固}$(min)			(158)	(170)	(60)	(72)	
		妨碍作业时间 $\sum t_{妨}$(min)				195			

(4)计算咽喉道岔组通过能力

计算咽喉道岔组通过能力一般采用利用率计算法。其步骤与方法如下：

第一步，计算一昼夜全部作业占用咽喉道岔组的总时间($T_{总}$)。

各项作业占用咽喉道岔组的总时间($T_{总}$)可从表 3.5 中查得或按下式计算：

$$T_{总}=n_{接}t_{接车}+n_{发}t_{发车}+n_{机}t_{机}+\sum t_{调}+\sum t_{妨}+\sum t_{固}\quad(\text{min})\tag{3.62}$$

式中　$n_{接}$、$n_{发}$——接入、发出占用咽喉道岔组的货物列车数；

$n_{机}$、$t_{机}$——占用咽喉道岔组的单机数及每次占用时间(包括在$\sum t_{固}$中的除外)，min；

$\sum t_{调}$——调车作业占用咽喉道岔组的总时分(包括在$\sum t_{固}$中的除外)，min；

$\sum t_{妨}$——由于列车、调车和机车占用与咽喉道岔组有关进路上的道岔，而需要停止使用该咽喉道岔组的总时间，min；

$\sum t_{固}$——固定作业占用咽喉道岔组的总时间，min。

第二步，计算咽喉道岔组通过能力利用率(K)。

咽喉道岔组通过能力利用率应按方向、接车与发车进路分别计算。i 方向、j 接车或发

车进路咽喉组利用率 K_{ij} 为

$$K_{ij}=\frac{T_{总}-\sum t_{固}}{(1\,440-\sum t_{固})(1-\gamma_{空})} \tag{3.63}$$

式中 $\gamma_{空}$——咽喉道岔组空费系数，其值取 0.15～0.20。

第三步，计算咽喉道岔组通过能力。

咽喉道岔组通过能力应按方向、接车与发车进路分别计算。各进路咽喉道岔组通过能力之和，即为该方向咽喉通过能力。i 方向、j 接车与发车进路咽喉道岔组通过能力计算公式为

$$N_{接}^{ij}=\frac{n_{接}^{ij}}{K_{ij}}\quad(列) \tag{3.64}$$

$$N_{发}^{ij}=\frac{n_{发}^{ij}}{K_{ij}}\quad(列) \tag{3.65}$$

式中 $n_{接}^{ij}$、$n_{发}^{ij}$——i 方向、j 进路上接入、发出的货物列车数。

2. 到发线通过能力

到发线通过能力，是指到达场、出发场、直通场或到发场中办理列车到发作业的线路，于一昼夜所能够接、发各方向的货物(旅客)列车数和运行图规定的旅客(货物)列车数。

到发线通过能力包括货物列车到发线和旅客列车到发线通过能力。

(1)货物列车占用到发线时间标准

无调中转列车占用到发线时间标准($t_{中占}$)：

$$t_{中占}=t_{接车}+t_{停}+t_{出}\quad(\text{min}) \tag{3.66}$$

式中 $t_{停}$——无调中转列车在到发线上停留时间(图定或查定)，自列车到达停妥时起，至列车出发起动时止，min；

$t_{出}$——列车出发占用到发线的时间，自列车起动时起至腾空该到发线时止，min。

部分改编中转列车占用到发线时间标准($t_{部占}$)：

$$t_{部占}=t_{接车}+t'_{停}+t_{出}\quad(\text{min}) \tag{3.67}$$

式中 $t'_{停}$——部分改编中转列车在到发线上停留时间，自列车到达停妥时起，至列车出发起动时止，min。

解体列车占用到发线时间标准($t_{解占}$)：

$$t_{解占}=t_{接车}+t''_{停}+t_{转}\quad(\text{min}) \tag{3.68}$$

式中 $t''_{停}$——解体列车在到发线上停留时间，自列车到达停妥时起，至列车转线或推峰起动时止的一段时间，min；

$t_{转}$——解体列车转线或推峰占用到发线时间，自车列转线或推峰起动时起，至腾空该到发线时止的一段时间，min。

始发列车占用到发线时间标准($t_{编占}$)：

$$t_{编占}=t'_{转}+t'''_{停}+t_{出}\quad(\text{min}) \tag{3.69}$$

式中 $t'_{转}$——编组转线占用到发线时间，自准备转线调车进路时起，至整个车列转入发车线警冲标内方停妥时止的一段时间，min；

$t'''_{停}$——始发列车在到发线上的停留时间，自车列转入出发线停妥时起，至列车出发起动时止的一段时间，min。

(2)货物列车到发线通过能力计算

计算货物列车到发线通过能力一般采用利用率计算法，其步骤与方法如下：

第一步，计算一昼夜全部作业占用到发线的总时间($T_{总}$)。

$$T_{总}=n_{中}\ t_{中占}+n_{部}\ t_{部占}+n_{解}\ t_{解占}+n_{编}\ t_{编占}+n_{机}\ t_{机占}+\sum t_{固}+\sum t_{其他}\quad (\text{min})\tag{3.70}$$

式中 $n_{中}$、$n_{部}$、$n_{解}$、$n_{编}$、$n_{机}$——占用到发线的无调、部分改编、解体、始发列车数及单机数；

$t_{机占}$——图定接、发单机占用到发线的时间，min；

$\sum t_{固}$——固定作业占用到发线的总时间，min；

$\sum t_{其他}$——其他作业占用到发线的总时间，包括机车走行线能力不足或未设走行线时机车出入段占用、合理的坐编占用时间等，min。

第二步，计算货物列车到发线通过能力利用率(K)。

$$K=\frac{T_{总}-\sum t_{固}}{(1\ 440m_{到发}-\sum t_{固})(1-\gamma_{空})}\tag{3.71}$$

式中 $m_{到发}$——扣除机车走行线后可用于接发货物列车的线路数；

$\gamma_{空}$——到发线空费系数，其值取 0.15～0.20。

第三步，计算货物列车到发线通过能力。

货物列车到发线通过能力应按方向别分别计算接车和发车能力。到发场接、发 i 方向货物列车到发线通过能力为：

$$N_{接}^{i}=\frac{n_{接}^{i}}{K}\quad (列)\tag{3.72}$$

$$N_{发}^{i}=\frac{n_{发}^{i}}{K}\quad (列)\tag{3.73}$$

式中 $n_{接}^{i}$、$n_{发}^{i}$——列入计算中 i 方向接入、发出的货物列车数。

3. 车站改编能力

车站改编能力应按驼峰或牵出线分别计算。当驼峰或牵出线担当的调车作业比较单一时，多采用直接计算法；反之，多采用利用率计算法。

(1)驼峰解体能力

驼峰在现有技术设备、作业组织方法及调车机车数量条件下，一昼夜能够解体的货物列车数或车数，称为驼峰解体能力。主要担当解体作业的驼峰，其解体能力可根据不同的作业方案，采用直接计算法进行计算。

①使用一台调车机车实行单推单溜的解体能力($N'_{解}$)

$$N'_{解}=\frac{(1\ 440-\sum t'_{固})(1-\alpha_{空})}{t_{解占}^{单单}}\quad (列)\tag{3.74}$$

$$B'_{解}=N'_{解}m_{解}\quad (辆)\tag{3.75}$$

式中 $\sum t'_{固}$——一台调机单推单溜固定作业时间，其值为

$$\sum t'_{固}=\sum t_{交接}+\sum t_{吃饭}+\sum t_{整备}+\sum t_{客妨}+\sum t_{取送}^{占}\quad (\text{min})$$

其中 $\sum t_{交接}$，$\sum t_{吃饭}$——调车组和乘务组一昼夜的交接班、吃饭时间，min，

$\sum t_{整备}$——一台调机一昼夜的整备时间，min，

$\sum t_{客妨}$——一昼夜旅客列车横切峰前咽喉妨碍驼峰解体的时间，min，

$\sum t_{取送}^{占}$——列入固定作业的取送等调车作业占用或中断驼峰使用的时间，min；

$t_{解占}^{单单}$——采用单推单溜作业方案时解体一个车列平均占用驼峰的时间，min；

$\alpha_{空}$——驼峰空费系数，一般可采用 0.03～0.05；

$B'_{解}$——使用一台调车机车实行单推单溜的解体能力，辆；

$m_{解}$——解体车列的平均编成辆数。

②使用两台调车机车实行双推单溜的解体能力（$N''_{解}$）

$$N''_{解}=\left(\frac{1\,440-\sum t''_{固}}{t_{解占}^{双单}}+\frac{2\sum t_{整备}+\sum t_{取送}^{未占}}{t_{解占}^{单单}}\right)(1-\alpha_{空})\quad(列)\tag{3.76}$$

$$B''_{解}=N''_{解}m_{解}\quad(辆)\tag{3.77}$$

式中 $\sum t''_{固}$——两台调机双推单溜固定作业时间，其值为

$$\sum t''_{固}=\sum t_{交接}+\sum t_{吃饭}+2\sum t_{整备}+\sum t_{客妨}+\sum t_{取送}^{占}+\sum t_{取送}^{未占}\quad(min)\tag{3.78}$$

其中 $\sum t_{取送}^{未占}$——驼峰调车机车应担当的取送调车作业中未占用或未中断使用驼峰的时间，min；

$t_{解占}^{双单}$——采用双推单溜的作业方案时解体一个车列平均占用驼峰的时间，min；

$B''_{解}$——使用两台调车机车实行双推单溜的解体能力，辆。

③使用三台及以上调机实行双推单溜的解体能力（$N'''_{解}$）

$$N'''_{解}=\frac{(1\,440-\sum t'''_{固})(1-\alpha_{空})}{t_{解占}^{双单}}\quad(列)\tag{3.79}$$

$$B'''_{解}=N'''_{解}m_{解}\quad(辆)\tag{3.80}$$

式中 $\sum t'''_{固}$——三台以上调机双推单溜固定作业时间，其值为

$$\sum t'''_{固}=\sum t_{交接}+\sum t_{吃饭}+\sum t_{客妨}+\sum t_{取送}^{占}\quad(min)\tag{3.81}$$

$B'''_{解}$——使用三台及以上调机实行双推单溜的解体能力，辆。

(2)调车场尾部编组能力

调车场尾部牵出线在现有技术设备、作业组织方法及调车机车数量条件下，一昼夜能够编组的货物列车数或车数，称为峰尾编组能力。

调车场尾部牵出线的编组能力可采用直接计算法或利用率计算法计算。

①直接计算法

$$N_{编}=\frac{(1\,440M_{机}-\sum t_{固})(1-\alpha_{妨})}{t_{编占}}+N_{摘}\quad(列)\tag{3.82}$$

$$B_{编}=N_{编}\ m_{编}\quad(辆)\tag{3.83}$$

式中 $M_{机}$——调车场尾部编组调车机车台数；

$\sum t_{固}$——尾部调车机车一昼夜固定作业时间，其值为

$$\sum t_{固}=\sum t_{交接}+\sum t_{吃饭}+\sum t_{整备}+\sum t_{取送}+\sum t_{摘挂}\quad(min)\tag{3.84}$$

其中 $\sum t_{取送}$——一昼夜担当取送调车作业的总时间，min，

$\sum t_{摘挂}$——一昼夜编组摘挂列车的总时间，min；

$\alpha_{妨}$——调车机的妨碍系数，2 台调机时取 0.06～0.08，3 台调机时取 0.08～0.12；

$t_{编占}$——编组一个车列（摘挂列车除外）平均占用的时间，min；

$N_{摘}$——一昼夜编组的摘挂列车数；

$B_{编}$——调车场尾部牵出线的编组能力，辆；

$m_{编}$——编组车列的平均编成辆数。

②利用率计算法

$$N_{编}=\frac{n_{编}}{K}+N_{摘} \quad (列) \tag{3.85}$$

$$B_{编}=N_{编}\ m_{编} \quad (辆) \tag{3.86}$$

式中　$n_{编}$——列入计算的每昼夜编组货物列车数(不包括摘挂列车)及交换车总列数;

K——峰尾牵出线编组能力利用率,按下式计算:

$$K=\frac{T_{总}-\sum t_{固}}{(1\ 440M_{机}-\sum t_{固})(1-\alpha_{妨})} \tag{3.87}$$

其中　$T_{总}$——一昼夜峰尾牵出线的总作业时间(不含妨碍时间),min。

(3)简易驼峰(或牵出线)改编能力

既担当解体又担当编组作业的简易驼峰或牵出线的改编能力,可采用利用率计算法。其计算步骤和方法如下:

①计算一昼夜占用简易驼峰(或牵出线)的总时间($T_{总}$)

$$T_{总}=n_{解}\ t_{解}+n_{编}\ t_{编}+n_{调}\ t_{调}+\sum t_{整场}+\sum t_{固} \quad (\text{min}) \tag{3.88}$$

式中　$n_{解}$、$n_{编}$——简易驼峰或牵出线解体、编组(摘挂列车除外)的列车数,部分改编中转列车按其作业时间折合列数计算;

$t_{解}$、$t_{编}$——解体、编组(摘挂列车除外)一个车列的作业时间,min;

$n_{调}$、$t_{调}$——除解体、编组作业以外占用驼峰或牵出线的其他调车作业次数及平均每次作业时间,min。

②计算简易驼峰(或牵出线)改编能力利用率(K)

$$K=\frac{T_{总}-\sum t_{固}}{(1\ 440M_{机}-\sum t_{固})(1-\alpha_{妨})} \tag{3.89}$$

③计算简易驼峰(或牵出线)改编能力

$$N_{解}=\frac{n_{解}}{K} \quad (列) \tag{3.90}$$

$$B_{解}=N_{解}\ m_{解} \quad (辆) \tag{3.91}$$

$$N_{编}=\frac{n_{编}}{K}+N_{摘} \quad (列) \tag{3.92}$$

$$B_{编}=N_{编}\ m_{编} \quad (辆) \tag{3.93}$$

(4)全站改编能力的确定

全站改编能力,按以下原则确定:

①纵列式编组站驼峰担当解体、尾部牵出线担当编组作业时的改编能力,按经过合理调整峰上、峰尾作业负担后的驼峰解体能力、尾部编组能力二者中较小者的两倍计算。

②横列式技术站或两端的简易驼峰和牵出线既编又解时的改编能力,按两端解体、编组能力之和计算。

③具有两套解编系统的双向编组站应分别按上、下行系统确定其改编能力,全站的改编能力按两系统改编能力之和计算。

④担当重复解体转场车的驼峰,应按含转场车和不含转场车分别表示其解体能力。

第四章 列车运行图编制

随着运输市场的发展变化和铁路技术设备的改变，铁路运输组织工作也在不断改进。每经过一段时间，需要重新编制列车运行图，以适应运输市场内外部环境的变化。目前，我国铁路列车运行图的编制采用国铁集团、铁路局集团公司两级管理模式，国铁集团负责确定列车运行图的编制原则、任务及组织查定各类技术作业标准，制定直通客车方案，并领导和组织全路列车运行图的编制工作。根据国铁集团的统一部署，铁路局集团公司结合本局情况负责确定全局管内列车运行图的编制方针、原则、任务，拟定具体实施计划，综合平衡各部门间的问题，全面领导并按时完成本局的编图工作。铁路局集团公司负责有关列车运行图的技术业务问题，组织调查研究和牵引试验，查定各项技术作业标准，核定并按时上报编制资料，具体负责列车运行图的编制和实施工作。

第一节 技术作业时间标准

一、列车作业时间标准

为提高列车运行图的编制质量，应在调查研究和牵引试验的基础上，参照设计标准和国内外同类铁路标准，科学合理确定各项技术作业时间标准。由于设备条件限制不能执行统一标准时，由铁路局集团公司组织查定并报国铁集团审核批准后公布。主要的列车作业时间标准包括：

(1)相对方向列车不同时到达间隔时间($\tau_{不}$)。

(2)会车间隔时间($\tau_{会}$)。

(3)同方向列车连发间隔时间($\tau_{连}$)。

(4)相对方向列车不同时通过间隔时间($\tau_{不通}$)。

(5)自动闭塞区段同方向列车追踪间隔时间($I_{追}$)。

(6)列车自车站连续发车间隔时间($I_{发}$)。

(7)列车连续到达车站间隔时间($I_{到}$)。

(8)同方向列车前到后通间隔时间($I_{到通}$)。

(9)同方向列车前通后发间隔时间($I_{通发}$)。

(10)列车站停时间($t_{站停}$)，列车在车站办理客运作业所需的最小停留时间。

(11)列车在站折返(终到始发)作业时间($t_{折返}$)。

(12)列车始发站作业时间($t_{始发}$)。

(13)列车终到站作业时间($t_{终到}$)。

1. 常用列车间隔时间标准

(1)双线自动闭塞区段(300 km/h 及以上区段)

动车组列车$I_{追}=3$ min,$I_{到}=3$ min,$I_{发}=2$ min(京沪高铁为 80 s)。

(2)双线自动闭塞区段(200～250 km/h 区段)

动车组列车$I_{追}=5$ min,$I_{到}=4$ min,$I_{发}=3$ min;其他旅客列车$I_{追}=6$ min,$I_{到}=5$ min,$I_{发}=4$ min;货物列车$I_{追}=7$ min,$I_{到}=5$ min,$I_{发}=4$ min。

(3)单线半自动闭塞区段

$\tau_{不}=4$ min、$\tau_{会}=2$ min,部分能力紧张区间$\tau_{会}=1$ min,起停附加时分按 2 min 的取值。

(4)其他情况

客车与客车$\tau_{不通}=4$ min,其他列车$\tau_{不通}=5$ min;各站同一股道发接列车间隔为,客车与客车按 7 min 取值,货车与客车按 8 min 取值,货车与货车按 9 min 取值。

2. 常用客运列车技术作业时间标准

普速旅客列车始发客运作业时间按 30 min(无行包、邮政作业的旅客列车始发客运作业时间 20 min),终到客运作业时间按 20 min。动车组列车始发、终到站停时间按 12 min。普速旅客列车站内折返时间有卧铺作业按 60 min、无卧铺作业按 40 min,动车组列车按 20 min。普速线路中间站办客作业时分不少于 3 min,高速线路中间站办客作业时分不少于 2 min。旅客列车在车站加水作业不少于 6 min,吸污作业不少于 10 min;动车组吸污作业不少于 15 min,发电车运行途中在站加油不少于 10 min。

3. 常用货运列车技术作业时间标准

货物列车到达作业按 35 min,始发作业按 25 min。普通货物列车无调中转按 25～35 min(具体时间依据《站细》规定),有调中转 30～40 min(具体时间依据《站细》规定),另须附加摘、挂机车时间各 2 min;快速货物列车在编组站整备作业按 240 min,无调中转作业按 15 min,有调中转作业按 25 min,另须附加摘、挂机车时间各 2 min。

4. 常用机务作业时间标准

内燃机车同向换挂按 12 min,对向换挂按 11 min;电力机车同向换挂按 15 min,对向换挂按 12 min;同一机车在站换向换挂按 18 min,直供电车底机车换向换挂按 23 min。普速机车乘务员换乘作业按 6 min,动车组乘务员换乘作业按 2 min。动车组换端作业,8 辆编组时按 12 min,16 辆及以上编组时按 15～20 min。

二、查定列车间隔时间

列车间隔时间,由各铁路局集团公司负责组织查定。各种类型的车站间隔时间的数值,应以图表表示。该图表应表示出车站配线图、信联闭设备情况及车站办理列车到达、出发和通过作业的程序和时间,并据此填制车站间隔时间汇总表。

车站办理接发列车的各项作业时间,应根据写实测查的资料,并参照实际情况分析后确定。列车在区间及在车站进站、出站和通过车站的速度及运行时分,由铁路局集团公司机务部门负责根据牵引计算资料计算并提交运输部门。个别情况取得牵引计算资料有困难时,亦可用写实分析方法计算确定。根据《站细》的规定,允许分区解锁办理接车和发车的车站,应按分区解锁有关进路信号显示及办理分段发接列车条件，确定有关各项作业时间。对于客、货列车不在同一到发场及客货列车进出站距离不同的车站，须分别客、货列车查定进站、出站时间及客、货列车相互间的间隔时间。间隔时间查定时，需要根据整条线路的写实情况，充分考虑通道能力的贯通性，结合特殊节点车站的实际，设定最终的查定间隔标准，一般选取平均差最小的中间均值作为通道的间隔时间取值。

查定列车间隔时间，应遵守有关规章的规定和技术作业标准，根据线路、信号设备条件和列车性能，在保证行车安全、列车正常运行速度和充分利用通过能力的前提下，按线路、车站和列车速度种类等条件分别查定。

列车追踪间隔时间（$I_{追}$），原则上应分上下行方向、按区间每个闭塞分区分别查定，重点可查定闭塞分区长、下坡度大的地段；其他追踪列车间隔时间和列车车站间隔时间原则上应对每个车站分方向分别查定，重点可查定列车进路长、有延续进路、下坡度大、限速低、出站方向第一个闭塞分区长、在一离去轨道电路区段有电分相的车站。

对列车在不同车场到发、通过或进出站进路距离差别较大的车站和股道，应分别查定列车间隔时间。

列车间隔时间对于新线（新开通线路）可在统一基础技术标准的基础上，通过联调联试及运行试验期间来查定和验证，制定出适合本线路的具体技术标准。对于既有线路的技术间隔标准的查定，依据设备设施的变化，原则上每两年由铁路局集团公司组织相关业务部门进行一次技术作业标准时分的技术查定工作。

办理列车的各项作业时间，应根据检算结果和写实测查的资料，并参照实际情况分析后确定。应充分利用有关行车监控设备记录的实绩数据进行相关参数的查定，有关部门和单位应及时准确提供相关数据，并协助进行分析。

查定每一单项作业时间时，以 s 为单位；需要以 min 为单位时，应保留一位小数。

三、高速铁路车站间隔时间

高速铁路车站间隔时间主要包括：

1. 同方向列车不同时到发间隔时间（$\tau_{到发}$）

$\tau_{到发}$是自列车到达车站时起，至该站发出同方向另一列车时止的最小间隔时间，如图 4.1 所示。

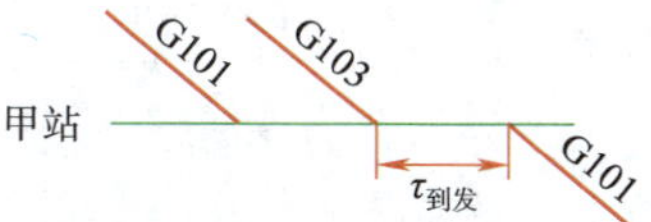

图 4.1 同方向列车不同时到发间隔时间

只有需要设置延续进路的车站，才应查定 $\tau_{到发}$。$\tau_{到发}$的计算公式如下：

$$\tau_{到发}=t_{延续}^{停稳}+t_{作业}^{出发} \tag{4.1}$$

式中 $\tau_{作业}^{出发}$——出发列车办理发车作业的时间，s；

$t_{延续}^{停稳}$——列车进入车站股道停稳后进路不解锁而延续的时间，s。

2. 同方向列车不同时发到间隔时间（$\tau_{发到}$）

$\tau_{发到}$是自列车由车站发出时起，至同方向另一列车到达该站时止的最小间隔时间，如图 4.2 所示。它包括出发列车从车站发出至出清股道（车站）时间、办理同方向另一列车到达作业

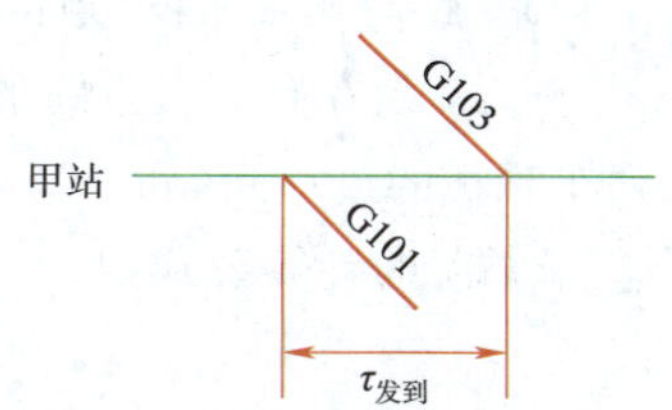

图 4.2 同方向列车不同时发到间隔时间

时间和列车从进站监控制动距离运行至站内停车的时间。

$\tau_{发到}$分不同股道不同时发到间隔时间和相同股道不同时发到间隔时间。

只有需要设置延续进路的车站，才应查定不同股道$\tau_{发到}$。不同股道$\tau_{发到}$的计算公式如下[如图4.3(a)]所示：

$$\begin{aligned}\tau_{发到} &= 3.6\times\frac{L_{标}+L_{咽喉}+L_{列}}{v_{出发}}+3.6\times\frac{L_{制}+L_{防}+L_{进站}}{v_{到达}}+t_{作业}^{到达} \\ &= 3.6\times\frac{L_{标}+L_{咽喉}+L_{列}}{v_{出发}}+I_{到}+t_{停稳}=t_{出清}^{车站}+I_{到}+t_{停稳}\end{aligned} \tag{4.2}$$

相同股道$\tau_{发到}$的计算公式如下[如图4.3(b)所示]：

$$\begin{aligned}\tau_{发到} &= 3.6\times\frac{L_{标}+L_{列}}{v_{出发}}+3.6\times\frac{L_{制}+L_{防}+L_{进站}}{v_{到达}}+t_{作业}^{到达} \\ &= 3.6\times\frac{L_{标}+L_{列}}{v_{出发}}+I_{到}+t_{停稳}=t_{出清}^{股道}+I_{到}+t_{停稳}\end{aligned} \tag{4.3}$$

式中　$t_{出清}^{车站}$——列车从车站出发至尾部出清车站的运行时间，s；

$t_{出清}^{股道}$——列车从车站出发至尾部出清股道的运行时间，s。

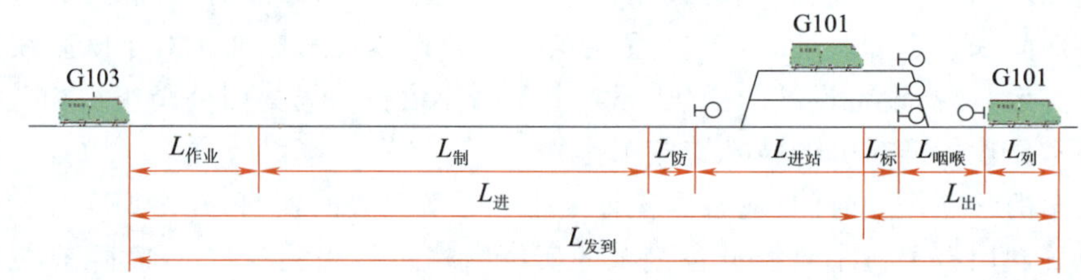

(a)不同股道不同时发到间隔时间

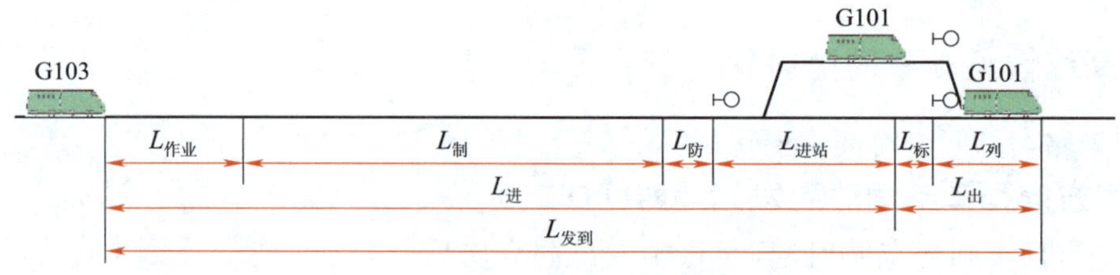

(b)相同股道同方向列车不同时发到间隔时间

图4.3　同方向列车不同时发到间隔时间

需要设置延续进路的车站，相同股道$\tau_{发到}$的计算公式同公式(4.2)。

3. 敌对进路相对方向列车不同时到发间隔时间($\tau_{敌到发}$)

$\tau_{敌到发}$是在有敌对进路的车站，自某一列车到达车站时起，至由该站发出另一相对方向列车时止的最小间隔时间，如图4.4所示。

$\tau_{敌到发}$的计算公式如下：

$$\tau_{敌到发}=t_{作业}^{出发}-t_{停稳} \tag{4.4}$$

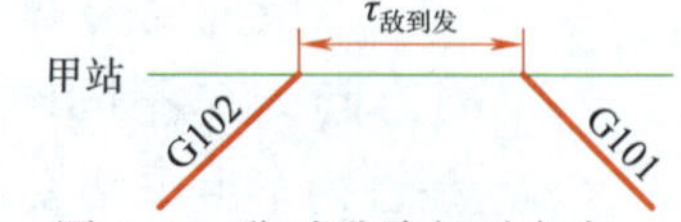

图4.4　敌对进路相对方向列车不同时到发间隔时间

4. 敌对进路相对方向列车不同时发到间隔时间($\tau_{敌发到}$)

$\tau_{敌发到}$是在有敌对进路的车站，自某一列车由车站发出时起，至相对方向列车到达该站时止的最小间隔时间，如图 4.5 所示。它包括列车从车站出发至出清车站时间、办理对向列车到达作业时间和对向列车从进站监控制动距离运行至站内停车的时间（如图 4.5 所示）。

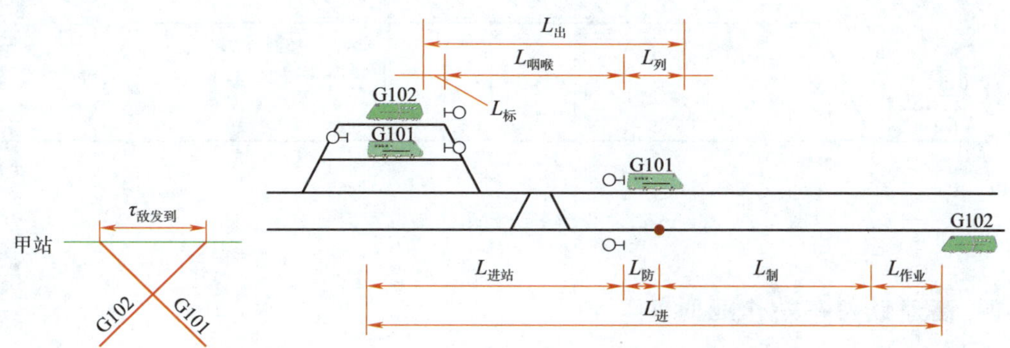

图 4.5　敌对进路相对方向列车不同时发到间隔时间

$\tau_{敌发到}$的计算公式如下：

$$\begin{aligned}\tau_{敌发到} &= 3.6\times\frac{L_{标}+L_{咽喉}+L_{列}}{v_{出发}}+3.6\times\frac{L_{制}+L_{防}+L_{进站}}{v_{到达}}+t_{作业}^{到达}\\ &= t_{出清}^{车站}+I_{到}+t_{停稳}\end{aligned} \tag{4.5}$$

在查定车站间隔时间时，紧急制动距离和最大常用制动距离是根据中国国铁集团提供的紧急制动和最大常用制动减速度，运用牵引计算软件计算的。车载监控制动距离是列控车载设备厂商提供的。

列车停车标至出站信号机间的距离（$L_{标}$），在不同线路、不同车站、不同股道差别较大，具体计算时应根据实际情况取值。图 4.6 和图 4.7 分别是到发线有效长 650 m 和 850 m 一般情况下停车位置标参考示意图。

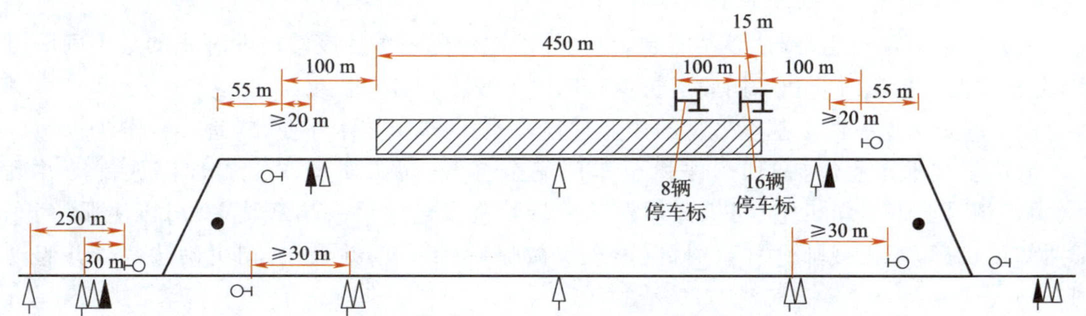

图 4.6　650 m 到发线动车组列车停车位置标参考示意图

$L_{进站}$在不同线路、不同车站差别较大，参考几条具体线路情况，理论计算时参考取值定为 900 m、1 200 m、1 600 m。

$L_{咽喉}$在不同线路、不同车站差别较大。特大型、大型客运站，$L_{咽喉}$较长，如北京南站接近 1 600 m，济南西站 1 200 m；中间站比较短，如泰安、枣庄等站为 600 m 左右，最小的如丹徒站、戚墅堰站不到 300 m。所以综合考虑不同情况，理论计算时参考取值定为 600 m、800 m、1 200 m。

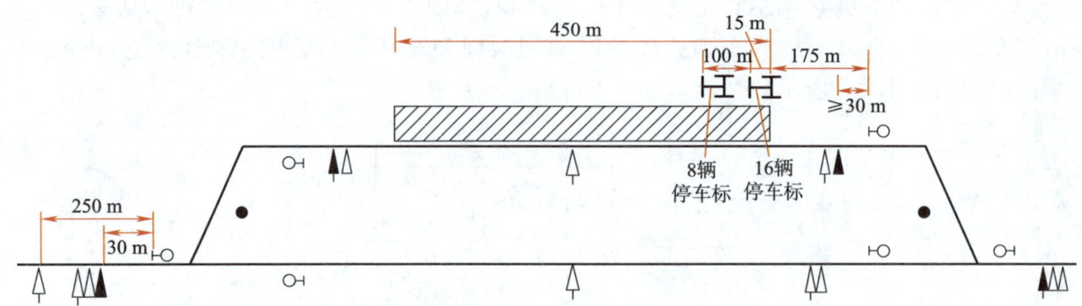

图 4.7　850 m 到发线动车组列车停车位置标参考示意图

四、高速铁路车站作业时间

1. 列车在车站办理客运作业所需的最小停留时间 $t_{站停}$（见表 4.1）

表 4.1　动车组列车最小站停作业项目及时间

作业项目	时间(s)
① 列车停稳至车门完全打开	10
② 旅客上下车	18
③ 列车长通知司机(随车机械师)关门	6
④ 司机(随车机械师)触发关门按钮,车门关闭,司机确认车门关闭	10
⑤ 司机确认信号、起动列车	15
合计	59
建议取值	60

2. 列车(动车组)在站折返时间($t_{折返}$)

$t_{折返}$是列车(动车组)到达车站时起,至担当下次对向列车从该站出发时止的最小间隔时间,分相同股道折返时间和不同股道折返时间。

同一股道折返有两个基本平行的作业过程,一是动车组技术作业,二是客运作业。

动车组技术作业包括,列车停稳至车门完全打开、司机对动车组施加停放制动并确认、司机销号至退出司机室、司机经站台从一端驾驶室走向另一端驾驶室、司机注册、列车长通知司机(随车机械师)关门、司机(随车机械师)关闭车门并确认、司机确认信号并起动列车。

客运作业包括,列车停稳至车门完全打开、旅客全部下车、旅客站台走行至出清站台、车厢座椅翻转和保洁等整备作业、车站通知放行旅客、检票口放行旅客、旅客从检票口走行到车门口、车站通知列车长已停止检票、列车长通知司机(随车机械师)关门、司机(随车机械师)关闭车门并确认车门关闭、司机确认信号起动列车。

二者作业时间较长者为 $t_{折返}$,见表 4.2。

表 4.2　动车组列车同一股道折返作业项目及时间

动车组技术作业项目及时间		客运作业项目及时间	
作业项目	时间(s)	作业项目	时间(s)
①列车停稳至车门完全打开	10	①列车停稳至车门完全打开	10
②司机对动车组施加停放制动并确认(若有)	10	②旅客全部下车	120
③司机销号至退出司机室	150	③旅客站台走行至出清站台	180
		④车厢座椅翻转和保洁等整备作业	180
		⑤车站通知放行旅客	6
④司机经站台从一端驾驶室走向另一端驾驶室	150(短编组) 300(长编组)	⑥检票口放行旅客	327(短编组) 480(长编组)
⑤司机注册	270	⑦旅客从检票口走行到车门口	120(短编组) 150(长编组)
		⑧(车站提前 1 min 响铃)车站通知列车长已停止检票	6
⑥列车长通知司机(随车机械师)关门	6	⑨列车长通知司机(随车机械师)关门	6
⑦司机(随车机械师)关闭车门,并确认	10	⑩司机(随车机械师)触发关门按钮,车门关闭,司机确认车门关闭	10
⑧司机确认信号、起动列车	15	⑪司机确认信号、起动列车	15
合　计	621(短编组) 771(长编组)	合计(①+③+⑤+⑥+⑦+⑧+⑨+⑩+⑪)	680(短编组) 863(长编组)
建议取值:12 min(短编组)、15 min(长编组)			

3. 列车始发站作业时间($t_{始发}$)

$t_{始发}$是列车从到达始发站时起,至担当列车从该站发出时止的最小间隔时间。

始发站作业有两个基本平行的作业过程,一是动车组技术作业,二是客运作业。二者作业时间较长者为 $t_{始发}$。动车组技术作业又分为司机不换端作业和司机换端作业。司机不换端作业主要包括列车停稳打开车门、司机交接和注册、列车长通知司机(随车机械师)关门、司机(随车机械师)关闭车门并确认、司机确认信号起动列车。司机换端作业主要包括列车停稳打开车门、司机对动车组施加停放制动并确认、司机销号退出司机室、司机经站台从一端驾驶室走向另一端驾驶室、司机交接和注册、列车长通知司机(随车机械师)关门、司机(随车机械师)关闭车门并确认、司机确认信号、起动列车。客运作业主要包括列车停稳打开车门、客运乘务组接车整备、车站通知列车长放行旅客、检票口放行旅客、旅客从检票口走行到车门口、车站通知列车长已停止检票、列车长通知司机(随车机械师)关门、司机(随车机械师)关闭车门并确认、司机确认信号、起动列车。

动车组列车始发站作业项目及时间见表 4.3。

表 4.3　动车组列车始发站作业项目及时间

动车组技术作业项目及时间				客运作业项目及时间	
司机不换端作业		司机换端作业			
作业项目	时间(s)	作业项目	时间(s)	作业项目	时间(s)
①列车停稳至打开车门	10	①列车停稳至打开车门	10	①列车停稳至打开车门	10
		②司机对动车组施加停放制动并确认	10	②客运乘务组接车整备	180
		③司机销号至退出司机室	150	③车站通知列车长放行旅客	6
		④司机经站台从一端驾驶室走向另一端驾驶室	150(短编组) 300(长编组)	④检票口放行旅客	327(短编组) 480(长编组)
②司机交接和注册	270	⑤司机交接和注册	270	⑤旅客从检票口走行到车门口	120(短编组) 150(长编组)
				⑥车站通知列车长已停止检票	6
③列车长通知司机(随车机械师)关门	6	⑥列车长通知司机(随车机械师)关门	6	⑦列车长通知司机(随车机械师)关门	6
④司机(随车机械师)关闭车门并确认	10	⑦司机(随车机械师)关闭车门并确认	10	⑧司机(随车机械师)关闭车门并确认	10
⑤司机确认信号、起动列车	15	⑧司机确认信号、起动列车	15	⑨司机确认信号、起动列车	15
合　计	311	合　计	621(短编组) 771(长编组)	合计(其中②部分作业可与③、④、⑤平行进行)	680(短编组) 863(长编组)
建议取值:12 min(短编组)、15 min(长编组)					

第二节　编制列车运行图

一、列车运行图的编制流程

1. 整理编图要素并上报方案

各铁路局集团公司客货运营销部门进行市场调查,将客货流来源/种类/去向等信息进行梳理分析后形成客货运产品初步方案(开行列车种类、开行周期、始发站、终到站、运到时限)报国铁集团(铁路局集团公司)审批。

2. 审核

国铁集团组织各铁路局集团公司召开方案审查会,确定列车运行图编制方案。

3. 集中编制

国铁集团组织各铁路局集团公司运输、客货运、机务、车辆等专业人员召开列车运行图编制工作会议，确定开行列车车次，各铁路局集团公司间分界口列车对数、种类及时刻，各次列车在各站到、发、通过时刻，同步编制机车周转图。

4. 发布实施

印发列车运行图和列车时刻表，公布列车新旧交替及注意事项等。

列车运行图的编制发布流程如图 4.8 所示。

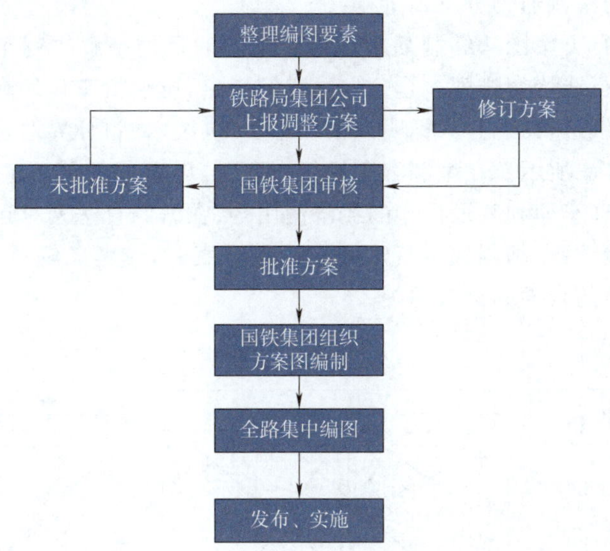

图 4.8 列车运行图编制、发布流程

二、列车运行图的编制要求和编制步骤

1. 列车运行图的编制要求

(1)保证列车运行的安全。

(2)迅速、便利地运输旅客和货物。

(3)充分利用通过能力，经济合理地使用机车车辆和安排施工时间。

(4)做好列车运行线与车流的结合。

(5)各站、各区段间的协调和均衡。

(6)合理安排乘务人员作息时间。

2. 列车运行图编制需要的技术资料

(1)各区段客、货列车行车量。

(2)车站间隔时间和追踪列车间隔时间。

(3)各区段通过能力。

(4)客、货列车停车站及停车时间标准。

(5)各技术站主要技术作业时间标准。

(6)客、货列车区间运行时分及起停车附加时分。

(7)各区段货物列车重量及长度标准。

(8)机车在机务本段和折返站所在站的停留时间标准,机车运用方式和乘务工作制度。

(9)各区段线路允许速度、车站过岔速度。

(10)施工计划和慢行地段及其限速标准。

(11)现行列车运行图执行情况分析及改善意见。

3. 列车运行图的编制步骤

在列车运行图的编制通常分三步进行:

(1)编制列车运行方案图。编制列车运行方案图的目的是解决列车运行线的布局衔接问题,尽量使列车运行线均衡排列。合理勾画机车交路,压缩机车运用台数。列车运行方案图,一般用小时格图纸进行编制,只标明列车在主要站(技术站、分界站及较大的客、货运站)的到、发时刻,如图 4.9 所示。在编制客车运行方案时,应充分考虑旅客旅行的方便、客车与客车之间的衔接、旅客车列和客运机车的经济使用等;在编制直达列车运行方案时应考虑列车在技术站的良好接续;在编制快运货物列车运行方案时,应考虑鲜活、易腐等快运货物的上站时间以及终到站的合理到达时间等。

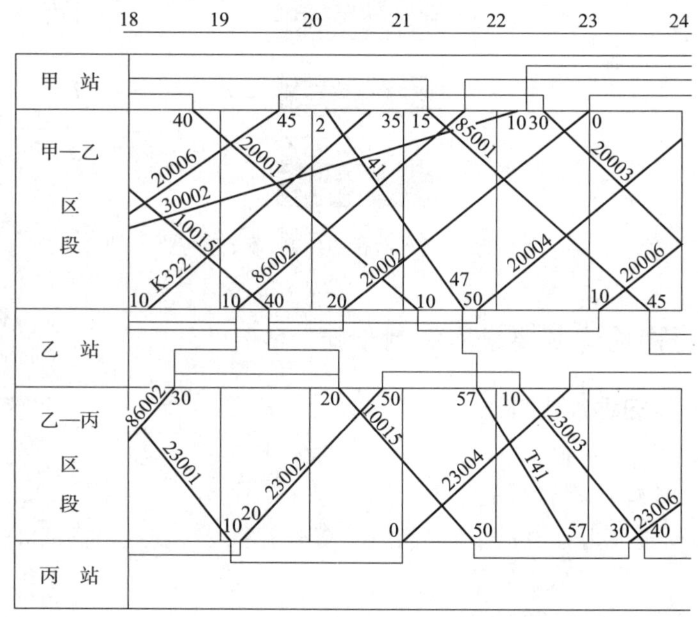

图 4.9 列车运行方案图

(2)编制列车运行详图。所谓详图,即详细的列车运行图,它包括列车在所有经过车站的到达、出发或通过时刻。列车运行详图,应根据列车运行方案图进行编制。一般用二分格图进行编制,编完后再描绘在十分格运行图上。

(3)计算列车运行图指标。

三、编制区段管内工作列车运行方案

区段管内工作,是指区段内各中间站到发车流的输送工作。除个别中间站由于装卸量较大可用直达列车输送外,一般中间站的车流主要靠摘挂列车、小运转列车、调度机车等进行输送。所以,区段管内工作列车运行方案,具体解决这些列车的开行列数和开行方法问题。

1. 区段管内工作列车行车量的确定

区段管内工作列车的开行列数,决定于区段内各中间站的到、发车流量。中间站的到发车流量,包括新编列车运行图实行期间有代表性的日均装车数、卸车数以及各站到发的空车数。根据以上有关车数,参照以往实际车流的到发情况,即可编制区段管内重、空车流表(见表 4.4)。根据表 4.4 即可编制各中间站上下行摘挂车数表(见表 4.5)。

表 4.4 甲—乙区段管内车流表

发＼到	甲	A	B	C	D	E	F	G	乙	计
甲			10		11		4	3		28
A	10						3			13
B	/7	/3							3	3/10
C			3					4	2	9
D	/4					/7				/11
E	12	2		1					5	20
F	3					/4				3/4
G				5		/2			4	9/2
乙		8		3		7		4		22
计	25/11	10/3	13	9	11	7/13	7	11	14	107/27

表 4.5 甲—乙区段各中间站摘挂车数表

站名	下行		上行	
	摘车	挂车	摘车	挂车
A	/	3	10/3	10
B	10	3	3	0/10
C	/	6	9	3
D	11	0/7		0/4
E	0/7	5	7/6	15
F	7	/	/	3/4
G	7	4	4	5/2
计	35/7	21/7	33/9	36/20

从车流变动图(图 4.10)可以看出,由于各中间站的摘挂车数不同,各区间的运行车数也不同。按照重、空车辆的平均重量,便可计算出每一区间的运行车流总重量。

列车重量标准,一般是按照区段规定的。实际上,由于各区段的线路坡度不同,一个区间的牵引重量也是不等的,有的区间因坡度较小或是下坡道,机车牵引重量可达到 3 500 t,有的因坡度较大而只能牵引 3 000 t。

有了区间车流总重和区间牵引列车重量标准,即可算出每一区间应开行的摘挂列车数:

$$n_{摘挂}=\frac{U_{摘挂}^{重}q_{总重}+U_{摘挂}^{空}q_{自重}}{Q_{区间}}\quad (列) \tag{4.6}$$

式中 $U_{摘挂}^{重}$、$U_{摘挂}^{空}$——由摘挂列车挂运的重车和空车数，车；

$q_{总重}$——每辆货车平均总重，t；

$q_{自重}$——每辆货车平均自重，t；

$Q_{区间}$——区间牵引重量标准，t。

如图 4.10 所示，甲—乙区段各区间上、下行的车流总重均未超过区间牵引重量标准，开行一对摘挂列车即可。

区间重量标准(t)	3 000	3 000	3 300	3 500	3 000	3 000	3 200	3 300
车流总重	1 904	2 108	1 632	2 040	1 432	1 632	1 156	952
摘挂车数		+3 −10	+3	+6 −11	$+\frac{0}{7}$ $-\frac{0}{7}$	+5 −7	−7	+4

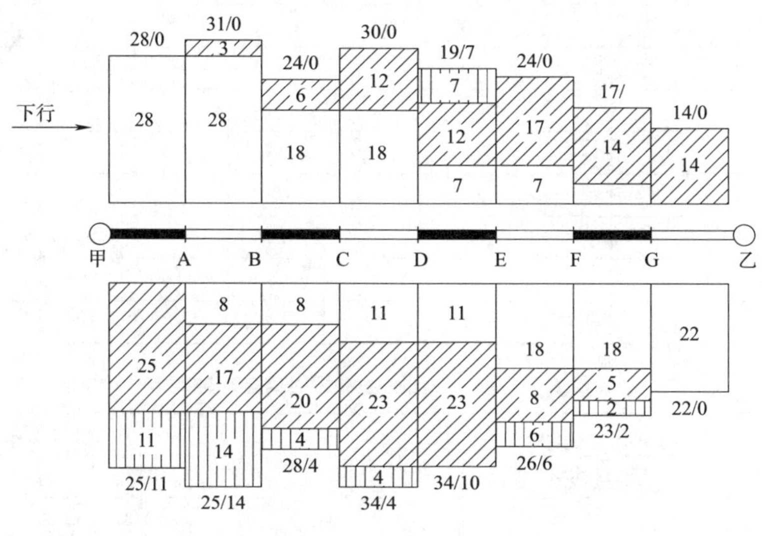

摘挂车数	$-\frac{10}{3}$	+10 −3	$+\frac{0}{10}$ −9	+3	$+\frac{0}{4}$ $-\frac{7}{6}$	+15	$+\frac{3}{4}$ −4	$+\frac{5}{2}$
车流总重	1 920	1 980	1 984	2 392	2 312	1 888	1 604	1 496
区间重量标准(t)	3 000	3 000	3 000	3 000	3 500	3 200	3 000	3 000

图 4.10 甲—乙区段车流变动图

如果计算结果有几个邻近技术站的区间超过区间牵引重量标准时，为了减少摘挂列车开行列数，又能及时输送区段管内车流，可以考虑在这些区间开行区段小运转列车，与摘挂列车配合作业。

2. 摘挂列车铺画方案的选择

区段内需要开行一对摘挂列车时，其铺画方案有四种，即“上开口”式、“下开口”式、“交叉”式、“均衡”式，如图 4.11 所示。

区段内需要开行两对摘挂列车时，其铺画方案很多，常见的有图 4.12 中的几种。

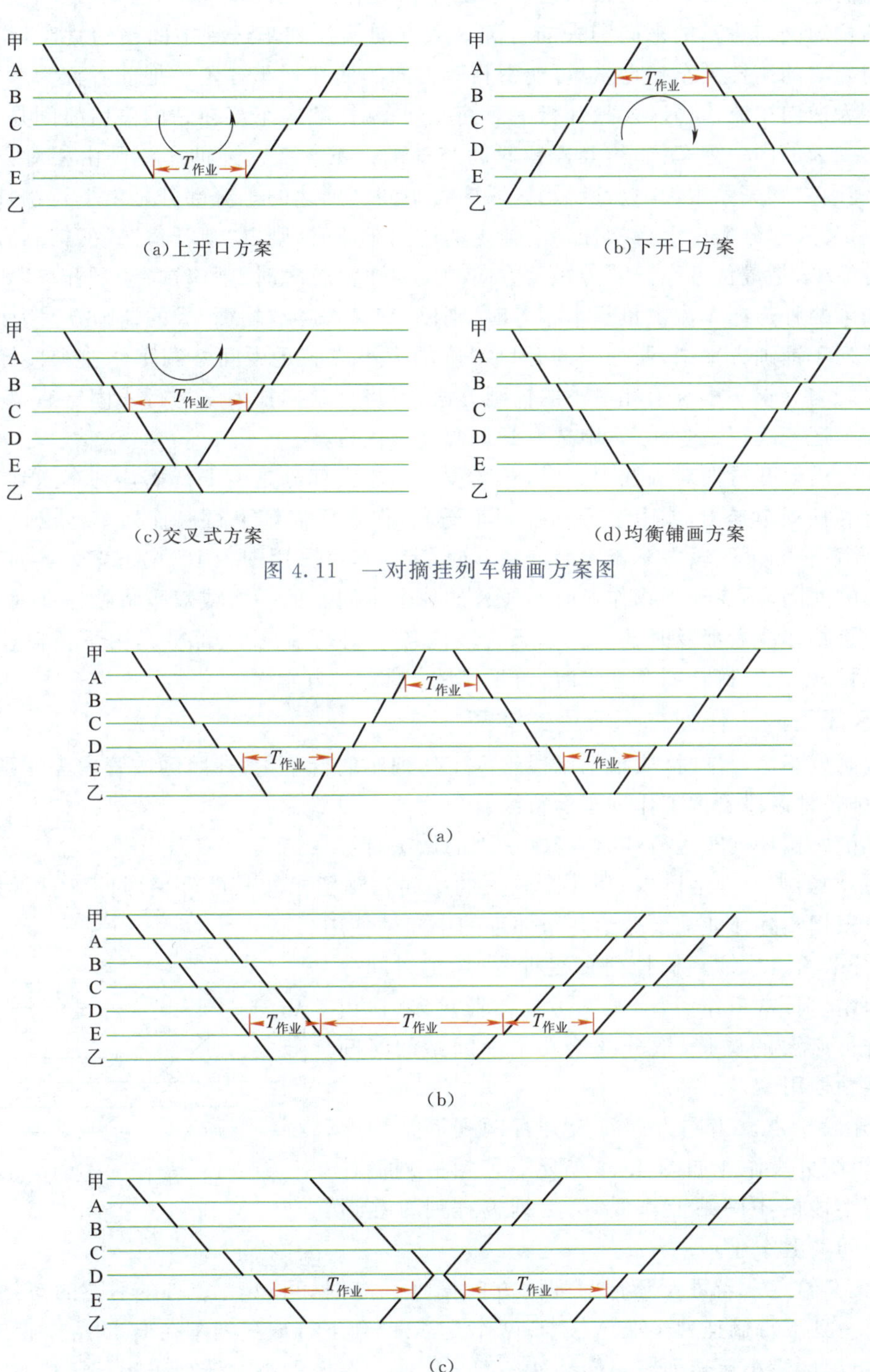

(a)上开口方案　(b)下开口方案

(c)交叉式方案　(d)均衡铺画方案

图 4.11　一对摘挂列车铺画方案图

(a)

(b)

(c)

图 4.12　两对摘挂列车铺画方案图

选择摘挂列车铺画方案的根据是货车在各中间站的停留车小时总消耗最少。而货车停留时间的长短又与货车的来向和去向有关。某方向摘挂列车送到中间站的货车，作业后又可能由同方向的摘挂列车挂走，也可能由相对方向的摘挂列车挂走。把前者称为顺向车流，把后者称为逆向车流。当区段只开行一对摘挂列车时，顺向车流在站的停留时间是一昼夜，即要等第二天的同一列车挂走，其停留时间与铺画方案无关。逆向车流则由相对方向列车挂走，与铺画方案关系很大。所以，当区段内各中间站到达的车流部分是由下行摘挂列车送来，作业后又大部分需由上行摘挂列车挂走的逆向车流时，则以“上开口”式的铺画方案消耗的车小时最少，是最优方案。若为相反方向的逆向车流较大时，则应选择“下开口”式的铺画方案。如果两种逆向车流数量基本相等时，则以“交叉”式或“均衡”式的铺画方案为好。

摘挂列车铺画方案中，两列车的开口幅度的大小应满足中间站调车作业和装卸作业时间的需要。为寻求车小时消耗最小的铺画方法，可将一条摘挂列车运行线固定后，移动另一条摘挂列车运行线，从数个方案中选取开口幅度最优方案。

当区段需要开行两对摘挂列车时，若区段内车流大部分是由下行摘挂列车送到，作业后需随上行摘挂列车挂出，或由上行摘挂列车送到，作业后需随下行摘挂列车挂出，可采用图4.12(a)方案。如果区段内车流大部分系顺向车流时，可采用图4.12(b)方案。此时，同方向摘挂列车的间隔，不少于货物作业时间较长的那个中间站的一次或双重货物作业时间标准，保证完成货物作业后能及时挂走。如果区段内各中间站车流，大部分是由下行摘挂列车送到，作业后需随上行摘挂列车挂走时，可采用图4.12(c)方案。

3. 区段管内工作列车运行线的铺画

在编制列车运行图时，应根据区段管内工作列车的行车量，参照区段管内工作列车铺画方案，安排各种区段管内工作列车运行线。

具体铺画摘挂列车运行线时，经常采用的做法有：

(1)集中给点。在区段内，某几个较大的中间站预留出较长的停留时间。日常执行时，由调度员根据实际作业需要分给几个邻近的中间站使用。

(2)分散给点。铺画摘挂列车运行线时，把时间分给各中间站。日常工作中，当某站甩挂作业较多时，由调度员进行必要的调整，把分散给几个中间站的时间集中在某站使用。

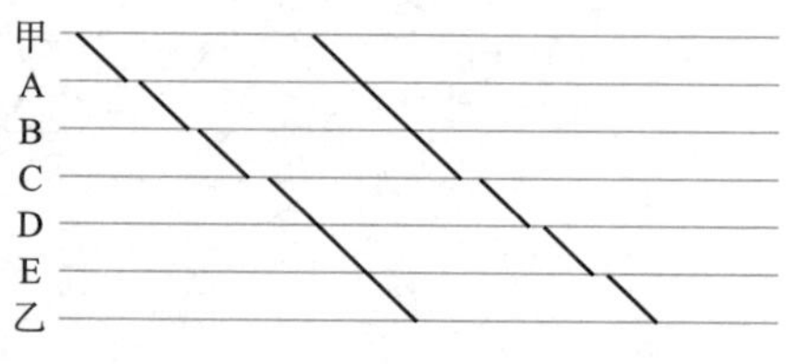

图4.13 摘挂列车分段示意图

(3)分段给点。当同方向每天开行两列摘挂列车时，可以组织分段作业如图4.13所示。使第一列摘挂列车在前半段的中间站上作业，第二列摘挂列车在后半段的中间站上作业。

(4)交叉给点。当每天开行两列同方向摘挂列车时，可以让两列在不同的车站交叉作业。如第一列下行摘挂列车在A、C、E站作业，第二列下行摘挂列车在B、D站作业。

(5)组织区段小运转列车与摘挂列车配合作业。在区段小运转列车运行区段，摘挂列车可以不安排停车作业时间，以提高其旅行速度，如图4.14所示。

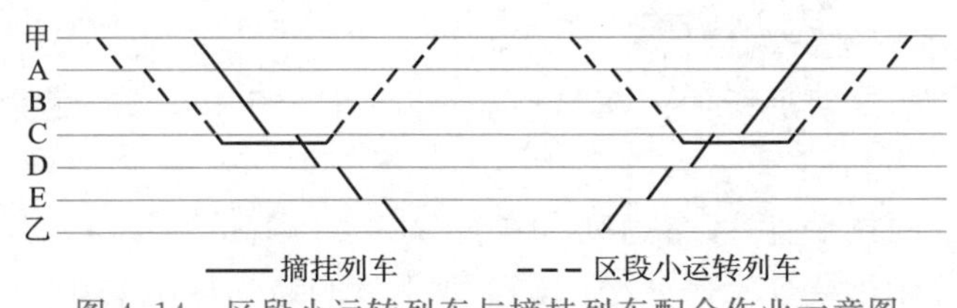

图 4.14 区段小运转列车与摘挂列车配合作业示意图

四、编制货物列车运行方案图

为保证邻接区段、各相邻路局间列车运行紧密衔接，以及列车运行图与列车编组计划、车站技术作业过程、机车周转图的相互协调；在旅客列车运行图编制以后，货物列车运行图的铺画一般也分两步进行，即先编方案图，然后再根据方案图编制详图。

1. 编制步骤

（1）根据货物班列方案，铺画普速货物班列、直达列车、重载列车等运行线。

（2）根据摘挂列车运行方案，铺画摘挂列车运行线。

（3）铺画其他货物列车运行线。

2. 编制方法

（1）计算货物列车旅行时间

在双线区段，直达、直通、区段列车的旅行时间为区间运行时分（包括起停附加时分）、列车在中间站技术作业停站时分之和，若列车在区段被越行时，还应增加待避时间。摘挂列车应另加各中间站规定的停车时间。在单线区段，除摘挂列车外，应考虑会车次数和停车时间，行车量越大，会车次数越多，列车旅行时间应增加得越多。

（2）均衡铺画运行线

可按列车数量和全日可利用的时间，计算列车间隔时间。以某一直达列车运行线为准，逐一确定列车在技术站的发车时刻。遇有旅客列车运行线时，列车间隔时间可以适当调整，但尽量不在旅客快车之前较短时间内安排货物列车运行线，以减少列车待避次数，提高旅行速度。

（3）应用多种铺画方法

区段行车量较少时，可从机车折返站按机车折返时间标准，成对安排货物列车运行线；通过能力较紧张时，可以从限制区间开始铺画，以限制区间的最优列车放行方案为基础，向两边展铺，其中有些列车则需“倒铺”。

（4）合理铺画机车交路

所有列车运行线安排完毕后，应铺画机车交路。铺画机车交路，一般按顺序办理，即先到站的机车应先折返。如遇个别折返时间不足标准时间时，应对部分列车的到发时刻进行适当调整。机车固定使用时，应单独铺画。

3. 编制注意事项

（1）列车运行图应与列车编组计划配合

列车运行图中货物列车运行线的编制应依据列车编组计划。因此，在编制货物列车运行方案图时，应做到：

①按照列车编组计划所规定的货物列车种类、发到站和流量（并考虑波动系数），确定各

种货物列车的行车量(对数或列数)。

②对有稳定车流的定期运行的列车,应在运行图上固定运行线,尽量优先安排,经过技术站时要求良好的接续。

③对非定期运行的技术直达、直通列车在技术站也应有适当接续的运行线。

④与车流产生规律相结合。例如按厂矿企业生产和装车情况安排始发直达列车的配空出重运行线,按车流集结情况,安排自编出发列车运行线等。

(2)列车运行图应与车站技术作业过程配合

列车运行图与车站技术作业过程的配合,既可以提高区间通过能力,也可以有效地利用车站技术设备,保证不间断地接发列车。编制时应做到:

①列车到达和出发的间隔时间,应考虑车站到发线数量和列车占用时间。

②到达解体列车的间隔,应与车站的解体能力相适应。

③编组列车的发车间隔,应与车站编组能力相适应。

④中转列车在技术站的停留时间,应满足车站对该种列车作业的需要。

⑤装车站的空车列车的到达时间与装后重车列车的发车时间,应满足车站调车作业、装车作业及列车技术作业过程等的时间要求。

⑥到达编组站的无调中转列车与到达解体列车应交错到达。在车站调车机车整备、换班时间,最好安排无调中转列车到站作业。

(3)列车运行图应与机车周转图配合

列车运行图与机车周转图的配合,最好做到"机车不等车列,车列也不等机车"。在安排列车运行线时,应注意以下几点:

①按机车运用方式安排列车运行线。例如,循环运转制机车担当的列车在技术站的停留时间,应不小于机车在到发线整备作业时间。

②相对方向列车到达机车折返站的时间间隔 $I_{到间}$,最后等于机车折返时间 $T_{折}$ 与无调中转列车技术作业时间 $t_{停}$ 的差额(如图 4.15 所示),即 $I_{到间}=T_{折}-t_{停}$。

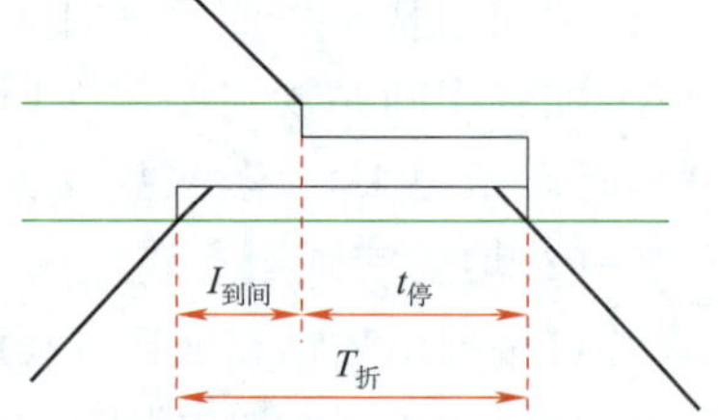

图 4.15　相对方向列车到达机车折返示意图

③按照机车乘务制度,安排机车使用,不使乘务员超过规定劳动时间标准。

五、编制列车运行详图

根据货物列车运行方案图,可在二分格运行图上具体铺画各区段详细的列车运行图。由于方案图只标明了区段两端技术站的到发时刻,无中间站的到发时刻,在编制详图时,因列车会让等原因,原定时刻可能要发生变更,应尽量维持原定时刻,不要发生太大的变化,以免打乱运行方案图。分界站的列车到开时刻尽可能不改变。

列车运行线的铺画顺序是:动车组旅客列车、直达特快旅客列车、特快货物班列、特快旅客快车、快速旅客列车、其他旅客列车、快速货物班列、直达列车、重载列车、其他货物列车和摘挂列车。铺画方法,可从 18:00 开始顺序铺画,也可以先难后易,即先从列车密度较大的时间开始或先铺画限制区间的运行线。一般采用正铺和倒铺相结合的方法进行。

在铺画详图时,应注意以下问题:

(1)保证行车安全和旅客乘降安全。

(2)列车间隔时间应满足车站间隔时间和追踪列车间隔时间的有关规定。

(3)遵守车站相对方向同时接车和同方向同时发接列车的有关规定。

(4)避免在不准停车或停车后起动困难的车站上停车。

(5)列车在车站会车或越行时,应与该站到发线数目相适应。

(6)尽量避免旅客列车在中间站停车时该站有其他列车通过。

在铺图时应注意尽力提高货物列车旅行速度,减少列车起停附加时分和中间站的停车时间,为此,应注意以下几点:

(1)尽量减少停车次数,以减少起停附加时分。在旅客列车之前铺画的货物列车运行线,尽量使其在途中不待避客车,如不可避免时,则应尽量安排在货物列车技术作业站待避。这样,不但减少了起停车附加时分,还可使技术作业与待避客车平行进行,从而节省时间。

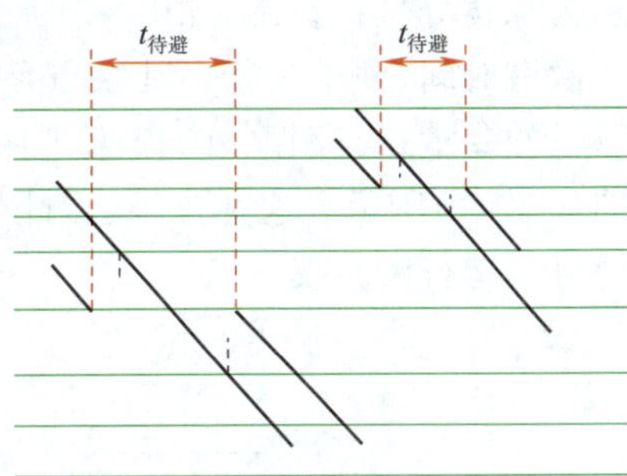

图 4.16 列车待避停留时间示意图

(2)尽量减少列车在中间站的停站时间,其铺画方法主要有:

①列车的会车或待避,尽量安排在技术设备较先进的车站或相邻区间运行时分最少的车站上进行,如图 4.16 所示。

②单线区段,在旅客列车之前的货物列车,避免在中间站又会又让,如图 4.17 所示。

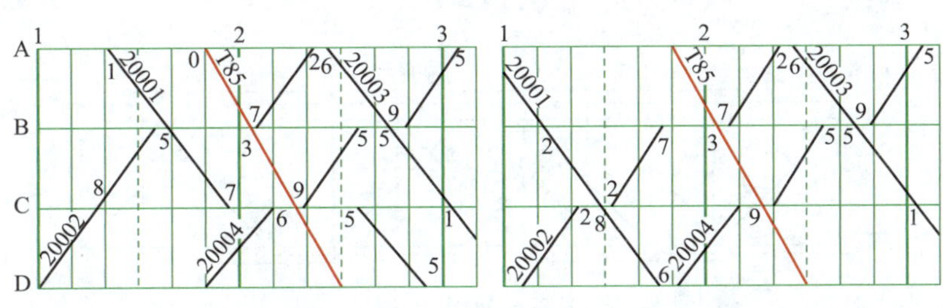

图 4.17 旅客列车之前货物列车运行线铺画方法例图

③单线区段,在旅客列车之后的货物列车与客车之间,应保持能铺画交会对向列车的间隔,如图 4.18 所示。

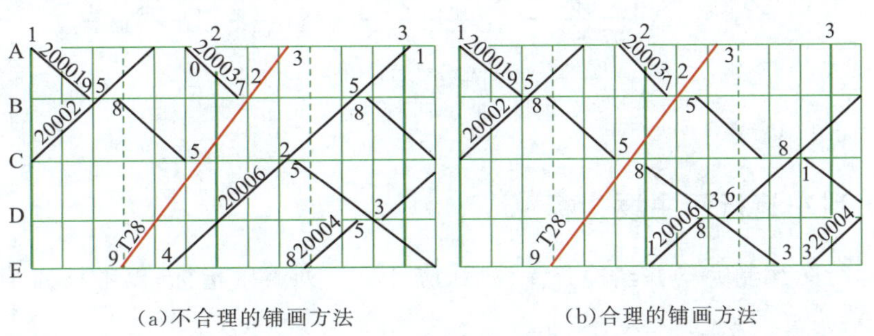

图 4.18 旅客列车之后货物列车运行线铺画方法例图

(3)在单双线区段,应首先铺画单线区间的运行线,尽量使列车的交会在双线区间进行。这样,既可减少停车次数,又可减少停车时间。

六、编制分号列车运行图

根据列车编组计划确定的货物列车种类及行车量编制的列车运行图,称为基本运行图,如图 4.19(a)所示。相对于基本运行图,为适应运量的较大波动、线路较大施工,以及节假日临时运输和特别运输的需要而编制的运行图称为分号运行图。

按照不同的行车量,在基本运行图上用抽减某些运行线的方法形成的某一分号运行图,称为综合分号运行图,如图 4.19(b)所示。这种分号运行图,仅变更列车对数,不变更列车车次和时间,便于执行。其缺点是列车运行不够均衡,机车运用不经济等。

在基本运行图之外,根据不同的行车量,重新编制的运行图称为独立分号运行图,如图 4.19(c)所示。这种分号运行图上的所有运行线,机车交路等都重新安排,其优缺点与综合分号运行图相反。

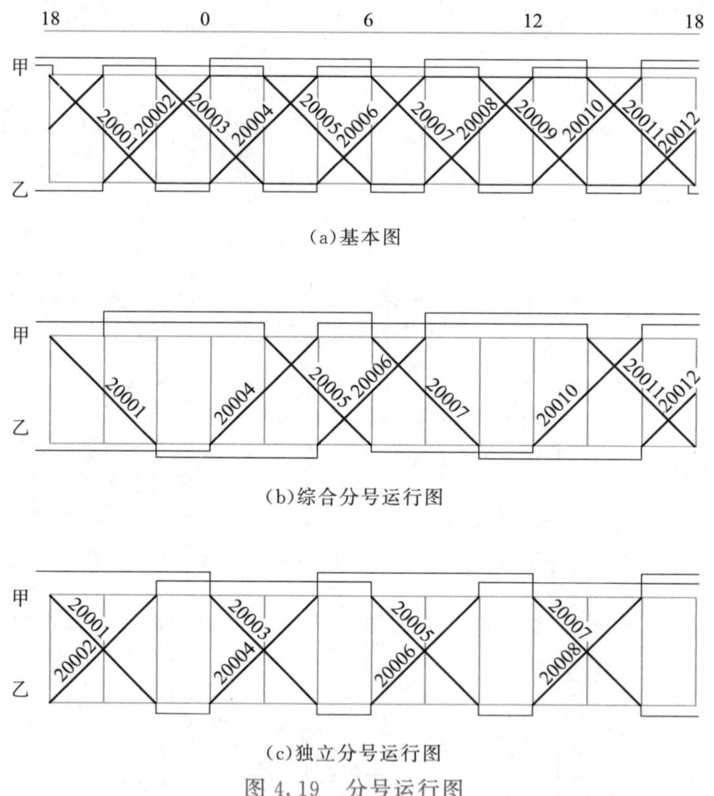

图 4.19 分号运行图

七、计算列车运行图主要指标

在列车运行图编制完毕并经检查无误后,应计算下列主要指标,以考核列车运行图编制质量:

1. 货物列车平均技术速度($v_{技}$)

货物列车平均技术速度,即货物列车在区段中各区间运行(包括起停车附加时分,不包括在各中间站的停留时间),平均每小时走行的公里数。其计算公式为:

$$v_{技}=\frac{\sum nL}{\sum nt_{运}} \quad (\text{km/h}) \tag{4.7}$$

式中 $\sum nL$——货物列车总走行公里;

$\sum nt_{运}$——货物列车运行时分的总和(包括起停附加时分)。

2. 货物列车平均旅行速度($v_{旅}$)

货物列车平均旅行速度,即货物列车在区段内运行(包括在各中间站停留时间在内),平均每小时走行的公里数。其计算公式为:

$$v_{旅}=\frac{\sum nL}{\sum nt_{运}+\sum nt_{停}} \quad (\text{km/h}) \tag{4.8}$$

式中 $\sum nt_{停}$——货物列车在各中间站停留时间的总和。

在编制运行图时,计算货物列车平均技术速度和旅行速度的办法是:填写“列车运行图指标计算明细表”(见表 4.6),把每一列车在区段两端技术站开到时刻登记下来,并计算出每一列车在途中运行和停站的时间。在这一明细表中,第 5 项与第 12 项之和即为上、下行货物列车运行时分的总和($\sum nt_{运}$);第 6 项与第 13 项之和即为上、下行货物列车在各中间站停留时间的总和($\sum nt_{停}$);第 7 项与第 14 项之和即为上、下行货物列车总走行公里($\sum nL$)。代入公式,就可以求得平均旅行速度($v_{旅}$)和平均技术速度($v_{技}$)。

例如,甲—乙区段列车运行图指标计算明细表见表 4.6。表中,43 h 48 min=43.8 h,35 h 42 min=35.7 h,42 h 12 min=42.2 h,则甲—乙区段运行图的指标为

$$v_{旅}=\frac{1\,700+1\,700}{43.8+42.2}=\frac{3\,400}{86.0}=39.5(\text{km/h})$$

$$v_{技}=\frac{1\,700+1\,700}{35.7+34.0}=\frac{3\,400}{69.7}=48.8(\text{km/h})$$

3. 速度系数(β)

速度系数即货物列车旅行速度与技术速度的比值。其计算公式为

$$\beta=\frac{v_{旅}}{v_{技}} \tag{4.9}$$

例如,甲—乙区段的速度系数为

$$\beta=\frac{39.5}{48.8}=0.81$$

4. 机车全周转时间($\theta_{全}$)

机车全周转时间是机车在一个牵引区段内担当一对列车作业所需消耗的全部时间(h)。

在采用肩回运转交路时,机车全周转时间的计算公式为

$$\theta_{全}=t_{往旅}+t_{返旅}+T_{折}+T_{基} \quad (\text{h}) \tag{4.10}$$

式中 $t_{往旅}$——机车自基本段所在站至折返段所在站的旅行时间,h;

$t_{返旅}$——机车自折返段所在站至基本段所在站的旅行时间,h。

表 4.6 甲—乙区段列车运行图指标计算明细表

顺序	下行方向							上行方向							机车周转			
	车次	由甲站出发时刻	到达乙站时刻	途中运行	其中		列车公里	车次（与机车周转配合）	由乙站出发时刻	到达甲站时刻	途中运行	其中		列车公里	机车在折返段乙站停留时间	在基本段与机车周转图配合车次	机车在基本段甲站停留时间	机车全周转时间
					运行中	停站						运行中	停站					
	1	2	3	4	5	6	7	8	9	10	11	12	13	14	15	16	17	18
1	20001	18:35	21:16	2.41	2.10	0.31	100	20006	23:10	1:57	2.47	2.08	0.39	100	1.54	20007	4.03	11.24
2	30001	21:12	23:49	2.37	2.10	0.27	100	20008	1:19	3:29	2.10	2.00	0.10	100	1.3	10005	3.00	9.17
3	20003	22:32	0:53	2.21	2.10	0.15	100	10004	2:51	5:18	2.27	2.03	0.24	100	1.58	20009	4.00	10.46
	…																	
合计		/	/	43 h 48 min	35 h 42 min	8 h 06 min	1 700	/	/	42 h 12 min	34 h 00 min	8 h 12 min	1 700	31 h 00 min	/	51 h 00 min	168 h 00 min	

在编制列车运行图时，应计算一个区段内所有货物列车的机车平均全周转时间。例如，甲—乙区段$\sum t_{往旅}=43$ h 48 min，$\sum t_{返旅}=42$ h 12 min，$\sum T_{折}=31$ h，$\sum T_{基}=51$ h，总计为168 h，该区段共有货物列车16对，则机车平均全周转时间为

$$\theta_{全}=\frac{168}{16}=10.5(\text{h})$$

5. 货运机车需要台数($M_{货}$)

货运机车需要台数是指为完成规定的牵引任务所使用的货运机车台数。其计算公式为：

$$M_{货}=K_{需}(n_{货}^{图}+n_{双}) \quad (台) \tag{4.11}$$

式中 $K_{需}$——机车需要系数，指在一个牵引区段内，牵引一对列车平均需要的运行机车台数，其值为$K_{需}=\dfrac{\theta_{全}}{24}$；

$n_{货}^{图}$——运行图规定的各种货物列车对数；

$n_{双}$——双机牵引的列车对数。

一个区段的货运机车需要台数，在编制机车周转图后，可以直接查出。其方法是，在机车周转图的任一时刻画一竖线，列车运行线和机车在两端站的折返交路线与该竖线相交的次数，即为机车使用台数。

6. 机车日车公里($S_{机}$)

机车日车公里是指每台货运机车(不包括补机)在一昼夜内走行的公里数。其计算公式为

$$S_{机}=\frac{\sum MS_{本}+\sum MS_{重}+\sum MS_{单}}{M_{货}} \quad [\text{km}/(台\cdot \text{d})] \tag{4.12}$$

式中 $\sum MS_{本}$——本务机车走行公里；

$\sum MS_{重}$——重联机车走行公里；

$\sum MS_{单}$——单机走行公里。

例如，已知甲—乙区段，$\sum MS_{本}=3\ 400$ km，$\sum MS_{重}=0$，$\sum MS_{单}=0$，$M_{货}=7$，则：

$$S_{机}=\frac{\sum MS_{本}}{M_{货}}=\frac{3\ 400}{7}=485.7\approx 486[\text{km}/(台\cdot \text{d})]$$

机车日车公里是反映机车流动程度的指标。机车日车公里愈大，即平均每台机车每天走行公里愈多，则机车所完成的运输任务就愈大，反映机车的运用成绩也愈好。

以上几项与机车运用有关的指标(包括机车全周转时间、技术速度及机车日车公里等)，都可以按包括小运转和不包括小运转分别计算。

第三节 电气化铁路列车运行图编制特点

铺画电气化铁路列车运行图的步骤和方法，基本上与非电气化铁路相同，均要考虑列车运行图与列车编组计划、机车周转图等配合。本节主要介绍根据牵引供电的特点铺画电气化铁路列车运行图的一些方法。

一、接触网检修对列车运行图铺画要求

为保证接触网导线的技术状态符合运行要求，电气化铁路必须经常对接触网进行检修，以保证列车运行安全。

目前我国电气化铁路由于受各种条件的限制，通常在列车运行图中预留不少于 60 min 的天窗进行接触网检修。对于运行图中未安排接触网检修天窗的区段和编组站、区段站，每月应安排不少于 10 h 的停电检修时间。实行接触网带电检修作业时，预留检修天窗时间可减少到 45～60 min。接触网带电检修，目前主要采用等电位作业和间接带电作业两种方式。

二、在列车运行图中预留接触网检修天窗的方法

在列车运行图中预留接触网检修天窗时间的原则要求是，既要保证接触网检修作业，又不能因为检修天窗时间过长，降低铁路通过能力和列车旅行速度过多，影响铁路完成国家规定的运输任务。在列车运行图中预留接触网检修天窗的方法主要各有优缺点，应分别不同情况进行选择。

1. 垂直形天窗

要求一个区段在同一时间内各供电臂同时停电、同时复电，如图 4.20 所示。这种预留天窗时间的方法，对通过能力影响较大，一般不采用，只有在特殊情况下才采用。

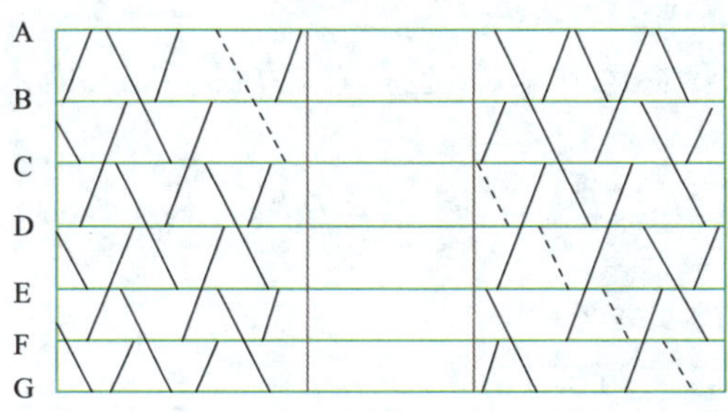

图 4.20　垂直形天窗

2. 阶梯形天窗

按供电臂分别预留接触网检修天窗，彼此错开，又称矩形天窗，如图 4.21 所示。

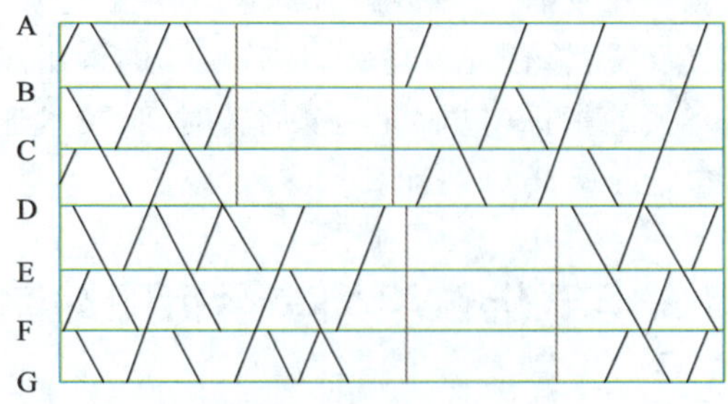

图 4.21　阶梯形天窗

在通过能力比较紧张的区段有目的地错开各个供电臂的天窗时间，使跨天窗的列车数最少，等待时间最短。这种天窗可减少等天窗的列车数，比较充分利用通过能力，提高列车的旅行速度。我国单线电气化铁路区段基本采用这种方法。

3. 利用客车搭架子预留矩形天窗

利用旅客列车运行线之间的空隙时间，按供电臂停电安排接触网检修天窗，如图 4.22 所示。这样，可减少旅客列车和天窗时间对区间通过能力的影响，主要缺点是天窗兑现率低，只有在昼间开行旅客列车较多的单线区段，安排接触网检修天窗时间有困难时才采用这种方法。

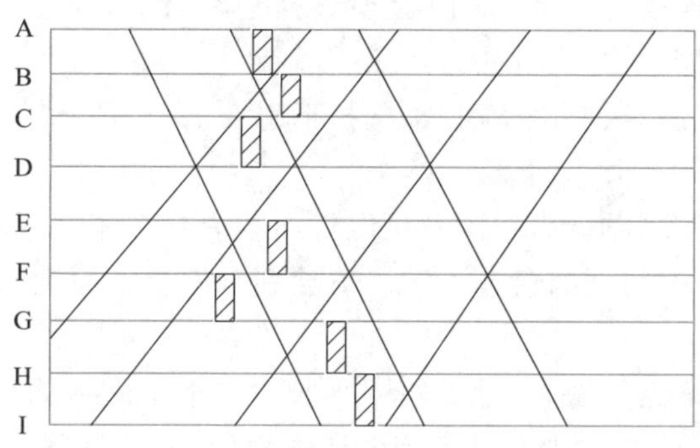

图 4.22　预留天窗

4. 双线铁路 V 形天窗

双线电气化区段，上、下行正线按供电臂分别停电预留的天窗称 V 形天窗，如图 4.23 所示。按上下行分别停电的 V 形天窗，必要时可组织反方向行车，便于列车运行调整，可提高天窗时间的利用率，减少天窗时间对通过能力的影响。我国双线电气化铁路基本上采用 V 形天窗。

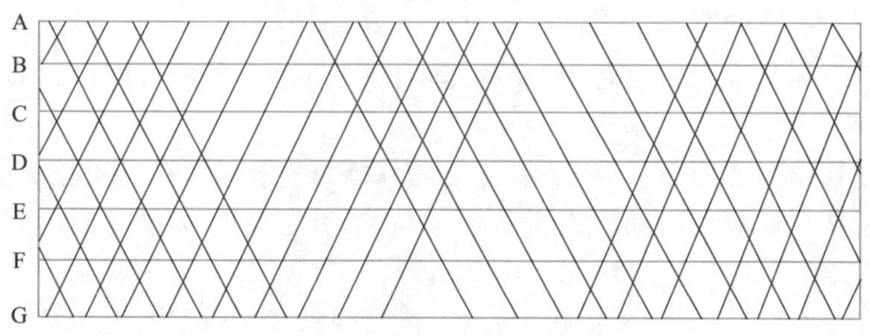

图 4.23　双线区段 V 形天窗

三、按照牵引供电的要求铺画运行线

我国既有电气化铁路多采用单边供电方式，电力机车牵引列车所需要的电能，只能从一端的牵引变电所供给。因此，在同一供电臂内运行的列车数愈多、线路坡道愈陡、列车重量愈大、列车距离变电所愈远，则接触网的负荷和机车受电弓的电压损失也愈大。这就要求我们在铺画运行图时，应当根据同一供电臂内同时运行的列车数量、重量、位置和线路坡道情况，认真考虑牵引变电所的供电负荷是否超过变压器的最大容量，三相变压器的负荷是否基本均衡，牵引供电的耗电量是否节省等问题。在铺画运行图时，应注意以下几点：

（1）在上下坡道相互交错的地段上，在同一供电臂的同一时间内，铺画上坡列车的同时，铺画一部分下坡列车，均衡接触网负荷。

（2）在连续陡长上坡道的地段，同一供电臂内同时铺画的上坡列车数（或列车合计重量），不能超过牵引变电所的最大负荷。

（3）合理选择列车在中间站的会车方案。

铺画电气化铁路列车运行图时，应该合理选择会车方案，不仅可以避免三相负荷不均衡，而且可以节约牵引用电。主要方法有：

（1）消除不合理的会让，压缩停站次数，选择牵引变电所所在站及其邻近车站进行会让，避免在供电臂末端的车站上会让。

（2）列车起动需消耗大量电流，在同一供电臂不容许几个车站同时发出几个列车。

（3）合理选择列车在中间站的会车方案。下坡列车停会上坡列车，非超轴列车停会超轴（重载）列车。

编制电气化区段列车运行图时，除计算平均技术速度 $v_{技}$、平均旅行速度 $v_{旅}$ 和速度系数 β 外，还应该计算耗电量，将其作为衡量运行图铺画质量的主要指标之一。因此，列车调度员在编制列车运行调整计划、进行调度指挥工作中，也应根据牵引供电的特点，正确铺画列车运行调整计划，合理组织列车会让，大力节约牵引用电，减少运营支出。

第四节　列车运行图编制原则与关键

一、列车运行图编制与实施

1. 编制不同种类列车运行图

列车运行图分为基本列车运行图（简称基本图）、调整列车运行图（简称调整图）和分号列车运行图（简称分号图）。

基本图是在铁路生产力布局、技术装备、技术政策、技术标准等发生较大变化时，通过对列车运行图相关技术作业和时间标准进行系统校验，并依此为标准编制的列车运行图。基本图所采用的技术标准原则上延续到下次基本图。

调整图是在基本图实施后，根据运力资源、运量需求、客货运输产品等变化，在基本图的基础上编制的列车运行图，调整图与基本图的作用相同。

分号图是指为适应短期运输、应对突发事件或施工等需要而编制，实行完毕即恢复到基本图的临时性列车运行图。

列车运行基本图的变更通过编制或调整来实现。编制基本图需按照新确定的各项技术作业及时间标准、重新构建旅客列车运行框架、重新铺画全部客货列车运行线、在全路范围同时实行。国铁集团负责审核全路列车运行图的客车方案、重点客车旅行时间、通过能力利用及效率指标。全路列车运行图的实行日期和时间，由国铁集团确定。

调整基本图原则上是在各项技术作业及时间标准和旅客列车运行框架不做大的变动的基础上，对基本图做的局部调整。国铁集团、铁路局集团公司要根据铁路运输市场需求、铁路技术装备或运输组织方式发生的变化及时编制和调整列车运行图。国铁集团、铁路局集团公司下发基本图文件的时间：旅客列车原则上在车票预售期前发布、货物列车原则上在基本图实施前 20 d 发布。

基本图、调整图和分号图的编制原则上以集中工作的方式进行。列车运行图编制、调整及确定的相关事项，以国铁集团或铁路局集团公司的正式文电公布实行。

分号图的编制方法，分为“编制”和“选线”两种。“编制”是在基本运行图以外另行编制运行图，单独定点、定车次；“选线”是在基本运行图上用抽减运行线的方法制定运行图，只减少客、货列车对数，不单独定点、定车次。遇下列情况时，应编制分号图：

(1)春运、暑期和其他节假日运输的需要。

(2)较长时间线路限速、施工的需要。

(3)客、货运量波动的需要。

(4)大批货物临时运输以及特种运输的需要。

为春运、暑期运输和线路施工编制的分号图又分别称为春运图、暑期图和施工图；根据其他运输需要编制的分号图名称可在分号图前冠以该分号图的主题，例如“十一”分号图等。

春运图、暑期图的编制，由各铁路局根据客流预测提出直通临客开行建议方案并分别于车票预售期前 90 d 和 60 d 上报国铁集团；国铁集团综合各铁路局集团公司建议，确定直通临客开行方案，组织编制春运图、暑期图。铁路局集团公司管内临客开行方案，由铁路局集团公司确定并铺画临客运行线。

春运图实行文件原则上国铁集团于车票预售期前 20 d、铁路局集团公司于车票预售期前 15 d 下发至各相关单位和部门；其他分号图实行文件，原则上国铁集团于实行前 20 d、铁路局集团公司于实行前 15 d 下发至各相关单位和部门。

施工图的编制范围涉及跨局客货列车时，由铁路局集团公司于施工图实施前 30 d 上报国铁集团，国铁集团同意后组织或委托相关铁路局集团公司编制。施工图的编制范围仅涉及管内列车时，由铁路局集团公司组织编制。大批货物临时运输以及特种运输需要编制分号图时，比照施工图的编制办法进行。

高速铁路原则上按照高峰日客流需求编制基本列车运行图，通过抽减运行线的方式实施日常、周末、节假日分号运行图。

列车运行图的编制、实施程序：

(1)国铁集团部署基本图编制工作，确定编图原则、任务、要求。

(2)各铁路局集团公司根据国铁集团要求确定本局编图的任务和要求，提出基本图工程和项目，组织客货列车牵引实验，查定技术作业标准。

(3)确定跨局客货列车开行方案、车底运用交路计划、机车交路等与编图有关事项。

(4)预铺跨局旅客列车运行方案图。

(5)召开全路第一阶段编图会议，铺画旅客列车(按照列车等级，先直通后管内，先重点后一般)和快运货物班列运行线，编制客运机车周转图，预留施工天窗。

(6)各铁路局集团公司优化管内客车运行方案，预铺货物列车运行线。

(7)召开全路第二阶段编图会议,在旅客列车和快运货物班列运行线基础上铺画货物列车运行线,编制货运机车周转图。

(8)各铁路局集团公司细化本局列车运行图,整理、编制基本图相关文件及交换相关资料,计算运行图各项指标,全面完成运行图的编制,做好编图工作总结。

(9)国铁集团、铁路局集团公司原则上分别于基本图实施前 20 d、15 d(40 d、30 d)下发基本图文件。

(10)做好基本图实施前各项准备工作,做好列车运行图新旧交替和基本图实施总结。

(11)分号图编制、实施程序参照基本图办理。

直通和管内旅客列车开行方案分别由国铁集团和铁路局集团公司确定。直通旅客列车运行方案,由国铁集团组织有关人员编制,管内旅客列车运行方案,由铁路局集团公司在直通旅客列车运行图的基础上进行编制。旅客列车开行方案,应根据预期客运市场需求,综合考虑现行列车运行图旅客列车实际客座率及线路通过能力确定。车底运用交路计划,应在满足旅客列车开行方案和车辆技术检查整备作业时间的基础上,努力提高运用效率。货物列车开行方案,应根据预期货运市场需求,以车流径路及货物列车编组计划为基础,并结合通过能力确定。线路通过能力紧张区段的客货列车对数,应根据客货兼顾的原则综合平衡,合理确定。

委托铁路局集团公司进行运输管理的合资铁路,受委托的铁路局集团公司应征求合资铁路公司对旅客列车开行方案的意见。

非委托运输的合资铁路,本线旅客列车开行方案由合资铁路公司负责编制,跨线管内旅客列车开行方案由合资铁路公司与铁路局集团公司协商后确定;合资铁路所属线路全部在一个铁路局集团公司管辖区域内时,直通旅客列车开行方案先由合资铁路公司向铁路局集团公司提报,再由铁路局集团公司向国铁集团提报建议;合资铁路公司所属线路跨多个铁路局集团公司管辖区域时,直通旅客列车开行方案由合资铁路公司向国铁集团提报。

跨局快速、直达货物班列开行和运行方案由国铁集团组织相关铁路局集团公司和专业运输公司协商确定,快速货物班列与旅客列车运行线同时铺画,直达货物班列在货物列车运行线铺画时优先安排。局间分界站货物列车开行方案由国铁集团确定。

因突发客流、应急处置等原因需要加开临时旅客列车时,由调度部门确定运行时刻。开行旅游列车和临时旅客列车影响的货物列车由调度调整。

要确保列车车次的规范和统一,列车车次编排仅限于使用大写汉语拼音字母和阿拉伯数字。直通列车车次由国铁集团确定下发;管内车车次由国铁集团划分车次范围,由各铁路局集团公司确定下发。

列车运行方向,由国铁集团发文明确,原则上以开往北京方向为上行(新线在初期开通运营时明确)。枢纽地区的列车运行方向,由铁路局集团公司规定。列车须按规定编定车次,上行列车编为双数,下行列车编为单数。在个别区间的列车,如按规定运行方向变更车次有困难时,可与规定方向不符。

2. 施工天窗与慢行附加时分设置原则

列车运行图上预留施工天窗和适当的施工慢行附加时分。旅客列车和快速货物班列运行线原则上应避开施工天窗。

普速铁路施工慢行附加时分原则上每 20～25 km 预留 1 min，天窗后第一列旅客列车可适当增加慢行附加时分；高速铁路原则上不预留施工慢行附加时分。

普速铁路(含 250 km/h 以下开行普速客车的高速铁路)双线区段原则上采用“V”形天窗，施工天窗内同时安排维修天窗，施工天窗内维修天窗外可铺画一定数量的货物列车；高速铁路(只开行动车组列车)原则上采用垂直天窗。施工天窗和维修天窗重叠安排。

双线区段施工天窗由国铁集团在编制直通旅客列车运行方案时统一考虑，单线区段施工天窗由铁路局在直通旅客列车铺画完成后与管内旅客列车运行方案统筹考虑。铁路局集团公司不得在图定施工天窗外再安排其他天窗。

高速铁路在施工(维修)天窗结束后，首列为载客动车组列车时，应在载客动车组列车开行前安排开行确认列车，确认列车与后续载客列车原则上按站间间隔时间掌握。衔接繁忙干线的枢纽地区实行状态修，原则上不安排固定天窗，具体由铁路局集团公司确定。

3. 列车运行图指标报送要求

基本图编制完毕后，应详细检查列车运行图的质量，审核相关标准并计算列车运行图指标。各铁路局集团公司应将调整后的列车运行图及相关指标报国铁集团有关业务部门。

各铁路局集团公司应向国铁集团提报下列列车运行图指标：

(1)旅客列车运行图指标。

(2)货物列车运行图指标。

(3)快速货物班列运行图指标。

(4)旅客列车机车运用指标。

(5)货物列车机车运用指标。

(6)直通旅客列车停站站名。

(7)直通旅客列车(含动车组)车底交路、编组表。

(8)各线通过能力汇总表。

旅客列车、快速货物班列各项指标，按照列车运行区段分别按直通、管内列车进行计算。货物列车各项指标，按照列车运行区段分别按直达、直通、区段、摘挂、小运转进行计算。

铁路局集团公司要组织全面审查编制的列车运行图，并按国铁集团确定的时间要求，将编制的列车运行图、列车时刻表、列车运行图技术资料、机车周转图、运行图各项指标及分析资料、区间通过能力、旅客列车编组表及编图工作总结等一并报国铁集团。

4. 调整列车运行图的基本原则

列车运行图在规定的有效期间内，必须严格贯彻执行，要保持列车运行图的严肃性和相对稳定。需要调整时，须由铁路局集团公司以书面形式上报国铁集团并得到正式书面批复。国铁集团根据相关铁路局集团公司提报的调图范围和内容，协调、确定调整图的实行日期，尽量减少调图次数。

调整内容涉及局间分界口时，由申请的铁路局集团公司于调整图拟实施前 60 d 上报国铁集团，经国铁集团同意后组织相关铁路局集团公司调整，原则上国铁集团于实施调整图前 20 d、相关铁路局集团公司于实施调整图前 15 d 将执行文件下发至各相关单位和部门。铁路局集团公司要将调整图相关文件上报国铁集团并抄知相关铁路局集团公司。跨局列车在本局管内调整运行时刻时，由调整局将调整方案提前上报国铁集团，待批复后实施。

二、编制列车运行图的关键问题

1. 编制普速铁路列车方案图

(1)直通旅客列车方案图编制

1997 年至 2007 年，全国范围内进行了六次铁路提速。铁路网络的健全和旅客列车开行的提速，促进了铁路的现代化发展，也丰富了路网内直通旅客列车的开行。经过十几年的快速发展，我国现已形成由普速铁路和高速铁路贯通成网运营的复杂铁路网络，列车运行图编制工作的难度越来越大，直通旅客列车开行方案图的制定，决定了铁路运行图的框架是否合理，决定了全路列车运行图编制工作的质量与水平。

自 2007 年以来，全路没有组织过普速铁路列车方案图的重编，每年调图，均是在原旅客列车运行框架上进行"见缝插针"或是调整原有运行线，旅客列车始发或终到时刻的初始方案，基本上是由人工在现图的基础上考虑新变化确定的。造成部分旅客列车运行时刻不断恶化，枢纽车站能力越来越紧张，在高速铁路与既有线贯通成网运营条件下，线路结构越来越复杂，制约旅客列车运行方案的影响因素增多，编制难度加大，直通旅客列车方案图的编制关键在于优化运行图结构布局、车站及线路通过能力运用、列车运行线与车底交路及动车组交路协同编制、跨线间"综合施工维修天窗"方案设置等问题。

(2)管内旅客列车方案图编制

依据《列车运行图编制管理规则》，管内旅客列车开行方案图都是在直通方案定型的基础上编制的，管内旅客列车方案图受制因素更多，编制难度更大，只能在直通列车的空隙中开行或者利用运行图的三角区开行，关键是需要调整优化综合维修天窗设置，串联好直通与管内车底交路，统筹规划好枢纽的通过能力，合理安排好关键站的股道运用等。局管内旅客列车的停站方案、车底运用、车底检修存放、交路接续，机车与乘务交路及吸污、加油、上水等方案的制定须根据各铁路局集团公司自身的具体情况设定，以充分利用线路通过能力，车站接发能力，车底上线率及经济效益为基础。

(3)快速货物列车方案图编制

依据我国的国情和经济发展的特点，全路的货物周转需要统筹协调。快速货物列车的开行方案图必须基于路网统一编制，充分满足货物快捷运输"快(快速)、准(准时)、精(精细)"的要求，开行量和运输规模大，运输组织复杂程度高。快速货物列车开行方案的编制受到旅客列车、"综合施工维修天窗"开设方案、线路通过能力利用、货场设置、装卸站工作组织等众多关键因素的制约，同时，还要考虑旅时、旅速的合理性，并实现与班列车底、机车运用等方面的协调优化。快速货物列车开行方案的编制根据速度等级不同，编制的先后顺序也不同。时速 160 km 快速班列与直通旅客列车同步编制，时速 120 km 快速班列在直通普速旅客列车之后编制。时速 120 km 以下的快速班列在时速 120 km 快速班列之后、普通货物列车之前编制。

(4)普通货物列车方案图编制

在运行图上利用旅客列车和快速货物班列间的空隙开行的速度不超过 90 km/h 的技术直达、直通、区段、摘挂等货物列车统称为普通货物列车。跨局直通普通货物列车的方案图须由国铁集团根据市场运输需求结合路网线路设置统筹安排开行，相邻局之间相互确认同意，方可编制。直通普通货物列车的开行根据货物的流向来组织车流，根据线路在路网中的通道能力决定车流流量，制定满足全路货物周转需求，符合线路实际通过能力的直通货车开行方案才能将运行图的经济和社会效益发挥好。管内普通货物列车开行方案图的编制是整体运行图编制过程中"编"的最后一个环节，须根据物流需求及线路、货场、装卸等剩余能力来因地制宜的开行区段、摘挂列车等。

2. 编制高铁列车运行图

(1)高速铁路运输组织模式

高速铁路的运输组织模式是指在高速铁路线开行何种列车，即如何组织各种形式列车在高速铁路线上运行。

由于各国国情不同，采用的运输组织模式也有所不同，国外一般有以下三种主要运营模式。日本新干线采取"全高速—换乘"的组织模式，高速线上只运行高速列车，无跨线列车运行，跨线旅客采取换乘的方式；法国从整体上采用"全高速—下线运行"的方法，延长 TGV 高速列车的运行距离，拓展其通达范围，确保高速铁路及整个路网的整体可靠性，从减少旅客换乘次数；德国采用"客货混运"的运输方式，高速线路上白天运行 ICE 列车，夜间运行货物列车。

"全高速—换乘"模式适用于自成体系的纯高速高速铁路，具有列车运行速度高、追踪时间短、运输组织简单、运输能力大而且管理方便等优点，但旅客换乘成为该模式的关键性问题。"全高速下线"模式适用于与普通线路衔接的高速高速铁路，主要优点体现在：一是高速线上列车可以按平行运行图组织运行，通过能力大；二是高速列车下线运行，能够较好解决跨线旅客问题。该模式的缺点是需要较多的高速列车车底，必须要求高速高速铁路与既有线兼容。"客货混运"模式多适用于既有线改建的线路上，在客货列车混运时段内，客货列车速差大，客车扣除系数大，通过能力较小，列车运行组织复杂。

我国高速铁路与普速铁路贯通运营，路网复杂，本线列车、跨线列车相结合的多种速度组合以及"客货混跑"的运输组织模式是其必然经历的发展阶段。目前，我国高速铁路对于跨线客流主要采用跨线运输组织模式，沿用了传统的铁路既有线旅客运输组织模式。由于高速铁路列车运行速度高，大大缩小了时空距离，未来我国高速铁路应研究直达输送与衔接换乘方案相结合的跨线运输组织方法，并尽量减少长途跨线列车，关键在于解决好跨线客流的换乘组织。

(2)高速铁路运营计划编制

高速铁路运输组织的关键在于协调好铁路行车组织与运输市场营销之间的配合关系，建立起对运输市场需求变化做出全面、迅速、准确反应的运输组织新机制，未来我国铁路应面向市场导向，以一体化设计思想为基础，进行高速铁路运营计划编制。

(3)动车组运用计划

动车组运用计划是高速铁路运输组织技术关键的重要组成部分，是动车组运用和维修的综合计划，在列车运行图、动车组检修修程规定以及检修基地条件等既定的条件下，对动车组担当列车车次周转和在何地点进行哪种类型检修等作出的具体安排，以确保良好状态的动车组实现列车运行图。动车组运用计划主要包括动车组交路与运转制、动车组的乘务组织、动车组的周转时间与车组需要数量三个方面，动车组运用计划最终反映在动车组周转图上。

提高动车组使用效率和保持良好的运行状态是矛盾的两个方面，动车组运用计划就是要实现动车组的运用与整备、维修一体化。一方面,动车组的运载设备运用和管理理念已经从常规铁路的分散化走向集中化,动车组检修包括日常检修和定期检修,各级修程分别对应检修周期走行公里数或运营小时数。另一方面,动车组运用主要有固定区段和不固定区段使用方式两种。尤其是不固定区段的运用方式,因运行区段没有限制、一组动车组多车次套用而且可以兼顾长短交路套用,已经在国外的运作以及我国铁路既有线提速开行动车组得到了成功的验证。同时,动车组乘务制度应随之与运行方式相协调,采取不固定交路轮乘制,有利于提高动车组的使用效率,减少配属站数量。因此,整备和维修是保证动车组有效使用和运用质量的前提条件,而动车组运用计划又是合理安排整备和维修工作的重要依据。将动车组运用、整备、维修计划同时编制、统筹安排,这也是运输组织的难点之一。

动车组运用计划须与客车开行计划、列车运行图以及调度系统结合产生,以提高动车组利用率、减少动车组使用数量,降低运用成本为日常的运输组织原则,在实际中依靠综合调度来实施调整。未来我国高速铁路动车组运用的突出问题在于面临复杂网络化运营的挑战。

(4)综合施工维修天窗组织

目前,我国高速铁路主要采用夜间停运列车的施工维修组织模式,综合施工维修天窗一般设置在夜间 0:00～4:00 左右,时间须不少于 4 h,具体是否设置垂直天窗,须根据线路设施设备维护需要及运输组织需求决定。目前我国高速铁路的天窗设置主要有三类:一是 300 km/h 及以上高速铁路区段及部分 250 km/h 客专铁路,设置 4 h 垂直维修天窗;二是在部分 250 km/h 客专铁路根据夜间列车开行需求,分日期设置不同时段天窗,经国铁集团同意,最少不低于 3 h;三是针对 200 km/h 快速线路,设置不少于 180 min 分段矩形天窗或 V 形天窗,但同一区段的垂直天窗时间不少于 2 h。

(5)换乘组织

我国幅员辽阔,旅客的目的地复杂多样。虽然目前我国高速铁路跨线客流采用直达输送方式,但仍然不能满足旅客的全部出行需求,不可避免的涉及在部分车站进行换乘。我国投入的高铁列车车型多,车站组织能力水平不一,现有的客运乘降设施和组织方法不能适应换乘组织特点。例如,北方地区使用的适应高寒地区的车底运行到南方后,车底的结冰会脱落,导致打坏高铁地面设施,为避免此类情况,在 2017 年,铁路部门曾经组织过沈阳至上海的高铁列车旅客在天津西站进行同站台换乘试验,试验半年后,效果很不理想,主要是换乘秩序乱,换乘耗费时间长等问题,但也总结出来很多经验,为以后的换乘打下了相应的基础。积极探索不同方向客流在适当车站快速便捷的换乘是发展的需求,未来我国高速铁路应重点解决与换乘组织相适应的运输组织体系方法。

3. 高铁运行图的编制特点

(1)协同一体化编制

高速铁路的开行计划方案应以市场需求导向为基础,做好客流的精准预测,在编制高铁运行图时,充分结合高速铁路运营实际,合理使用运能运力资源,实现客流预测与列车开行方案、列车运行图、动车组交路图一体化设计是进行市场导向型运营管理的有效途径,因此,高速铁路列车运行图的编制具有协同一体化的技术特征和要求。

(2)一日一图

高速铁路客流以通道流、区段流为主,呈现出明显的季节性、波动性、时段性特点,同一条高铁在一年、一季、一周，甚至一日内各小时之间的客流常有急剧的起伏变化，为充分发挥高速铁路的社会和经济效益，提升高速铁路适应市场变化的能力，铁路部门根据客流规律按年度分季节编制高速铁路日常图、周末图、高峰图，随着人们出行规律和出行习惯的改变，以往的高速铁路日常、周末、高峰图已逐渐不能满足旅客的出行需求，在 2018 年，国铁集团提出了高速铁路旅客列车运营实施“一日一图”的决定。一日一图就是在既有的动态调整图上，根据每日客流的精准预测，实施每日不同列车开行方案的原则，体现了精准贴近市场，精准投入运能，精准实施设备检修的动态化运营组织。

(3)满足高密度、高正点率要求

运输的方便、快捷、舒适以及运营的安全、正点、可靠是高速铁路吸引旅客的主要优点，为保证高速铁路高质量的服务水平，高速列车必须具有高正点率，这就要求高速铁路运营计划必须具有高可靠性和可实施性，因此，高速铁路运营计划必须全面、细致和准确，对运营计划的编制和组织要求较高。高速铁路列车运行具有高密度、高速度等特点，在列车高速度运行条件下，进行高密度的列车运行组织，无疑是高速铁路行车组织的基本特征。

高速铁路列车速度高、密度大，列车之间联系紧密，一旦出现干扰，列车调整困难，鉴于此，编制高速铁路列车运行图时，要在保证运输能力的基础上，合理安排各列车的到发时间，并在适当的时间与空间加入缓冲时间，使列车运行图具有较好的抗干扰性与自我恢复能力，以保证能实现旅客满意度较高的正点率。

(4)运行图编制智能化

我国已形成由高速铁路和既有普速铁路贯通成网运营的复杂客运网络。为高效运用高速铁路运力资源、充分满足市场需求、快速适应市场变化，必须缩短高速铁路运营计划编制周期、提高其编制质量，因此，从技术上而言，实现高速铁路运营计划的智能化编制是高速铁路运输组织的客观要求。

4. 高铁列车运行图优化原则

(1)本线列车运行线与跨线列车运行线的协调优化

我国铁路客流具有运量大、客流集中、平均行程长、跨线客流所占比重大等特点，必须基于市场需求和运力资源水平，着眼于社会和经济效益，考虑高速铁路旅客出行具有按时段呈波动性和规律性等特点，研究直达、全程、区段列车的合理开行时段、比例及数量，合理安排本线列车运行线与跨线列车运行线，减少不同速度等级列车间的运行干扰，既确保高速列车高速、安全运行，又能保证跨线列车的合理衔接。

(2)列车运行线衔接

由于高速铁路的竞争优势在于中短途运输，未来高速铁路应尽量减少长途跨线列车的开行，列车运行图编制要考虑长途旅客的换乘需要，因此，应结合主要换乘站设置，强化列车运行线之间的紧密接续，实现列车运行线的衔接优化，以方便旅客换乘。

(3)高速列车停站方案设计与列车运行图编制协同优化

现有研究将旅客列车停站方案设计和列车运行图编制进行分层优化，二者为先后关系，一般独立进行。实际上，高速铁路与既有线的差异对高速铁路停站方案和列车运行图的编制提出了新要求，对二者协同优化有利于提高高速铁路服务质量和加强运力资源的优化配置。合理的列车停站方案既有利于满足不同层次的旅客需求、吸引客流，也有利于减少高速列车占用线路区间的时间，提高线路通过能力利用率。

(4)列车运行图与动车组交路图的协同优化

列车开行数量受动车组能力的制约，同时，列车运行线的分布决定了动车组需承担的运输任务，单从动车组运用计划的优化问题着手，并不能从根本上解决动车组的运用数量的问题，必须将动车组运用与列车运行线综合优化，才能提高动车组的运用效率和列车运行计划的质量。

5. 点、线能力的协同匹配

(1)枢纽能力

枢纽接发列车的能力由此枢纽在路网中的定位决定，主要由枢纽内的客运站、编组站、区段站的车站能力，配套的机务段机车整备能力、配套的客整所(动车所)检修、存放能力等因素决定。其中，枢纽内主要车站(客运站、编组站)能力是关键。

大型客运站的能力除了受制于股道及咽喉道岔群接发通过能力以外，连接的客整所和动车所(存车场)也是制约客运车站办理旅客列车能力的重要因素。

主要用于接发普速旅客列车的大型客运站及配套的客整所，一般修建时间比较久远，经过多年的城市建设发展，当前基本上均处于城市的市区，改扩建难度较大，在没有设备改扩建的情况下，绝对能力基本上得不到很大的扩充。在配套客整所能力基本固定的情况下，合理运用客整所能力成为匹配枢纽车站的关键。合理利用能力的基本途径就是接发车流量均匀，但目前的枢纽主要车站主要是早、晚始发终到车流量较大，车站与客整所的综合能力较为紧张。改善能力的关键是调整始发、终到普速列车在主要客运站的时刻，以保证车站到发线、调车机、客整所检修能力的均匀使用。

(2)点、线能力协调

主要枢纽一般都会连接几条铁路线路，少则 3～5 条线路，多的有 6～10 条，连接超过 10 条线路的地区大枢纽也逐渐增多起来。在当前既有设备设施没有质的改变的情况下，枢纽地区各站接发列车能力和各条线路的通道能力的匹配，是提升综合运输能力的关键。一般来说，枢纽连接的线路越多，枢纽地区内部分车站的列车运行交叉进路越多，能力越受限制，对于运输能力的影响越大。

对于点、线能力的优化匹配，关键是以下两点：

一是合理布置枢纽内各车站的分工。如根据地理位置，确定列车在哪个车站始发终到，地处城市北边的车站办理往北方向列车的始发终到，地处城市南边的车站办理往南方向的列车等；再如普速车站与高铁车站的分工设置，应按功能区分开来，普速车站尽量减少接发高速列车，做到按列车类别选定车站，减少相互干扰。

二是枢纽对主要繁忙线路的来车在编制列车运行图时应优先安排，合理设置贯通枢纽列车与始发终到列车的先后顺序，以保证主要繁忙线路的畅通。

三、列车运行图编制安全风险

列车运行图在编制期间存在安全风险点，需要在以下编制阶段核对安全项点。

1. 编图前

(1)有新线开通时

①收集各站站场示意图，重点掌握办客股道、吸污上水设备、渡线道岔方向、进路。

②详细了解新线与既有站衔接车站的进路问题。

③供电单元分布(行车限制卡),重点是与既有衔接车站的变化。

(2)其他

①管辖区段在编图周期内未完成的施工项目。

②新的编图周期内需要新增的施工项目。

③数据库维护(新增或更改站名、区间里程或运行标尺更改等)。

2. 编图中

①正确输入新的运行标尺。

②新增列车选择合适的运行标尺。

③更改施工天窗对多方向车站要各个方向进行核对。

④新线施工天窗与既有车站衔接时要考虑既有列车。

⑤单线区段重点把握 2 股道(3 股道)车站交会的列车数量。

⑥春运图非红眼列车不能安排在确认列车前开行。

3. 发文前

①新线对新增列车运行标尺是否正确重点检查。

②检查枢纽区内单线区段有无列车区间交会现象。

③检查枢纽区内列车交叉进路。

④对新增或更改的施工天窗进行检查。

⑤单线区段重点检查“2 股道 3 交会、3 股道 4 交会”现象。

⑥春运图检查确认列车前有无非“红眼”列车(夜间停止施工天窗开行的动车组列车)。

4. 发文后

①新图实施新旧交替期间车底交路接续安排。

②站场设备施工改造后的办客能力(办客站台、吸污、加水)变化。

③牵引供电单元范围变化带来的天窗设置变化。

④更正电报的准确性。

⑤因非技术原因引起的须局部调整列车时刻或股道的更改。

第五节 列车运行图的发布

列车运行图编制完成后,须正式发布才能具体实施。列车运行图根据运行图的不同性质由不同的部门采用不同的发布方式。目前采用的是国铁集团—铁路局集团公司—站(段)三级单位按先后顺序发布列车运行图的管理模式。涉及直通(跨局)列车开行方案调整的,国铁集团须在列车运行图编制完成后,首先发文公布,铁路局集团公司依据国铁集团的行文,结合本局管内的实际,发布本局的列车运行图文件,站(段)根据铁路局集团公司的文件结合自身管内生产实际,细化现场作业具体实施。

列车运行图对内以内部文件形式发布至路内各单位,包含纸质版和电子版两种,属于专业规范性文件,除了列车时刻以外,还包含铁路运输各大类专业的具体内容,涉及的专业系统比较多,作业规范及要求全面,能直接用于指导现场实际生产。面向社会公布的列车运行图分为旅客列车运行图和货物列车运行图两类，也包含纸质版和电子版两种。旅客列车运行图主要公布旅客列车始发终到站及各站停站办理客运业务的具体时分，方便旅客查阅。随着信息化的发展，面向旅客发布的纸质版的旅客列车运行图册已经逐步消失，替代的是电子版运行图，可在电脑、手机上随时调阅，并能及时更新，极大方便了广大旅客的查阅。面向社会公布的货物列车运行图，主要公布的是快速货物列车的始发、终到时刻及中间站挂运方案，以及货物通道内技术直达列车的运能分布等，主要发布对象是面向各类矿山、港口、电厂、钢厂以及需要铁路运输的各类货物承运公司及承运人，便于铁路货物运输业务的拓展。

一、列车运行图文件发布主要内容

列车运行图文件的发布一般由正文及附件两部分组成。正文主要阐述列车运行图调整的背景及意义，简要阐述对新图的主要变化内容，并明确相关新图组织实施的机构设置、各系统部门的分工等。列车运行图文件正文的主要内容见表4.7。

表4.7　列车运行图文件正文主要内容

项目拆分	主要内容描述
文头	阐述编制、调整列车运行图的背景、目的及意义
旅客列车	公布旅客列车的加开、停运、调整等具体变化内容
货物列车	公布货物列车的加开、停运、经由调整等具体变化内容
天窗	主要新开通线路天窗安排等
机务	机务部分变化，如主要干线的机车、乘务员交路担当调整变化
车辆	车辆部分变化，包括检修安排，列车的车底替换、动车组车底交路的属性调整及对动车组车底检修、运用的有关要求
重点注意事项	对本次调图的实施时间，旅客列车在枢纽内径路、始发站调整，旅客列车技术作业站安排及旅游车调整，机务车辆的运用计划安排，运输组织重点及风险点等进行明确
列对数变化	主要线路列对数变化，铁路局集团公司分界口列对数变化
线路速度变化	公布线路允许速度变化具体情况
动车组在线解编	公布动车组在线解编、重联具体事宜
班列开行	重点班列开行具体要求
新图实施	说明新图实施组织管理具体情况
新旧交替	明确新旧交替过渡日期
分析总结	明确对新图新旧交替后的分析、总结
其他相关要求	需要明确的其他事项
公布附件目录	公布相关附件目录及序号

列车运行图附件是列车运行图重要组成部分，具体事宜安排主要在附件中加以明确。运行图文件公布的附件全路没有统一标准，国铁集团与各铁路局集团公司均根据自己定位及所处实际情况自行选择公布的附件内容，国铁集团运行图文件公布的附件主要是涉及路网性质的直通列车调整部分的内容，如直通旅客列车（跨两局及以上旅客列车）开行变化、货运通道车流调整、直通班列开行变化、全路旅游列车方案等。铁路局集团公司列车运行图公

布的附件内容直接用于运输生产，明确的附件内容相对更加详细，对集团公司管内涉及线路设备设施、列车开行方案、列车运行标尺、施工天窗维修、列车售票变化等内容须逐一明确。

铁路局集团公司列车运行图附件主要内容见表4.8。

表4.8 列车运行图附件主要内容

项目拆分	主要内容描述
确认列车开行安排表	明确动车组确认列车开行接续车底交路
天窗表	管内全部线路综合施工维修天窗时刻
注意事项	运输、客运、机务、车辆等专业的具体注意事项
动车组列车接发股道表	公布动车组列车管内各站接发车股道安排
旅客列车吸污表	管内各旅客列车在车站吸污、加水安排
旅客列车车次及运行区段表	更新旅客列车全部车次及开行区段、经由等事项，重点突出变化部分，明确周末线、高峰线等开行规律特殊的列车
列车时刻表	公布管内所有客货列车运输时刻
列车对数表	公布管内各线开行列车对数及铁路局集团公司分界口列车对数
旅客列车编组及停站	公布旅客列车的具体车底编组及停站办客方案
货物列车开行方案	货物列车的开行车次、区段对数、挂运方案、装卸车方案等
机务担当表	旅客列车的机车及乘务担当详细方案
车辆检修运用	车底交路接续、检修、运用详细方案
新旧交替	公布新旧交替时间节点及重点注意事项
旅游列车调整	公布旅游列车调整方案、车底交路、办客时刻等事项
票额分配表	公布管内客车票额具体到各站分配明细
通勤列车停站表	公布管内各通勤列车开行明细及办理职工上下的列车明细
夜间动车组存放	公布中间站夜间存放动车组车底情况
列车区间运行十分标准	公布管内各线路不同等级列车的运行标尺

二、与CTC调度系统、客票管理系统平台的对接

列车运行图发布完成后，须跟列车调度系统、客票管理系统进行数据对接，对运行图文件里的每列列车的运行时刻均需要导入到调度系统和客票管理系统中去。在编图系统没有实现全路联网编图的年代，上述系统间的数据转换全部要靠人工去转换，工作量大、差错率高、作业效率低下。随着计算机及信息技术的发展，列车运行图编制系统实现了全路联网协调统一编图，并基本实现了与调度系统和客票管理系统的数据格式统一，实现了计算机自动数据转换功能，作业效率极大提高，数据转换间的差错率大大降低，并且能保证客票制作的时效性。

三、面向社会发布的列车运行图主要内容与格式

面向社会发布的列车图主要内容主要包含有车次、时刻、营业站及营业时分，开行日期及开行规律，具体编组及座位（铺位）详情，担当局、担当段等运营部门，票额情况等信息。货

物列车运行图发布的主要内容是根据列车运行图的调整，提供按不同货物品类、不同运行线路的运能、运价的查询，站与站之间的运输费用，货物运输受理的方式，货物运输装备的选择，并提供更新的货物装卸站的信息。

面向社会发布的列车运行图，一般包含纸质版与电子版，根据使用途径选择性发布，旅客列车运行图的发布主要是以时刻表体现出来，不同的时刻表软件呈现的界面虽然有差别，但原理基本相同，系统结构均是以服务器—客户端的模式，旅客列车运行图主要发布在国铁集团“12306”系统平台，官方货物列车运行图主要发布在国铁集团“95306”系统平台。其他网络公司及软件平台基本上是以国铁集团发布的数据为基础，根据自身系统平台的特点，有选择性地进行发布。

第六节　计算机编制列车运行图

我国铁路列车运行图的编制经历了手工制图、计算机单机版绘图、全局联网绘图等阶段，编图技术发展的每个阶段，都代表了当时的技术发展水平。近年来，列车运行图编制技术的不断换代升级，目前采用全路联网编制列车运行图。计算机编制列车运行图技术的发展方向是在现有编图软件的基础上，充分利用好大数据，实现计算机编图的系统化、网络化、智能化。

一、计算机编制列车运行图的发展

20 世纪 90 年代，铁道部与西南交通大学合作，在西南交大成立了列车运行图计算机编制研发中心，统一全国列车运行图的编制均使用研发中心的软件。随着计算机编图的研究和推广运用，劳动强度不断下降，编图效率也大大提高，但在较长的时期内，尚没有实现全国路网列车运行图的计算机联网编制。直至 2005 年左右，随着信息技术的发展，才真正实现了全路联网编制列车运行图。列车运行图编制软件研发主要经历了以下 5 个阶段：

阶段 1：着重于有针对性地解决具体的研究对象，根据不同路局不同区段的特点研究解决带有鲜明个性化的具体问题；

阶段 2：致力于研究系统的通用性和适应性，力图通过一个系统去解决不同区段、不同线路的问题；

阶段 3：建立一个对于单线和双线、自动闭塞和半自动闭塞都是有效的，对于全路而言都是通用的、功能较完善的、行之有效的以铁路局为整体的计算机编图软件系统，提高了编图效率；

阶段 4：从构建全国路网编图技术手段的目标出发，重点研究建立全路旅客列车运行图编制系统，为实现全路旅客列车运行图的优化编制创造条件，提高我国铁路列车运行图的编制质量和效率；

阶段 5：构建全路列车运行图编制的技术手段，研究建立支持异地联网编图的全路列车运行图编制系统，研究重点是全路计算机编图的网络化、精细化、智能化及系统化技术，实现列车运行图及其相关业务计划编制的一体化，建立面向铁路内部的列车运行图综合管理信息系统，实现基于计算机网络的列车运行图基础信息收集、管理、查询和综合决策支持，为实现铁路列车运行图编制和管理的集中化、统一化、快捷化提供技术支撑。

目前,国内的计算机编图研究与实践工作正处于第五阶段。

列车运行图编制系统是铁路信息化建设的重要内容,提高系统的智能化水平,有利于促进铁路产品设计的质量和水平,构建智能化的全路列车运行图编制信息系统是铁路列车运行图编制系统建设的终极目标。

二、列车运行图编制系统介绍

1. 系统功能设计

系统能够自动编制列车运行图及其相关作业计划,在编制过程的各环节提供人机交互界面,并提供计划效验、审批、下达、报表生成、图形绘制、指标统计等功能,具备较高的智能辅助决策水平,保证计划的可行性和合理性。列车运行图编制系统主要功能结构如图 4.24 所示。

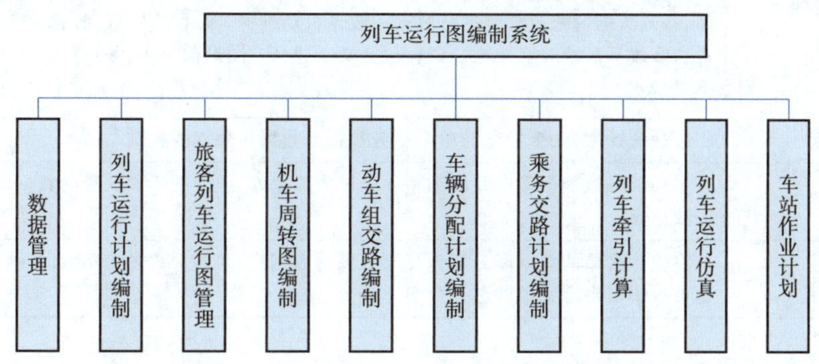

图 4.24 列车运行图编制主要功能结构图

2. 各子系统结构与功能

(1)数据管理子系统

数据管理子系统功能结构如图 4.25 所示。

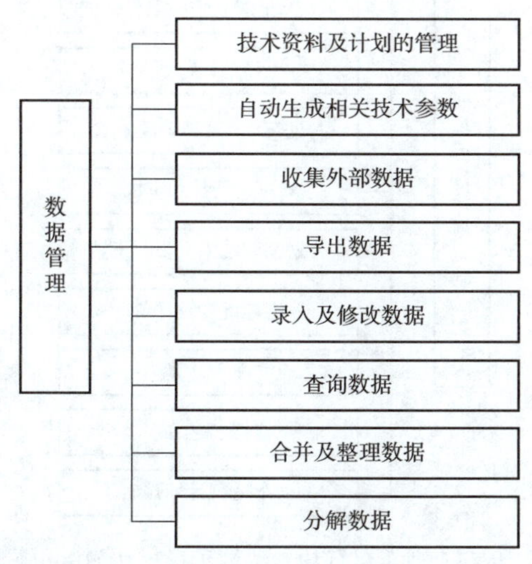

图 4.25 数据管理子系统功能结构图

数据管理子系统功能见表 4.9。

表 4.9　数据管理子系统功能

功能点	业务功能描述
技术资料及计划的管理	数据库结构版本管理、新建和初始化、保存、备份、日志等，每次重新编制或调整的各计划编制结果及资料需要按编制日期和用途留存
自动生成相关技术参数	自动计算生成计划编制所需的相关技术资料，如通过牵引计算生成列车运行时分等
收集外部数据	列车开行方案、客运里程等本系统外部数据的接收，本系统其他数据库任意部分数据的导入
导出数据	导出生成 Excel、文本、CAD、GIS 等各种类型的文件
录入及修改数据	按用户角色(专业工种)和管辖范围(国铁集团、铁路局集团公司、局内管辖片区)进行技术资料的录入和修改，例如：运输专业可输入和修改线路、区间、车站等基础数据和列车运行参数等，客运专业可输入和修改客车营业停时等，数据的录入需要自动赋值、缺省赋值等，基础数据的修改需要进行数据一致性自动维护，即对车站、区间、径路等数据修改后，应自动修改其后续关联数据。资料包括文字、数字、图形信息等，并进行数据合法性和完备性检查
查询数据	包含统计数据、个性化的单个业务数据或数据集合等的查询
合并及整理数据	将局部区域数据库合并成为整体区域的数据库，或根据局部区域的数据库更新整体区域的数据库
分解数据	将整体区域的数据库分解为局部区域的数据库，可按系统中预设的管辖范围进行划分，也可按用户自定义范围进行分解

(2)列车运行计划编制子系统

列车运行计划编制子系统功能结构如图 4.26 所示。

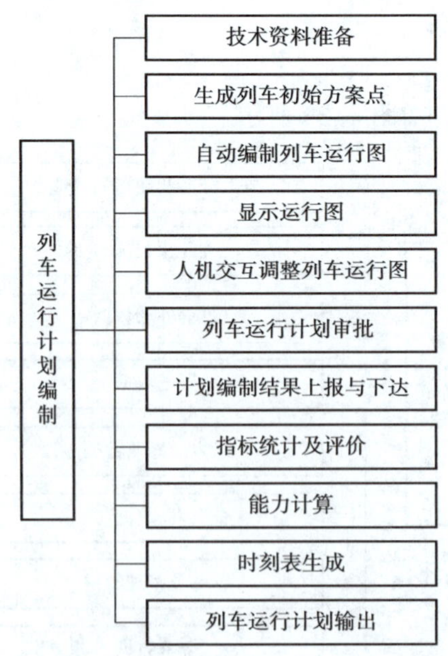

图 4.26　列车运行计划编制子系统功能结构图

列车运行计划编制子系统功能见表 4.10。

表 4.10 列车运行计划编制子系统功能

功能点	功能拆分	业务功能描述
技术资料准备	自动检测与维护数据版本结构	根据最新版本的系统数据库结构实现对当前数据库结构的自动检测和更新
	初始化数据	内存数据的初始化
	读入数据	将数据库或文件的数据读入内存
	检查数据	对数据进行合法性和完整性检查
	预处理数据	生成系统的派生数据
生成列车初始方案点	生成列车始发站时刻方案点	生成列车在始发站的初始时刻方案点
	生成列车终到站时刻方案点	生成列车在终到站的初始时刻方案点
	生成限制区间列车时刻方案点	生成列车在限制区间的初始时刻方案点
	生成指定区间列车时刻方案点	生成列车在指定区间的初始时刻方案点
自动编制列车运行图	编图参数设定	按用户角色和管理权限对编图模式(从区段两端还是限制区间)、区域范围(选中的线路、区间)、运行计划影响因素(如天窗限制、时刻进整、到发线安排、间隔时间检查、低等级列车是否影响高等级列车)等参数进行设置
	正向铺画单条列车运行线	按列车行进方向逐站递推自动铺画列车运行线,运行线之间应满足在区间和车站上的时间间隔要求等各种约束条件,还要考虑列车对设备(如到发线、库线、车底等)的占用和设备运用对行车的制约(如限制停车等),另外,运行线的铺画要考虑质量要求,如旅行速度、能力占用、方便旅客的吸引度等
	反向铺画单条列车运行线	逆列车行进方向自动铺画列车运行线
	双向铺画单条列车运行线	从指定车站正向和反向同时自动铺画列车运行线
	编制旅客列车运行图	自动编制选定区域范围和列车类别的旅客列车运行线,生成旅客列车在各站的运行时刻点
	编制货物列车运行图	自动编制选定区域范围和列车类别的货物列车运行线
	接发列车股道自动分配	安排列车在车站的股道占用
	始发终到列车库线自动分配	安排列车在始发或终到车站的库线占用
	约束条件检查及冲突消解	包括列车在车站及区间的时间间隔、天窗、限制停车、冲突检测等的冲突检查和消解

续上表

功能点	功能拆分	业务功能描述
显示运行图	运行图绘制	生成运行图图形数据并显示图形，包含构成运行图框架的站名线、时间线、指标表格线、公里标表格线等，以及列车运行线；为便于图形浏览，需要将站名区、时间区、运行图框架及运行线区分开，以便运行图放大后浏览时，站名与运行图之间、时间与运行图之间的联动
	天窗绘制	在运行图上绘制天窗，还需要标注时间点，上下行要用不同颜色区分开
	股道运用显示	基于车站平面图显示车站股道占用信息
	辅助信息显示	当鼠标接近图形对象或选中目标对象时，显示相关信息，执行某项任务后，显示提示信息和相关结果
	图形浏览辅助功能	图形放大、缩小、还原、区域放大缩小(横轴，纵轴)
	显示参数设定	设定运行线(宽度、颜色)，标注(字体、颜色、大小)，运行图格式(纵轴上二分格、十分格、小时格设定)
	运行图绘制范围设定	为方便显示不同区域的列车运行图，可根据指定的条件如按列车车次、线路、径路等快速设定运行图显示范围，也可手工设定
人机交互调整列车运行图	人工输入列车时刻点	基于列车时刻列表界面和列车运行参数基础上的智能计算及人工调整，实现列车时刻点的人工输入，满足按标尺输点和人工强行不按标尺输点的需要
	移动列车方案点	对列车始发点、终到点、指定区间方案点进行向左或右的平行移动
	平移运行线	对列车运行线进行左右平行移动
	锁定/解锁运行线	对已调整完成后的运行线，锁定操作后，不再修改
	运行线编辑锁定	同一个编图区段同时只能有一个人进行修改操作
	正向推线	按列车行进方向铺画列车运行线
	反向推线	逆列车行进方向铺画列车运行线
	双向推线	从指定车站正向和反向同时铺画列车运行线
	交换运行线	交换两条运行线的车次及运行参数信息
	变更列车运行参数	对列车的车次、始发终到站、运行径路、运行种类、停站时分等各种运行参数进行修改
	重新分配列车车次	对同类列车按时间顺序和车次大小重新排定列车车次
	擦线	以橡皮擦功能擦除整条或部分列车运行线
	分解列车	为了将既有列车变成两个不同的列车，首先需要将一个列车分解成两个列车，然后进行车次变更
	删除列车	删除列车全部信息
	复制列车	复制与现有列车运行区段及属性相同的列车
	增加列车	增加一个新的列车
列车运行计划审批	列车运行图的检查	对编制结果是否符合技术条件进行检查
	列车运行线的审定	完成国铁集团、铁路局集团公司、客专调度所对指定列车始发终到时刻点、分界口时刻点的审定会签功能
	列车运行计划的审批	国铁集团对列车运行计划进行审批，确认编制结果

续上表

功能点	功能拆分	业务功能描述
计划编制结果上报与下达	向下属职能部门下达计划编制结果	将编制的列车运行计划编制结果下达至各铁路局集团公司运输处、客专调度所、动车基地等处，需要签收
	下属职能部门上报计划编制结果	客专调度所将完成的列车运行计划编制结果上传至国铁集团，需要签收
指标统计及评价	列车运行计划指标统计	系统可以计算出列车运行计划的各项指标，包括开行的列车种类、列车数、技术速度、旅行速度、速度系数、总停站时间、平均停站时间及其他自定义的指标，进行各类指标统计和 Excel 报表生成
	列车运行图的评价	对编制结果的指标（如全部及单个列车的旅行速度）进行评价
能力计算	全线及分段能力计算	对全线进行分段，计算全线及分段的最大列车通过对数，输出 Excel 报表
	能力汇总	形成各线及分段的能力汇总表，输出 Excel 报表
时刻表生成	行车时刻表生成	输出列车在沿途各站的时刻表
	客运时刻表生成	输出列车办理客运业务的时刻表
列车运行计划输出	列车运行计划输出	根据选定的范围打印输出运行图，图上站名区、时间区、运行框架及运行线区作为一个整体的区域进行绘制

（3）旅客列车运行图管理子系统

旅客列车运行图管理子系统功能结构如图 4.27 所示。

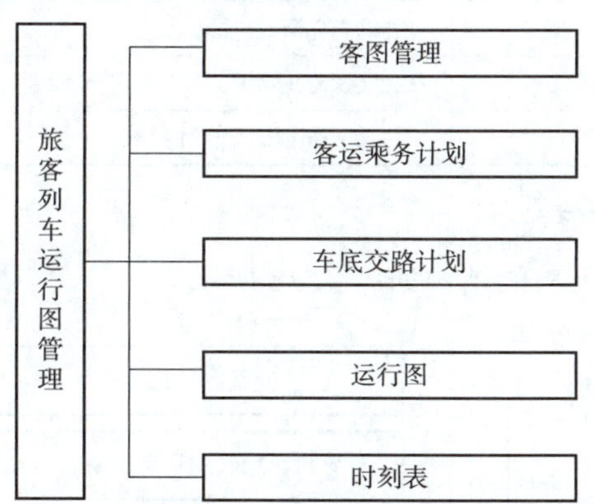

图 4.27 旅客列车运行图管理子系统功能结构图

旅客列车运行图子系统功能见表 4.11。

表 4.11 旅客列车运行图子系统功能

功能点	功能拆分	业务功能描述
客图管理	开行方案	导入既有（新增）列车数据
	停站方案	调出停站，核对
	编组管理	对旅客列车进行编组管理
	停站审查	对调出的停站进行核对
	交路参数	调整旅客列车的交路

续上表

功能点	功能拆分	业务功能描述
客图管理	运能计算	开行指标测算
	指标统计	统计客运指标
	信息显示	各种提示信息
	列车种类归类	编辑列车种类
客运乘务计划	计划编制	编制乘务计划
	数据管理	管理各种参数,乘务交路计划,乘务参数等
	绘图	转换为可打印格式图
	指标统计	统计各项参数指标
车底交路计划	计划编制	编制车底使用计划
	动车组出处字典	动车所归属段
	交路计划	编辑动车组车底交路
运行图	编图	查看列车运行图图面
	站线图	查看站线的平面图
	绘图	选定图面转换可打印格式输出
	数据管理	管理客运编图各项数据
时刻表	客运时刻表	生成客运时刻表
	车站时刻表	生成车站客运时刻表
	专运时刻表	生成专运时刻表
	word 时刻表	生成 word 格式的时刻表

(4)机车周转图编制子系统

机车周转图编制子系统功能结构如图 4.28 所示。

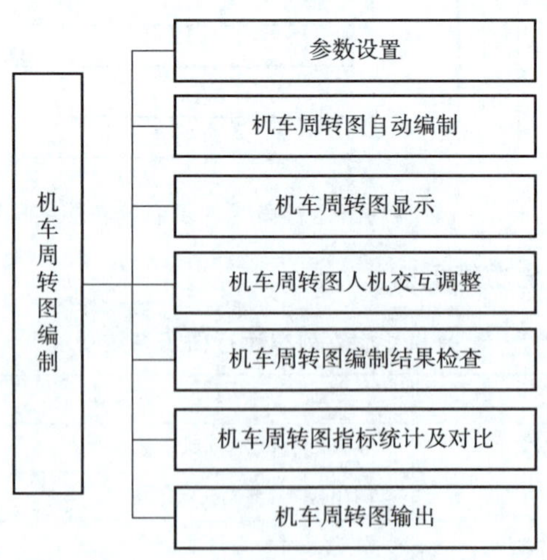

图 4.28　机车周转图编制子系统功能结构图

机车周转图编制子系统功能见表 4.12。

表 4.12 机车周转图编制子系统功能

功能点	功能拆分	业务功能描述
参数设置	用户和口令设置	输入代码、姓名、口令、级别(用户权限)
	编制参数设置	进行编制周转图单位名称、编图日期、编图区域范围、车站等属性的设置
	列车类型设置	对起始车次、结束车次、列车种类、机车种类进行设置
	机车状态参数	输入机车状态参数,包括起机、段备、转客、转货等
机车周转图自动编制	机车周转图自动编制	根据算法库以及相关参数,自动编制选定区域范围和列车类别的旅客列车运行线,生成机车周转图
机车周转图显示	机车周转图绘制	生成机车周转图图形数据并显示图形
	辅助信息显示	当鼠标接近图形对象或选中目标对象时,显示相关信息,执行某项任务后,显示提示信息和相关结果
	图形浏览辅助功能	图形放大、缩小、还原、区域放大缩小
	显示参数设定	设定运行线以及机车接续线(宽度、颜色),标注(字体、颜色、大小),运行图格式等
	机车周转图打印	根据设定的打印机类型、纸张尺寸、走纸方向等参数进行机车周转图的打印
机车周转图人机交互调整	运行线编辑	运行线录入、删除、修改、移动
	机车接续连接线编辑	提供简易的人机交互手段实现手工绘制和编辑机车接续连接线
	车站机车接续调整	生成车站的机车接续
机车周转图编制结果检查	编制结果检查	对编制结果是否符合技术条件进行检查
	机车周转图审批	国铁集团对机车周转图进行审批,确认机车周转图编制结果
机车周转图指标统计及对比	机车周转图指标统计	系统可以计算出机车周转图各项效率指标,进行各类指标统计和 Excel 报表生成
	机车周转图统计数据汇总和对比	能按铁路局集团公司、机务段形成各统计数据的汇总,并能读入不同时期的区段指标统计结果,形成区段机车运用指标的对比
机车周转图输出	输出机车周转图报表	提供统计结果的 Excel 文件格式报表输出,并提供各种报表文件的模板编辑功能
	打印机车周转图	依据设置的绘图参数,提供机车周转图图形的打印输出

(5)动车组交路编制子系统

动车组交路编制子系统功能结构如图 4.29 所示。

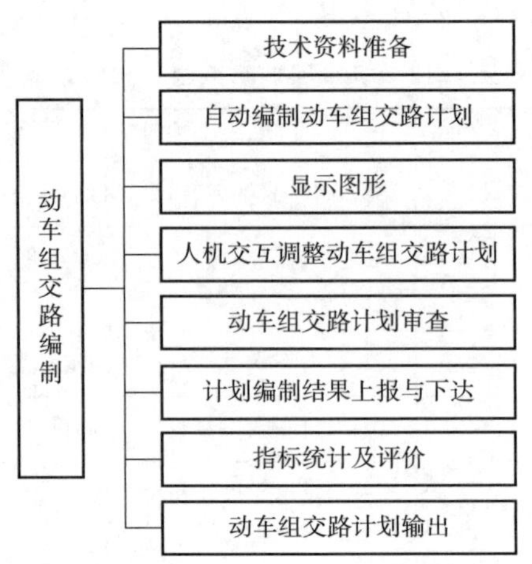

图 4.29　动车组交路编制子系统功能结构图

动车组交路编制子系统功能见表 4.13。

表 4.13　动车组交路编制子系统功能

功能点	功能拆分	业务功能描述
技术资料准备	自动检测与维护数据版本结构	根据最新版本的系统数据库结构实现对当前数据库结构的自动检测和更新
	初始化数据	内存数据的初始化
	读入数据	将数据库或文件的数据读入内存
	检查数据	对数据进行合法性和完整性检查
	预处理数据	生成系统的派生数据
	列车运行计划简化	在编制动车组交路计划的阶段，只需要能够办理动车组接续作业的车站信息，应将列车运行计划中与编制动车组交路计划相关的车站到发信息进行筛选
自动编制动车组交路计划	设置编制参数	优化目标；各基地可用动车组数量；动车组折返时间标准；动车组（回送、接运列车）接续时间标准
	动车组交路自动编制	自动生成动车组交路计划，必须满足相关技术作业标准，所有列车必须有且只有一次勾画在交路中
	回送、接运列车计划编制	当列车终到站与动车基地不同时，有时需要编制回送、接运列车计划；可向运行计划编制人员提供运行线建议，或仅提出回送、接运需求
	终止自动编制	可以使用该功能终止计划的自动编制过程，生成自动编制的部分结果，并可在通过人机调整后重新编制
	自动编制过程的人机交互	自动编制过程中，当出现多种指标相近的选择或复杂情况下的决策时，可人工参与
	运行图调整信息反馈	在适当调整列车运行计划能够生成更优的动车组交路时，提供列车运行图的修改建议

续上表

功能点	功能拆分	业务功能描述
显示图形	显示列车运行计划	读取列车运行计划并以图形与表格相结合的方式显示
	动车组交路计划绘制	生成交路图图形数据并显示图形，包含构成交路图框架的站名线、时间线等，以及列车运行线、交路接续线。为便于图形浏览，需要将站名区、时间区、交路图框架及交路线区分开，以便于交路图放大后浏览时，站名与交路图之间、时间与交路图之间的联动
	辅助信息显示	当鼠标接近图形对象或选中目标对象时，显示相关信息，执行某项任务后，显示提示信息和相关结果
	图形浏览辅助功能	图像放大、缩小、还原、区域放大缩小（横轴，纵轴）
	图形显示参数设定	交路线设定（宽度、颜色），标注（字体、颜色、大小），交路图格式设定（二分格、十分格、小时格设定）
	动车组交路计划显示范围设定	为方便显示不同交路图，需要设定交路图的显示范围
	按区域查询交路图	需要从路网 GIS 图或非地理信息数据中选定区域
	单个交路查询显示	查询交路上的车次序列和交路图，也需要在路网 GIS 图上显示交路信息
人机交互调整动车组交路计划	基于表格调整交路	直接输入修改车次接续关系，包括取消交路接续和添加交路接续关系
	基于图形取消交路上的列车接续关系	擦去交路图上的接续线，取消交路上的列车接续关系
	基于图形添加交路上的列车接续关系	添加交路图上的接续线，建立交路上的列车接续关系
	系统自动校验	检查所有参数设定是否满足要求
	添加交路	以图形和表格的形式新建动车组交路
	删除交路	当对交路中的大部分接续段都需要重新调整时，可以直接删除该交路，即删除该交路中出现的所有接续段
	交路合并	实现两个交路的合并
	分割交路	当动车组交路不符合要求时，可以通过删除接续段将该交路截为若干短交路
	接续线锁定	对于某些动车组，因为特殊要求希望固定其间的接续关系，应将接续线锁定
	接续段部分交换	对于有交叉或包含关系的接续段，可以交换其终到列车或出发列车，形成新的接续段
动车组交路计划审查	编制结果检查	对编制结果是否符合技术条件进行检查
	交路图的审批	国铁集团对动车组交路计划进行审批，确认计划编制结果
计划编制结果上报与下达	向下属职能部门下达计划编制结果	将编制的动车组交路计划结果下达至各铁路局集团公司运输处、客专调度所、动车基地等处，需要签收
	下属职能部门上报计划编制结果	客专调度所将完成的交路计划编制结果上传至国铁集团，需要签收

续上表

功能点	功能拆分	业务功能描述
指标统计及评价	动车组交路计划指标统计	系统可以计算出动车组交路计划的各项指标，包括需要的最小动车组数、平均走行里程、平均运用时间、平均担当的运行线数量、平均接续时间、动车组空车走行数量、里程、动车组运用效率及其他自定义的指标，进行各类指标统计和 Excel 报表生成
	动车组交路计划评价	依据动车组运用的相关标准及动车组运用的长期实绩对编制结果的指标进行评价
动车组交路计划输出	输出动车组交路计划报表	在报表中，可显示动车组交路计划中所包含的各项信息，如动车组号，运行线车次、始发终到时间，运行线接续时间等信息，还可输出指标统计及相关结果信息的 Excel 报表
	打印动车组交路计划	站名区、时间区、交路图框架及交路线区不再进行区域拆分，作为一个整体的区域进行绘制

(6)车辆分配计划编制子系统

车辆分配计划编制子系统功能结构如图 4.30 所示。

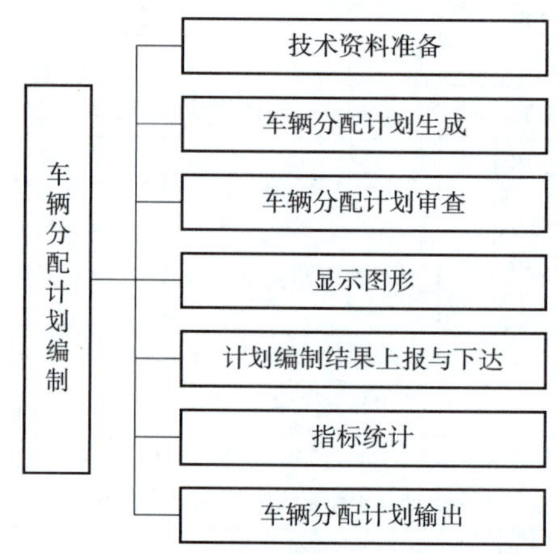

图 4.30 车辆分配计划编制子系统功能结构图

车辆分配计划编制子系统功能见表 4.14。

表 4.14 车辆分配计划编制子系统功能

功能点	功能拆分	业务功能描述
技术资料准备	自动检测与维护数据版本结构	根据最新版本的系统数据库结构实现对当前数据库结构的自动检测和更新
	初始化数据	内存数据的初始化
	读入数据	将数据库或文件的数据读入内存
	检查数据	对数据进行合法性和完整性检查
	预处理数据	生成系统的派生数据

续上表

功能点	功能拆分	业务功能描述
车辆分配计划生成	编制参数设定	设置车辆分配计划编制的范围(基地、运用所、动车组类型、交路)
	自动生成车辆分配计划	根据动车组交路计划、动车组类型、动车组配属、动车基地与运用所的设置、动车组的修程、修制等和算法库自动生成车辆分配表
	反馈动车组交路计划需调整的信息	将车辆分配计划的检查结果向动车组交路计划编制系统反馈
车辆分配计划审查	车辆分配计划检查	对编制结果是否符合技术条件进行检查
	车辆分配计划审批	国铁集团对车辆分配计划进行审批,确认编制结果
显示图形	显示列车运行计划	以图形相结合的方式显示列车运行计划
	显示动车组交路计划	以图形和表格相结合的方式显示动车组交路计划
	显示车辆分配计划	以表格方式绘制车辆分配计划
	图形浏览辅助功能	图形放大、缩小、还原、区域放大缩小(横轴,纵轴)
	图形显示参数设定	线宽度、颜色,标注字体、颜色、字号等
	表格显示参数设定	车辆分配表格属性设定(线条宽度、线条颜色、字体大小、字体颜色等)
	辅助信息显示	当鼠标接近或选中目标对象时,显示相关信息,执行某项任务后,显示提示信息和相关结果
	显示动车组交路与动车组匹配关系	以表格方式显示担当动车组交路的动车组类型
计划编制结果上报与下达	向下属职能部门下达计划编制结果	将编制的车辆分配计划编制结果下达至各铁路局集团公司运输处、客专调度所、动车基地等处,需要签收
	下属职能部门上报计划编制结果	客专调度所将完成的车辆分配计划编制结果上传至国铁集团,需要签收
指标统计	指标统计	进行车辆分配计划的各类指标统计(如各动车基地配属动车组的数量、类型、动车组平均走行里程、平均运用时间、平均担当的运行线数量、平均接续时间等)
车辆分配计划输出	打印输出统计报表	输出 Excel 报表
	打印输出车辆分配计划	根据指定的范围输出车辆分配计划图表(动车组的类型、动车基地),具体包括基地号、动车组数量、种类(计划的内容、结果及表达方式需要继续明确)

(7)乘务交路计划编制子系统

乘务交路计划编制子系统功能结构如图 4.31 所示。

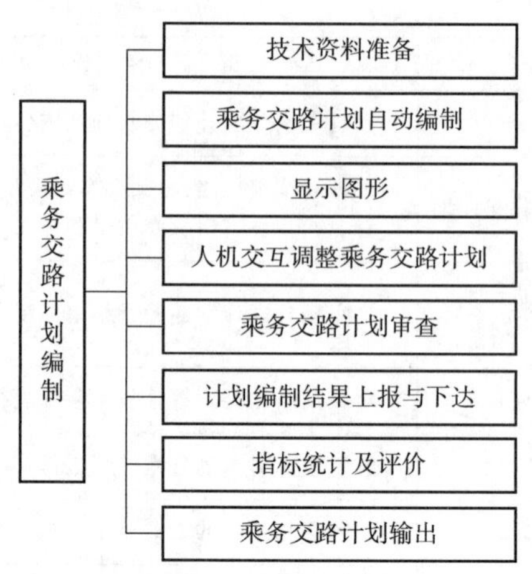

图 4.31　乘务交路计划编制子系统功能结构图

乘务交路计划编制子系统功能见表 4.15。

表 4.15　乘务交路计划编制子系统功能

功能点	功能拆分	业务功能描述
技术资料准备	自动检测与维护数据版本结构	根据最新版本的系统数据库结构实现对当前数据库结构的自动检测和更新
	初始化数据	内存数据的初始化
	读入数据	将数据库或文件的数据读入内存
	检查数据	对数据进行合法性和完整性检查
	预处理数据	生成系统的派生数据
乘务交路计划自动编制	参数设置	自动划分乘务交路段参数设置
		自动生成乘务交路参数设置
	自动划分乘务交路段	依据列车时刻表和乘务基地、换乘所的设置，将担当车次划分生成乘务交路段
	自动生成乘务交路	根据动车交路计划、车辆分配计划、乘务规则、换乘站设置，将乘务交路段组合生成乘务交路
	生成乘务交路数据	计算每天需要的乘务组数，总结出每日本外段乘务接待需求
	中止自动编制	该功能暂时停止计划的自动编制过程，生成自动编制的部分结果，保存状态数据，可在通过人机交互调整后继续编制
	自动编制过程中的人机交互	自动编制各个环节中，都可提供人工参与决策
显示图形	参数设定	对乘务计划图中图元的显示属性进行设置
	显示其他计划	以图形和表格方式显示列车运行计划、动车组交路计划、车辆分配计划
	显示乘务计划	以图形方式显示乘务计划，并做到运行线、动车交路、车辆分配计划、乘务计划间在图形上的联动
	显示辅助信息	当鼠标接近图形对象或选中目标对象时，显示相关信息

续上表

功能点	功能拆分	业务功能描述
显示图形	图形浏览辅助功能	图像放大、缩小、还原、区域放大缩小(横轴,纵轴)
	按区域显示乘务计划	需要从路网GIS图或非地理信息数据中选定区域
	按设定对象显示	根据指定的条件如按担当乘务组、列车车次、线路、径路、长度等快速设定乘务交路显示对象,也可手工设定
人机交互调整乘务交路计划	添加乘务交路段	添加代表值乘任务的新的乘务交路段,可在已有的乘务交路中添加,也可为其创建新的乘务交路
	删除乘务交路段	删除代表值乘任务的乘务交路段,删除后若所属乘务交路为空,则一并删除乘务交路
	合并乘务交路	将多个乘务交路段合并成为一个乘务交路,合并后只能对乘务交路整体进行操作
	分解乘务交路	将乘务交路分解为乘务交路段,可对单个乘务交路段进行移动、删除等操作
	锁定/解锁乘务交路	对已经确认不再改动的乘务交路进行锁定,防止错误改动
乘务交路计划审查	乘务计划的检查	对编制结果是否符合技术条件进行检查,合法性检验,是否有不合法的乘务交路;完整性检验,是否所有车次都被担当
	乘务计划的审批	国铁集团对乘务计划进行审批,确认编制结果
计划编制结果上报与下达	向下属职能部门下达计划编制结果	将编制的乘务交路计划结果下达至各铁路局集团公司、客专调度所、乘务基地等下属职能部门,需要签收
	下属职能部门上报计划编制结果	下属职能部门客专调度所将完成的计划编制结果上传至国铁集团,需要签收
指标统计及评价	指标统计及评价	统计乘务交路数、乘务员数、总工作时间的均衡性、劳动生产率等各项指标
乘务交路计划输出	绘制乘务交路图	输出乘务交路图,显示乘务交路段的划分及需要的乘务组数
	输出乘务计划表	输出乘务计划,其中包含乘务交路、担当乘务组数等信息

(8)列车牵引计算子系统

牵引计算子系统功能结构如图4.32所示。

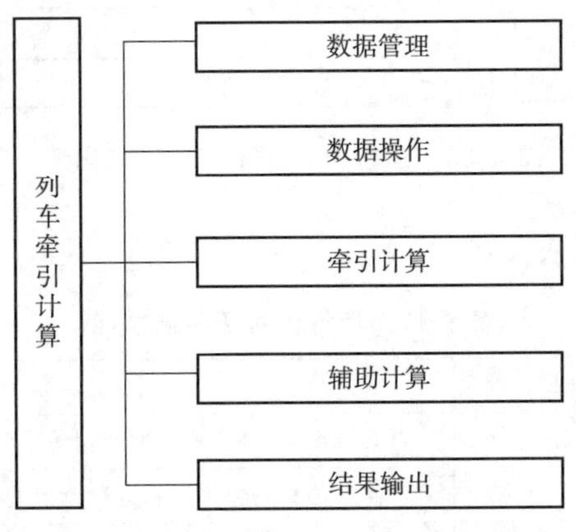

图4.32 牵引计算子系统功能结构图

牵引计算子系统功能见表 4.16。

表 4.16　牵引计算子系统功能

功能点	功能拆分	业务功能描述
数据管理	打开数据库	打开、新建数据库，调用不同的数据
	保存数据	对编辑过的数据库进行保存
	备份功能	对编辑过的数据库进行备份
	数据对比	不同数据库之间进行数据对比，调用出变化部分
	数据库输出	对已保存的数据转换格式输出
数据操作	基础数据编辑	线路、动力等参数的增、删、查、改
	牵引数据编辑	机车/动车组牵引特性曲线、能耗曲线以及制动特性曲线的编辑
牵引计算	自动计算	在设定线路参数、动力参数、列车参数、速度限制参数等计算条件的基础上，进行自动牵引计算，并通过人工干预，对结果不断精确
辅助计算	计算检验	对牵引重量进行计算检验
	参数整理	按限制条件对于平纵断面比较复杂的线路参数进行简化整理
	统计输出	生成信号机统计表、生成合力计算图表
结果输出	显示参数编辑	编辑修改图形显示参数
	报表生成	牵引计算报表的自动生成、输出

(9)列车运行仿真子系统

运行仿真子系统功能结构如图 4.33 所示。

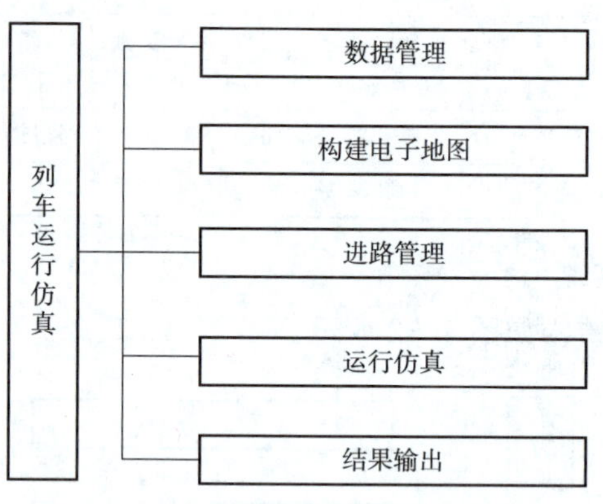

图 4.33　运行仿真子系统功能结构图

运行仿真子系统功能见表 4.17。

表 4.17　运行仿真子系统功能

功能点	功能拆分	业务功能描述
数据管理	打开数据库	打开数据库，调用不同的数据
	分解数据	对需要仿真的数据单独进行分解
	备份保存功能	对仿真后的数据库进行备份、保存

续上表

功能点	功能拆分	业务功能描述
构建电子地图	车站电子地图	绘制车站电子地图，包括道岔、绝缘节、股道、站台等
	线路电子地图	绘制线路布局、连接等
	枢纽电子地图	规划枢纽电子地图，并对其进行编辑
进路管理	进路管理	自动建立图形对象拓扑连接关系，并对连接进行检查
	进路编辑	人工建立进路，对进路进行编辑
运行仿真	仿真参数设置	对仿真的枢纽或者线路区段参数场景进行设置，生成仿真电子地图
	仿真工具	平移车站、创建区间连接、查看列车径路、检查仿真冲突
	运行仿真	在选定时段对选定的区段及枢纽进行运行仿真
	图形操作	图形漫游、调整图形大小、调整显示模式等
	动态显示	对仿真进行动态显示
结果输出	显示参数编辑	编辑修改图形显示参数
	报表生成	牵引计算报表的自动生成、输出

(10)车站作业计划子系统

车站作业计划子系统功能结构如图 4.34 所示。

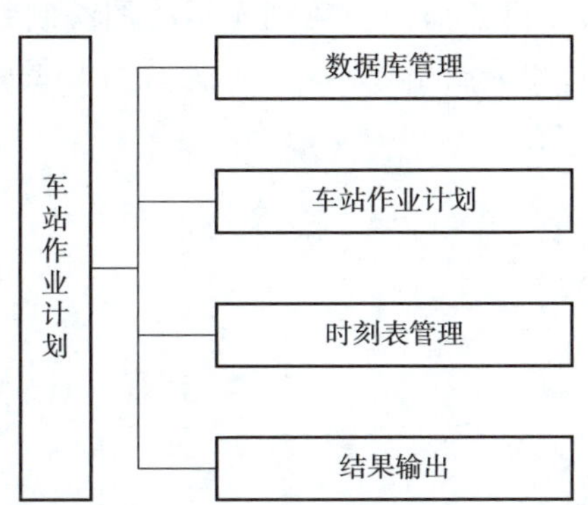

图 4.34　车站作业计划子系统功能结构图

车站作业计划子系统功能见表 4.18。

表 4.18　车站作业计划子系统功能

功能点	功能拆分	业务功能描述
数据库管理	打开数据库	打开、保存、关闭指定的数据库
	分解数据	对数据库进行分解，调用单个车站的数据
	列车对数统计	对车站的接发列车对数进行归类统计

续上表

功能点	功能拆分	业务功能描述
车站作业计划	添加列车	人工增加车站列车
	股道安排	调整列车股道安排
	列车转线	安排列车转线进路及作业时分条件等
	技术作业	设定列车加水、加油、吸污等技术作业
	车底套用计划	勾画车底套用计划
时刻表管理	查看时刻	按不同格式查看车站列车时刻
	生成时刻	按需生成车站时刻、专运时刻、word 格式时刻等
	对比时刻	通过对比不同版本数据库，调出车站列车变化时刻
结果输出	车站时刻表	导出按时间先后顺序的车站所有列车时刻表
	车站进路图	生成车站列车股道安排表、进路图

三、列车运行图编制系统的应用

在国铁集团信息技术中心设置全路列车运行图服务器，用于全路列车运行图的编制和动态管理。强化列车运行图审批、数据版本管理、信息发布、查询统计、数据接口等。运输部门应用列车运行图编制系统实现基于铁路广域网、局域网编图和单机编图，支持异地联网调整列车运行图，实现列车运行图及其相关业务计划编制的网络化、精细化、一体化。客运部门应用列车运行图编制系统对旅客列车运行方案、停站、编组、车底（动车组）交路、时刻表等的编制、动态管理及信息发布。机务部门应用列车运行图编制系统实现机车周转图编制和管理。车辆部门应用列车运行图编制系统实现车底运用计划的编制和管理。

第五章　列车运行图管理

列车运行图实行国铁集团、铁路局集团公司两级管理；跨局列车运行图由国铁集团负责组织铁路局集团公司编制，局管内列车运行图由铁路局集团公司负责组织各专业及站段编制，列车运行图数据的维护、校核由铁路局集团公司专业编图部门专职人员负责。

第一节　基本规范

一、管理机构及模式

1. 国铁集团

成立以总经理为负责人的编图委员会，负责确定全路列车运行图的编制方针、原则、任务，决策重大技术问题，批准实施新列车运行图。成立以副总经理为负责人的编图工作组，在国铁集团编图委员会的领导下，组织重点列车牵引试验，确定主要技术作业标准，具体组织运行图的编制、调整和实施工作。

2. 铁路局集团公司

成立以董事长为负责人的编图委员会，根据国铁集团的统一部署，结合本局情况负责确定管内列车运行图的编制方针、原则、任务，拟定具体实施计划，协调解决有关问题，全面领导并按时完成本局的编图工作。下设铁路局集团公司编图工作组，在铁路局编图委员会的领导下，负责有关列车运行图的技术业务问题，组织调查研究和牵引试验，组织查定各项技术作业及时间标准，核定并按时上报编图资料，具体负责列车运行图的编制、调整和实施工作。编图委员会和编图工作组，必须遵循“集体领导和分工负责”的工作原则，有关全局性的重大问题由编图委员会研究决定，技术业务问题由编图工作组协调各业务部门负责处理。

铁路局集团公司编制列车运行图的具体分工如下：

(1)由铁路局集团公司科信部负责列车运行图编制的总体牵头，主要职责为组织查定并公布列车运行图相关技术作业标准，审核并公布列车运行图文件。

(2)铁路局集团公司运输部负责编制列车运行图，主要职责是执行编图技术作业标准，负责列车运行图编制和国铁集团编图数据库的维护，组织直属站(段)做好列车运行图数据的维护和校验，参与运行图文件编制与实施，汇总、计算列车运行图能力和指标并上报国铁集团。

(3)铁路局集团公司客、货运部门参与列车运行图编制，主要职责是提出列车开行方案，提供客、货运输需求及相关资料，计算分析客、货列车运行线指标，在列车运行图编制过程中确认客货列车作业及时间标准。

(4)铁路局集团公司机务、车辆部门参与列车运行图编制，主要职责是提供编图资料和机车运行标尺，确定动车组、机车、客车、货车的运用、检修计划，编制机车周转图及机车、乘务和车底交路图，编制过程中检查相关技术作业及时间标准。

为确保列车运行图的编制质量，铁路局集团运输部需设置运行图专职人员，负责本局管内列车运行图编制和管理，原则上(按照管辖里程、线路标准和线路利用率设置)每 1 000 km 运营里程且区段能力利用率达到 50%以上设置 1 人，实际机构定员及岗位设置由铁路局集团公司根据自身经营实际按需设置。

为确保全国铁路运输效率和路网整体运输能力的发挥，国铁集团对全路列车运行图实施集中统一管理。列车运行图编制结果(包括正式文本和列车运行图数据库)及铁路局集团公司运行图专业管理办法须上报国铁集团批准后，才能下达执行。

二、列车运行图编制要求

编制列车运行图时应符合下列要求：

(1)严格列车运行、车站间隔、技术作业等时间标准，如区间运行时分、列车追踪间隔时间标准、车站间隔时间标准、机车换挂及继乘时间标准等。

(2)迅速、便利地运输旅客。确定客车行车量及列车性质时，必须依据客流情况，贯彻长短分工、快慢分工的原则。铺画客车运行线时，应合理规定停站次数和时间。

(3)充分利用通过能力，经济合理地使用动车组、机车车辆和安排施工、维修天窗。合理铺画旅客列车运行线，既要充分利用通过能力、减少空费时间，又要提高列车旅行速度，加速机车车辆周转。为确保施工作业安全，满足设备部门施工、维修作业需要，列车运行图应按规定安排足够的施工、维修天窗。

(4)做好列车运行线与客流和旅客出行规律的结合。客流是运行图的基础，旅客出行规律是安排列车密度和是否办理业务的重要因素。

(5)保证各站、各区段的协调和均衡。区段内均衡地铺画列车运行线，做好区段间的衔接，合理安排各站停站频次、间隔，有效地利用通过能力，便于各站旅客乘降的良好衔接，保证畅通无阻。

(6)合理安排乘务人员作息时间。乘务人员保持充沛精力进行工作，有利于提高劳动生产率，保证行车安全。为此，在编制列车运行图与机车周转图时，对乘务人员的作息时间应按有关规定办理。机车周转图应确定机车供应台数，合理安排机车交路，使机车运用与列车运行线紧密结合，合理地压缩自、外段停留时间，并且还应规定正常保养和整备作业时间。因此，编好机车周转图也是提高机车运用效率、保证机车质量的重要措施，应与列车运行图同时编制。

三、技术资料管理

列车运行图编制资料由铁路局集团公司各业务处室负责收集、整理、核定，做到准确、完整、及时，由铁路局科信部汇总，经铁路局集团公司编图委员会审核、批准后报国铁集团。国铁集团编图委员会各有关业务部门负责审核、汇总各铁路局集团公司上报资料。

1. 铁路局集团公司上报的列车运行图编制资料

(1)现行列车运行图执行情况的分析总结及改善意见。

(2)新列车运行图预计完成的主要指标及其分析比较,包括(旅客列车旅行速度,货物列车平均旅行速度,货运机车日车公里等)。

(3)各线线路允许速度、车站过岔速度、线路慢行资料及封锁线路施工计划(包括工务和基建工程部门)。

(4)客流资料,直通旅客列车开行建议方案,直通旅客列车停站建议方案,客车运用(调配)建议方案,列车上水建议方案,动车组运用交路计划,旅客列车停车站名和站停时分。

(5)客货列车在中间站和技术站技术检查作业标准及时间,调整列检布局方案。

(6)客货列车机型、机车运用方式、乘务制度,机车各项技术作业标准;客货列车牵引重量、区间运行时分、起停车附加时分、慢行附加时分标准。

(7)各区段货物列车编制对数、列车分类、列车换长、车流径路。

(8)货物列车在技术站的技术作业时间。

(9)货物班列停站站名、站停时分及开行方案。

2. 铁路局集团公司业务部门的分工

(1)计划部门负责提出新运行图实行期间各线(包括分界口)的预期货运量、各区段货流密度、主要站分品类方向别发送量,新图短平快建设项目、新线、新设备投产计划。

(2)工务部门负责提出各线区间距离、车站中心里程、线路允许速度、车站过岔速度、到发线有效长,以及线路慢行等资料。

(3)电务部门负责提出各线闭塞方式、列控方式、CTC 控制模式、延续进路设置、信号机坐标、信号联锁方式、追踪间隔时间等。

(4)建管部门负责提出可以纳入新图的工程及相关技术资料。

(5)机务部门负责提出各线客货列车的牵引机型、机车及乘务交路、乘务方式及一次乘务工作时间标准、牵引重量及换长、各项技术作业标准、区间运行时分、起停车附加时分等。

(6)供电部门负责提出各线牵引变电所供电范围和方式及单元供电臂范围,停电方式及供电能力等。

(7)车辆部门负责提出客货列检布局、技术作业方式、技术作业时间标准及整备能力,比照客列管理列车车辆的乘务担当、车辆构造速度、编组辆数、制动类型(客车闸瓦、盘形)、供电供风方式、吸污地点,客货列车技术作业站及技术作业时间,客列尾等资料。

(8)客运部门负责提出预期客流密度,旅客列车开行方案,旅客列车停站方案,客车运用(调配)方案,列车上水方案,客车车底运用交路安排,客运停车站名、技术作业时间及客运服务作业时间标准等资料。

(9)货运部门负责提出车流径路调整方案,分界口对数建议,快运、直达货物班列开行方案,中转作业时间标准和运行时限标准,货检作业及客检方案等资料。

(10)车务部门负责提出货物列车编组计划,区段货物列车对数及换长,区段管内工作方案,运转车长接运地点,货物列车尾部装置摘挂地点及作业时间,车站间隔时间及加强通过能力的措施等方案。

技术作业标准和相关资料须纳入"列车运行图技术资料",作为编制和执行列车运行图的依据。修改的技术资料由铁路局集团公司科信部汇总、公布并报国铁集团相关部门备案。铁路局集团公司每年对"列车运行图技术资料"进行一次全面核对与规范,并以文件形式重新发布。

"列车运行图技术资料"文本包含内容和责任部门见表5.1。

表5.1　列车运行图技术资料

序号	技术资料名称	负　责　单　位
1	说明	科信部
2	列车车次编定表	运输部
3	线路允许速度表	工务部
4	车站正线、到发线有效长度表	工务部、电务部
5	列车追踪、车站列车间隔时间标准	运输部、机务部、电务部、供电部
6	客运作业时间标准,办理客运业务停站、上水站	客运部
7	旅客列车牵引机型及牵引定数	机务部
8	货物列车牵引机型及牵引重量、换长表	机务部、运输部
9	客货机车在自外段及换乘换挂站技术作业及时分标准	机务部
10	列车区间运转时分、起停车附加时分	机务部
11	客货列车车辆技术作业站及技术检查时间	车辆部
12	分界口列车对数、牵引定数、计长表	运输部、机务部
13	预留施工慢行附加时分表	运输部、工务部
14	供电臂范围表	供电部
15	预留施工天窗时间表	运输部、供电部、工务部、电务部
16	列车尾部装置作业站名、作业时间标准	运输部、车辆部
17	限制机车重联运转区间表	工务部、机务部
18	货物列车不宜停站表	机务部
19	使用补机区间表	机务部
20	客、货运机车交路图、表	机务部

四、列车运行图日常管理

列车运行图的日常管理工作,国铁集团由运输部主任、铁路局集团公司由分管运输副总经理或总工程师负责协调确定。

1. 运行图文件的传输与保存管理

编图资料的交换、上报均应同时将电子文件和签认后的书面文件提供给对方,数据由提供方负责审核,确保准确无误。列车运行图相关文件的传递,铁路局集团公司管内应通过铁路局域网电子公文发布。收文单位必须通过局域网进行签收、确认。国铁集团与铁路局集团公司间、铁路局集团公司与铁路局集团公司间和跨局相关单位间,也应采用铁路局域网电子公文传递方式。在未能以局域网电子公文传递时,须通过特快专递、车递挂号传递,相关铁路局集团公司业务部门负责查收并反馈发文铁路局集团公司业务部门。列车运行图文件、列车运行图、机车周转图、列车运行图技术资料是重要的技术文件,应以书面文件和电子文档的方式由本部门和档案部门保管。

2. 编图专职人员业务要求

为了不断提高列车运行图的编制水平，国铁集团和各铁路局集团公司都应高度重视运行图编制人员的选配和定期培训，提供必要的设备和条件，国铁集团应定期对编图人员进行培训、考核，对考核合格者颁发上岗资格证书。列车运行图编制人员必须具备较高的业务素质、严谨的工作态度和协作精神，要经常深入现场调查研究，掌握运行图的实施情况，分析现行运行图的优点和不足，提出改进意见，要努力学习技术业务，熟练掌握业务知识和基本技能。要按专业分工学习和掌握下列各项基本知识：

(1)铁路技术管理规程、行车组织规则等有关规章制度。

(2)列车运行图的编制方法。

(3)通过能力计算办法。

(4)车站间隔时间及追踪间隔时间的查定办法。

(5)车流径路和货物列车编组计划。

(6)旅客运输工作组织。

(7)机车、动车、客车、货车运用及作业组织。

(8)调度工作组织。

(9)列检、供电、通信、信号作业组织。

(10)线路施工及施工条件下的行车组织。

(11)列车运行图各项技术指标的计算、汇总、分析方法。

(12)计算机编制列车运行图的知识和技能。

(13)高速铁路有关技术。

3. 编图硬件设备配置

列车运行图、机车周转图、运行图相关资料应采用计算机、使用统一软件编制和生成。各级编图人员须按照国铁集团要求配备先进的计算机硬件设备并及时更新升级，负责软件维护人员必须保证编图软件的安全、维护、升级和正常使用，不断拓展计算机编图软件功能，提高智能化编图水平和数据精确度。

编制列车运行图、机车周转图的计算机，必须专机专用，确保网络和系统的安全性、可靠性和稳定性，坚持统一标准，实施规范化管理。充分利用铁路信息系统，实现资源与数据共享。计算机编制列车运行图、机车周转图采用的数据库结构及编码规则，应采用国家及国铁集团企业标准，符合现行的有关规章、规则，尽量采用现行信息系统使用的结构和编码规则，以便相互兼容。计算机编图所需基础数据由铁路局集团公司负责收集、整理、审核、录入，各铁路局集团公司要根据有关要求及时进行修改和维护，并保证数据的准确性。国铁集团要加强对数据的审核、管理。

国铁集团负责规范计算机编图所需数据格式，国铁集团、铁路局集团公司编图有关各部门均应按规范格式准备编图资料。铁路局集团公司编图人员负责建立编图数据库并于开始编制全路列车运行图前 10 d 上报国铁集团。各铁路局集团公司在集中编图结束后，如需对数据库进行调整，需经国铁集团运输部、客运部等主管部门同意并与相关局协商后，于实施前将调整后的数据库上传全路编图服务器。

全路列车运行图编制研发培训中心负责列车运行图信息系统研发和维护，对列车运行图信息系统进行升级开发、系统使用人员培训和技术支持、编图人员技术考核认证，为铁路列车运行图编制管理提供技术支持。

五、车站（车务段）列车运行图管理

车站（车务段）按照铁路局集团公司列车运行图管理办法，组织本部门实施好列车运行图，包括本站（段）列车运行图管理文件的更新，新图的学习、培训、考试、实施、落实，并按铁路局集团公司的要求，组织本单位做好相关技术资料的收集与整理，每年更新一次本单位的列车运行图管理实施细则，确保相关资料及时有效。车站（车务段）列车运行图管理细则主要包含以下内容：

1. 适用范围

明确车站（车务段）列车运行图管理细则的适用范围。

2. 明确运行图调整期间的组织机构

基本图、分号图调整过渡期间，车站（车务段）成立由站（段）长、书记任组长，分管副站（段）长任副组长，安全、技术、营销、调度科等部门负责人为组员的调图实施领导小组，在安全生产指挥中心设调图实施办公室，由相关科室专业技术人员组成，全面负责列车运行图实施的组织、管理和协调工作。

各站（段）应指定一名专管人员负责列车运行图管理工作，并成立由站（段）长、书记为组长、副站（段）长为副组长、有关管理人员为组员的列车运行图实施工作小组，负责本站（段）列车运行图的实施工作。

3. 明确管理分工

(1)技术科负责基本图、应对突发事件或施工等需要编制的分号图的管理和实施组织工作，涉及客运业务的由营销科配合。

(2)营销科负责短期运输、节假日运输、旅游列车和图外列车的管理和实施组织工作，涉及行车业务的由技术科配合。

(3)调度科负责基本图、分号图内货物列车的运输组织管理工作。

(4)安全科负责运行图实施过程，特别是新旧交替期、临客开行时期的安全卡控工作。

(5)职工教育科负责运行图的教育培训组织和相关工作，技术科及营销科配合。

(6)各站负责本站列车运行图的管理和实施组织工作。

4. 运行图实施方案的制定

(1)基本图、分号图调整时，技术科、营销科根据国铁集团、铁路局集团公司列车运行图调整文件，结合车务段管内实际情况，制定车务段列车运行图实施方案。

(2)各站应根据车务段技术科通知要求，制作列车时刻表、绘制列车进路图、制定车站运行图实施细化措施。

车站运行图实施细化措施应包括以下内容（具体内容可根据车站实际进行增减）：

①本区段新增、变更车次、改变经由车次。

②旅客列车、货物列车运行时刻变化对比表。

③本区段内旅客列车机车交路、机车所属局、机车型号、机车乘务员值乘区段、换乘站。

④本区段内货物列车机车交路、机车所属局、机车型号、机车乘务员值乘区段、换乘站。

⑤旅客列车中车站办理客运业务的车次、不办理客运业务的车次。

⑥本站施工天窗时间表、新旧交替情况、列车编组顺序情况。

⑦列车对数的统计：

a. 车站分列车种类统计本站上、下行端列车详细对数。

b. 多方向车站还要分方向统计本站上、下行端列车对数。

⑧营销宣传、售票、乘降、行车、新旧交替等组织方案。

5. 新旧列车运行图的核对

(1)遇列车运行图调整时，各站将既有运行图与新运行图进行认真核对，发现问题及时上报段技术科，并整理出过渡期间列车车次、运行时刻变化的纸质材料。

(2)办理客运业务的车站，必须将调整图文件中的“列车时刻表”与“旅客列车办理客运业务的停站及时刻”进行仔细核对，对新增、变更车次、改变经由、运行时刻发生变化、车站有停点但不办理客运业务的旅客列车做好标注，形成纸质材料。

(3)各高铁车站，必须将调整图文件中的“动车组列车停站办客股道安排表”与“旅客列车办理客运业务的停站及时刻”进行仔细核对，发现问题及时上报段技术科，并对车站有停点但不办理客运业务的动车组列车做好标注，形成纸质材料。

6. 运行图培训与考试

(1)培训组织

站长要把列车运行图培训作为车站的重点培训任务，作为新图实施准备的重要工作。要按照培训项目管理的要求，规范工作流程和工作环节，精心计划，周密安排，科学组织，认真实施。根据车站实际，认真梳理新图变化关键，确定培训对象，在全面覆盖的基础上，重点突出与新图直接相关的关键岗位，突出主要行车工种人员和高铁人员。

(2)培训内容

各车站要以新图的变化为重点，确保有关人员全面了解和熟悉新运行图的各种变化内容，掌握新旧图交替方案，特别是与本站相关的各类新变化、新特点和新情况，制订培训方案，编制教学日志，并结合接发列车标准化作业和非正常应急处理等，抓好培训计划的实施。

(3)培训要求

①确保培训质量。要严把培训质量关，要真培真考，严禁代考，严禁将试卷发放到岗位，确保人员培训考试合格后上岗。

②考试卷由各车站根据车站具体情况自行组卷、阅卷。各站应根据客运、行车各工种的工作性质，分别组卷。试卷总分为 100 分，考试成绩 90 分及以上为合格。考试不合格者，将进行补培补考。

③各站应于新图实施前 7 d，将考试成绩汇总表和试卷，以电子邮件方式分别发送到职工教育科、技术科、营销科运行图专业人员邮箱。

(4)建立激励制度

车务段将根据各站新图的培训考试组织情况，包括培训资料的保存、试卷的质量，分别评出一、二、三等奖进行奖励。其中一等奖占车站总数的 10%，二等奖占车站总数的 15%，三等奖占车站总数的 25%。

要将新图培训考试工作作为安全管理评估的一项检查内容。

7. 列车运行图实施

(1)列车时刻表

列车时刻表(见表5.2)“机车属性”栏电力机车的填写“电力”(内燃不填);“车次”栏客车用红色,货物列车用黑色;办理客运作业的在车次后注明“(办)”;“机务段”栏填写牵引机车所属段的简称如“杭”“沪”等,单班单值乘的在其后面注明“(单)”;“股道”栏填记列车图定所进的股道名称;“邻站开”栏填写邻站图定开点;“本站到、开”栏填写本站图定到、开点(本站通过时,仅填记“本站开”栏,填记的通过时刻应加小括弧);“邻站到”栏填写邻站图定到点;“终到”栏填记列车终到站图定到达点;“行包”栏,有行包业务的车站填写行包车所在方向,如“沪”“昆”等。

表5.2 列车时刻表

×××车站时刻表									
车次	本站到达	本站出发	股道	邻站开	出发方向	邻站到	机车属性	机务段	行包
K1071(办)	1:50	2:12	4	1:43	桃花店	2:23	内燃/电力	合/合	芜
K892(办)	1:54	2:20	VI	1:49	合肥北	2:26	电力/电力	合/合	阜
K1049(办)	1:57	2:15	11	1:51	罗岗	2:21	电力	合	芜

(2)列车基本进路图

一、二等及多方向车站必须按运行时刻铺画列车基本进路图,并于列车运行图实施前7 d上报铁路局集团公司。列车基本进路图原则上采用小时格进行铺画,并标明站台、车次、到发时刻、始发终到、加水、吸污等作业内容。

办理客运业务的车站要加强旅客列车基本进路的安排,固定接发旅客列车股道。

列车基本进路图如图5.1所示。

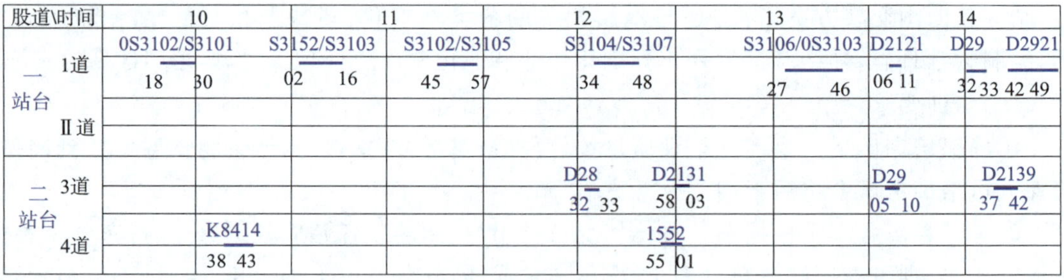

股道\时间		10	11	12	13	14
一站台	1道	0S3102/S3101 18 30	S3152/S3103 02 16; S3102/S3105 45 57	S3104/S3107 34 48	S3106/0S3103 27 46	D2121 06 11; D29 32 33; D2921 42 49
	Ⅱ道					
二站台	3道			D28 32 33; D2131 58 03		D29 05 10; D2139 37 42
	4道	K8414 38 43		1552 55 01		

图5.1 车站基本进路图

(3)动车组“三固定”管理

动车组列车需要办理客运业务的车站必须以铁路局集团公司列车运行图文电公布的股道编号及列车间隔时间要求为依据,按规定正确编制动车组“三固定”技术资料。铁路局集团公司列车运行图文电公布的动车组旅客列车停站办理客运业务的股道编号原则上不得变更。因特殊原因,需变更动车组旅客列车停站办理客运业务的股道编号时,各站应在新图执行前不少于 15 d 联系车站(段)技术科专职人员,集中汇总后上报铁路局集团公司运输部,由运输部发布变更文电后执行。动车组“三固定”技术资料于列车运行图实施前 7 d 上报技术科,由技术科专业人员审核。

(4)信息核对并揭示

车站(车务段)上报前应由站(段)长负责对上报列车进路图、动车组列车“三固定”技术资料、列车时刻表中的车次、到发时刻、到发顺序、动车组列车和旅客列车股道、站台、动车组停车位置标数据以及相关图表的一致性等基本信息核对无误并在有关行车岗位揭示。

8. 新旧运行图过渡期

(1)过渡期的运输组织

办理客运业务的车站,重点掌握旅客列车的具体开行时间。在新旧图过渡期间,各站必须执行旅客列车新旧交替表,并做好调度命令的交接工作和行车与客运之间的联系工作。

车站(尤其是多方向接发列车的车站)在接发列车时,要加强与列车调度员的联系,认真核对班计划、阶段计划、调度命令中有关事项,防止错办事故的发生。

配备调小机车的车站要加强与计划台的联系,抓好调机运用,严格按图组织作业,加速作业站的车辆移动。

“旅客列车新旧交替表”由车站管理人员按调度日编制,并与客运部门核对正确后存放在车站值班员(车务应急值守人员)、信号员、助理值班员岗位。

车站值班员(车务应急值守人员)办理接发列车作业前应与日(班)计划进行核对,核对正确后在序号上用红笔打“√”。车站值班员(车务应急值守人员)、信号员办理接发列车作业时,应加强确认和核对,并执行接发一列、勾划一列(执行完毕后在车次上用红笔打“√”)。对未执行完毕的应做好交接。

执行完的“旅客列车新旧交替表”应按顺序装订,保存一个月。

(2)过渡期运输组织安全关键

在新旧运行图过渡期内,应做好以下重点工作:

①调图过渡期间,加强值班。各客运站、机关相关科室执行“双岗”值班制度。

②值班人员要重点盯控新增、变更车次、改变经由、运行时刻发生变化的旅客列车,督促作业人员按图行车,严格执行旅客列车基本进路安排及车站制订的各种预案。

③运行图交替期间,加强应急处置和信息上报。各站遇行车事故、自然灾害、设备故障、列车晚点、客流积压等突发情况,要及时报告车务段应急指挥中心,适时起动相应的应急预案,及时做好现场应急处置工作,最大限度地减少对运输的影响。

9. 临客开行

开行临时旅客列车,应遵守下列规定。

(1)临客开行应按规定执行“临客一日一表”制度。

(2)“临客开行日计划表”应包括序号、车次、日期、机车属性、运行区段、是否办客(仅办客站填写)、本站到、本站开、出发方向和备注栏,高速铁路使用的“临客开行日计划表”还应增加股道栏。“到达”“出发(通过)”栏按照铁路局集团公司公布的时刻填写;本站(场)通过时,不再填记“到达”栏,仅填记“出发(通过)”栏,填记的通过时刻应加小括弧。“机车属性”栏应根据日班计划填记“内燃”“电力”。多方向车站(场)还应填记“出发方向”栏,填记内容为出发方向的线名或邻站名。

(3)“临客开行日计划表”由车站管理人员按调度日编制，并与客运部门核对正确后存放在车站值班员（车务应急值守人员）、信号员、助理值班员岗位。

(4)车站值班员接到“临客开行日计划表”后应与日班计划进行核对，核对正确后在序号上用红笔打“√”，核对不一致时，应及时通知车站管理人员重新编制。车站值班员（车务应急值守人员）、信号员、助理值班员办理临客接发列车作业时，应加强确认和核对，并执行接发一列、勾划一列（执行完毕后在车次上用红笔打“√”），对未执行完毕的应做好交接。

(5)执行完的“临客开行日计划表”应按顺序装订，保存一个月。

10. 列车运行图的修订与总结

(1)修订

对新图后续的更正电报、文件车务段技术科、营销科要及时转发各站。各站对变化部分要及时修订，并组织职工认真学习，做到岗位作业人员人人清楚。

(2)总结

新图实施过渡期结束后 2 d 内，各站要对新图实施情况进行总结，并报车务段技术科、营销科运行图专管人员，总结内容主要包含以下 7 个方面内容。

①新图利用率（图定列车对数、实际开行对数）。

②各项指标（列车正点率、中时、停时、装车数、卸车数、办理量）完成情况与图前 10 d 对比。

③列车运行秩序情况。

④客运组织有关情况。

⑤列车编组计划执行情况。

⑥调小机车运用情况。

⑦存在的主要问题及解决问题的措施和建议。

第二节　列车车次编排规定

列车车次编排规定见表 5.3。

表 5.3　旅客列车种类及车次编号表

列车种类	车次范围	备注
一、旅客列车		
1. 高速动车组旅客列车	G1～G9998	“G”读“高”
直通	G1～G4998(G4001～G4998 为临客预留)	
管内	G5001～G9998(G9001～G9998 为临客预留)	
2. 城际动车组旅客列车	C1～C9998(C9001～C9998 为临客预留)	“C”读“城”
3. 动车组旅客列车	D1～D9998	“D”读“动”
直通	D1～D4998(D4001～D4998 为临客预留)	
管内	D5001～D9998(D9001～D9998 为临客预留)	

续上表

列车种类	车次范围	备注
4. 直达特快旅客列车(160 km/h)	Z1～Z9998	"Z"读"直"
直通	Z1～Z4998(Z4001～Z4998 为临客预留)	
管内	Z5001～Z9998(Z9001～Z9998 为临客预留)	
5. 特快旅客列车(140 km/h)	T1～T9998	"T"读"特"
直通	T1～T3998(T3001～T3998 为临客预留)	
管内	T4001～T9998(T4001～T4998 为临客预留)	
6. 快速旅客列车(120 km/h)	K1～K9998	"K"读"快"
直通	K1～K4998(K4001～K4998 为临客预留)	
管内	K5001～K9998(K5001～K6998 为临客预留)	
7. 普通旅客列车(120 km/h)	1001～7598	
(1)普通旅客快车	1001～5998	
直通	1001～3998(3001～3998 为临客预留)	
管内	4001～5998	
(2)普通旅客慢车	6001～7598	
直通	6001～6198	
管内	6201～7598	
8. 通勤列车	7601～8998	
9. 临时旅客列车(100 km/h)	L1～L9998	"L"读"临"
直通	L1～L6998	
管内	L7001～L9998	
10. 旅游列车(120 km/h)	Y1～Y998	"Y"读"游"
直通	Y1～Y498	
管内	Y501～Y998	
二、特快货物班列(160 km/h)	X1～X198	"X"读"行"
三、货物列车		
1. 快运货物列车		
(1)快速货物班列(120 km/h)	X201～X398	"X"读"行"
(2)货物快运列车(120 km/h)	X2401～X2998、X401～X998	
直通	X2401～X2998	
管内	X401～X998	
(3)中欧、中亚集装箱班列，铁水联运班列	X8001～X9998	
①中欧、中亚集装箱班列(120 km/h)	X8001～X8998	
②中亚集装箱(普通货车标尺)	X9001～X9500	
③铁水联运班列(普通货车标尺)	X9501～X9998	
(4)普快货物班列(普通货车标尺)	80001～81998	

续上表

列　车　种　类	车　次　范　围	备　注
2. 煤炭直达列车	82001～84998	
3. 石油直达列车	85001～85998	
4. 始发直达列车	86001～86998	
5. 空车直达列车	87001～87998	
6. 技术直达列车	10001～19998	
7. 直通货物列车	20001～29998	
8. 区段货物列车	30001～39998	
9. 摘挂货物列车	40001～44998	
10. 小运转列车	45001～49998	
11. 重载货物列车	71001～77998	
12. 自备车列车	60001～69998	
13. 超限货物列车	70001～70998	
14. 保温列车	78001～78998	
四、军用列车	90001～91998	
五、单机和路用列车		
1. 单机		
(1)客车单机	50001～50998	
(2)货车单机	51001～51998	
(3)小运转单机	52001～52998	
2. 补机	53001～54998	
3. 动车组检测、确认列车	DJ1～DJ9998	
(1)动车组检测列车		
①300 km/h 检测列车	DJ1～DJ998	
直通	DJ1～DJ440	
管内	DJ401～DJ998	
②250 km/h 检测列车	DJ1001～DJ1998	“DJ”读“动检”
直通	DJ1001～DJ1400	
管内	DJ1401～DJ1998	
(2)动车组确认列车	DJ5001～DJ8998	
直通	DJ5001～DJ6998	
管内	DJ7001～DJ8998	
4. 试运转列车	55001～55998	
①普通客、货列车	55001～55300	
②300 km/h 以上动车组	55301～55500	
③250 km/h 动车组	55501～55998	

续上表

列 车 种 类	车 次 范 围	备 注
5. 轻油动车、轨道车	56001～56998	
6. 路用列车	57001～57998	
7. 救援列车	58101～58998	
8. 回送客车底列车	“00”均为数字	
(1)有火回送动车组车底	001～00100	
(2)无火回送动车组车底	00101～00298	
(3)无火回送普速客车底	00301～00498	
(4)回送图定客车底	图定车次前冠以数字“0”	
(5)因故折返旅客列车	原车次前冠以“F”	“F”读“返”

各局管内划分的车次范围不足时，需向国铁集团申请车次，不得自行确定。

为确保列车车次全路统一性及有关行车设备和信息系统正常运行，列车车次编排仅限于使用大写汉语拼音字母和阿拉伯数字。列车编用车次，旅客列车在全路范围、货物列车在铁路局集团公司管内不得重复，旅客列车车次由国铁集团确定。各铁路局集团公司不得超出上述车次规定范围擅自编造、自造使用车次。

季节性、特定时间段开行的动车组、临时旅客列车，可使用相应等级图定车次。

列车运行，原则上以开往北京方向为上行，反之为下行。全国各线的列车运行方向，以国铁集团的规定为准，但枢纽地区的列车运行方向，由铁路局集团公司规定。列车须按规定编定车次，上行列车编为双数，下行列车编为单数。在个别区间，使用直通车次时，可与规定方向不符。

第三节　列车运行图指标评价及解析

一、列车运行图的评价指标

列车运行图的评价指标有很多种，但基本上分为生产效率、开行质量和动态性能三个大类，其中生产效率指标是运行图编制过程中需要直接面对的最直观的技术指标，即在既有的线路技术装备水平条件下，投入的生产设备和人员与产出的比例。

1. 生产效率具体指标

(1)旅客运输能力。

(2)旅客列车对数。

(3)旅客列车走行公里。

(4)旅客列车技术速度。

(5)旅客列车旅行速度。

(6)客车底在配属站和折返站停留时间，车底运用组数。

(7)跨局旅客快车停站站名、平均停站时分。

(8)客运机车全周转时间。

(9)客运机车日车公里。

(10)客运机车在自外段停留时间。

(11)客运机车使用台数。

(12)行邮、班列运输能力。

(13)货运班列对数。

(14)货运班列走行公里。

(15)货运班列技术速度。

(16)货运班列旅行速度。

(17)货运班列在配属站和各折返站停留时间。

(18)货运班列停站次数、平均停站时分。

(19)货物列车对数和货物列车输送能力。

(20)货物列车走行公里。

(21)货物列车技术速度。

(22)货物列车旅行速度。

(23)货物列车旅行速度系数。

(24)直通和直达货物列车在技术站的接续时间。

(25)货运机车在自外段所在站停留时间。

(26)货运机车全周转时间。

(27)货运机车日车公里。

(28)货运机车使用台数。

(29)客运乘务交路。

(30)货运乘务交路。

旅客列车、货运班列各项指标,按照列车运行区段分别按跨局、管内列车进行计算。货物列车各项指标,按照列车运行区段分别按直达、直通、区段、摘挂、小运转进行计算。上述指标,在每次编制运行图结束后,通过既有列车运行图编制系统,均可由专业人员通过系统数据采集统计完成。通过计算每次调图投入的机车、车辆、乘务员人数等,能比较直观地反映本次列车运行图的投入产出。

2. 列车开行质量指标

以车站(客运站)为主体的列车开行质量主要指标(旅客列车包括普速旅客列车及动车组列车)包括:

(1)旅客列车的停站办客数。

(2)有效时段旅客列车的办客率。

(3)旅客列车的开行办客频率。

(4)旅客列车的开行办客均衡性。

(5)旅客列车开行通达性。

以车站(编组站、区段站)为主体的货物列车开行质量主要指标包括:

(1)作业量(办理辆数)。

(2)保有量(辆数)。

(3)组号(支点车流吸引范围)。

(4)停时(货物作业停留时间)。
(5)中时(中转停留时间)。
(6)调机作业量分布。
(7)驼峰作业量。
(8)分类线应用。

以铁路局集团公司为主体的旅客列车开行质量主要指标包括:
(1)旅客列车(高铁、普速)的开行覆盖率。
(2)旅客列车开行的通达性。
(3)旅客列车开行对数。
(4)旅客列车开行成本、收益(列车运营成本、运营收入、运营支出)。
(5)旅客列车的旅行时间。
(6)客座率。
(7)有效时段内旅客列车的始发、终到率。
(8)旅客周转量(发送人数、人均运程)。
(9)客车底运用率(车底周转时间、车底上线率、车底日车公里)。
(10)客运乘务人员运用率。
(11)客流价值(旅客票价支出、人均票价)。
(12)主要节点站换乘时间成本。

以铁路局集团公司为主体的货物列车开行质量主要指标包括:
(1)通道运能匹配。
(2)技术作业站能力综合利用率。
(3)各线路与编组站运能衔接。
(4)货物班列开行合理性(径路、货物集结难易程度、始发终到时刻)。
(5)主要货运节点(港口、煤矿、物流中心)货物发送的时效。
(6)周时。
(7)调机作业范围及作业量的合理匹配。
(8)机车交路的分配。
(9)乘务担当交路。
(10)空车走行率。
(11)单机走行率。

3. 列车运行图动态性能指标

(1)旅客列车始发正点率。
(2)旅客列车终到正点率。
(3)旅客列车运行正点率。
(4)旅客列车晚点恢复率。
(5)旅客列车周末、高峰线比例。
(6)货物列车高峰线比例。
(7)线路通过能力冗余率。

二、相关评价指标解析

1. 图定客车技术速度

（1）基本概念

图定客车技术速度是指列车运行图中旅客列车在某区段内运行时的速度，即不包括旅客列车在沿途中间站停站时间在内的平均速度。

（2）计算公式

图定客车技术速度＝旅客列车总走行公里数÷（总旅行时间－总停站时间） (km/h)

（3）统计口径

铁路局集团公司在每次调整运行图后，全局集团公司内所有旅客列车开行数乘以相应的走行公里，算出旅客列车总走行公里数，再算出所有旅客列车的纯运行时间（总旅行时间－总停站时间），最后计算出图定客车的技术速度。

（4）指标作用

图定客车技术速度是反映旅客列车运行图编制质量的重要指标，是评价旅客列车开行等级的重要指标。

（5）指标实现路径与措施

随着国民经济不断发展，为了满足旅客的高质量出行需求，需不断提高旅客列车的开行等级，每次编图需争取多开行高质量的旅客列车。

2. 图定客车旅行速度

（1）基本概念

图定客车旅行速度是指列车运行图中旅客列车在区段内运行的平均速度（将列车在沿途中间站的停站时间考虑在内）。

（2）计算公式

图定客车技术速度＝旅客列车总走行公里数÷总旅行时间 (km/h)

（3）统计口径

铁路局集团公司在每次调整运行图后，全局集团公司内所有旅客列车开行数乘以相应的走行公里，算出旅客列车总走行公里数，再算出所有旅客列车的总旅行时间，最后计算出图定客车的旅行速度。

（4）指标作用

图定客车旅行速度是反映旅客列车运行图编制质量的重要指标，该指标高，说明运行图编制质量高。

（5）指标实现路径与措施

多开行高等级的旅客列车，合理安排旅客列车会让、待避，减少不必要的停站时间，减少技术停站时间。

3. 图定货车技术速度

（1）基本概念

图定货车技术速度是指列车运行图中货物列车在某区段内运行时的速度，即不包括货物列车在沿途中间站停站时间在内的平均速度。

(2)计算公式

图定货车技术速度=货物列车总走行公里数÷(总旅行时间-总停站时间) (km/h)

(3)统计口径

铁路局集团公司在每次调整运行图后,全局集团公司内所有货物列车开行数乘以相应的走行公里,算出货物列车总走行公里数,再算出所有货物列车的纯运行时间(总旅行时间-总停站时间),最后计算出图定货物的技术速度。

(4)指标作用

图定货车技术速度是反映货物列车运行图编制质量的重要指标,是评价货物列车开行等级的重要指标。

(5)指标实现路径与措施

每次编图需争取多开行高等级的货物列车。

4. 图定货车旅行速度

(1)基本概念

图定货车旅行速度是指列车运行图中货物列车在区段内运行的平均速度(将列车在沿途中间站的停站时间考虑在内)。

(2)计算公式

图定货车旅行速度=货物列车总走行公里数÷总旅行时间 (km/h)

(3)统计口径

铁路局集团公司在每次调整运行图后,全局集团公司内所有货物列车开行数乘以相应的走行公里,算出货物列车总走行公里数,再算出所有货物列车的总旅行时间,最后计算出图定货车的旅行速度。

(4)指标作用

图定货车旅行速度越大,货车周转时间越小。提高该指标可以提高货车运用效率。

(5)指标实现路径与措施

提高日常运输组织水平,保持列车畅通,减少不必要的停车;不断提高机车质量,改进机车操纵技术;提高线路质量,消除慢行地段,减少中间站停站次数。

5. 停时

(1)基本概念

货物作业停留时间(简称停时)是指运用车在站线(包括区间,下同)、专用线(包括路产专用线,下同)及专用铁路内进行装卸、倒装作业所停留的时间。

货物作业停留时间包括:

入线前停留时间是指由货车到达时起至送到装卸地点时止,以及双重作业货车由卸车完了时起至送到另一装车地点时止的时间。

站线作业停留时间是指由货车送到装卸地点时起至装卸作业完了时止的时间。

专用线作业停留时间是指由货车送到装卸地点时起至装卸作业完了时止的时间。如规定以企业自备机车取送车辆时,以双方将货车送到规定地点的时分计算。

出线后停留时间是指由货车装卸作业完了时起至发出时止的时间。

(2)计算公式

货物作业停留时间＝货物作业车车辆小时÷货物作业次数

(3)统计口径

数据来源于运输统计报表运报4货车停留时间报表。

(4)指标作用

货车停留时间反映运用车的货物作业和中转停留时间完成情况，通过改善运输组织工作，提高货车使用效率，加快货车移动，有效压缩货车周转时间，可以促进企业减少货车占用，提高货车运用效率。

(5)指标实现路径与措施

车站与货运中心密切协作，提高货物装卸作业效率，提高双重作业系数，大力压缩待送、待装、待卸和待取等非生产性的停留时间以及装车、卸车时间。

6. 中时

(1)基本概念

中转停留时间(简称中时)是指货车在车站进行解编、改编、中转技术作业及其他中转作业(包括变更到站、装载整理及洗刷消毒的货车，按规定进行洗罐的罐车除外)所停留的时间。计算中转停留时间的货车应为本站计算出入的货车，包括：

①无调中转货车：在编组站或区段站原列到开的列车上的货车(摘走的车辆除外)；在编组站或区段站进行补、减轴调车作业的原中转列车上的货车(补、减轴的车辆除外)；停运列车上的货车；在中间站进行拆组或组合的长大重载列车上的货车。

②有调中转货车：凡不符合上述无调中转作业条件的中转货车均按有调中转货车统计。

(2)计算公式

中时＝中转站中转货车车辆小时÷中转站中转总车数
＝(中转站无调车辆小时＋中转站有调车辆小时)÷
(中转站无调总车数＋中转站有调中转总车数)

(3)统计口径

数据来源于运输统计报表运报4货车停留时间报表。

(4)指标作用

中时是反映车站行车工作和货运工作完成情况的综合性质量指标，也是货车周转时间的重要组成因素。通过加强行车组织和货运组织，加快货车移动，有效压缩货车中转停留时间，可以促进企业减少货车占用，提高货车运用效率。

(5)指标实现路径与措施

加强调度指挥，车务、机务、车辆部门密切协作，尽量实行平行作业，压缩无调中转时间，同时要力争减少待解、待编、待发等非生产性的停留时间，尽量采取平行作业和高效率作业方法，缩短各项作业时间；优化运输方案，减少车辆集结时间，进一步压缩有调压缩时间。

7. 技术作业站能力综合利用率

(1)基本概念

技术作业站能力综合利用率是指一定时期日均货车办理辆数与查定能力货车办理辆数

比值。

(2)计算公式

技术作业站能力综合利用率=日均货车办理辆数/查定能力货车办理辆数

(3)统计口径

货车办理辆数指在一定时期内铁路局集团公司管内各编组站、区段站进行列车解编或有中转技术作业的出入货车辆数的总和。

查定能力货车办理辆数指一定时期内铁路局集团公司管内各编组站、区段站能力查定的列车解编或有中转技术作业的出入货车辆数的总和。

(4)指标作用

①为正确地组织接发列车和合理分配列车解编任务,有效地利用现有技术设备提供依据。

②为查明车站行车工作组织和技术设备中的薄弱环节,提出挖潜设备能力、提高作业效率和加强车站能力的措施提供依据。

③为加强车站技术管理,编制列车编组计划和列车运行图,以及对现有技术设备进行改建或扩建提供依据。

(5)指标实现路径与措施

提高车站能力的技术组织措施:一是调整车站技术设备使用方案,均衡设备作业负担;二是压缩各项作业占用技术设备的时间;三是改进车站运输组织工作;四是对车站现有设备进行小量技术改造。

8. 周时

(1)基本概念

货车周转时间(简称周时)为货车自第一次装车完了时起至再次装车完了时止(即运用货车平均每周转一次)所消耗的时间。就铁路局集团公司而言,是指货车第一次装车完了或从邻局接入重车时起,至下一次装车完了或自邻局交出货车时止,在本铁路局集团公司管内所消耗的全部时间。

(2)计算公式

①车辆相关法

全路货车周转时间(d)=运用车车辆日÷使用车数

铁路局集团公司货车周转时间(d)=运用车车数÷(使用车数+接入重车数)

②时间相关法

货车周转时间包括旅行时间、货物作业停留时间、中转停留时间等三部分。

旅行时间=(全周转距离÷旅行速度)÷24

货物作业停留时间=(管内装卸率×货车平均一次作业停留时间)÷24

中转停留时间=(全周转距离÷中转距离×货车平均中转停留时间)÷24

(3)统计口径

数据来源于运输统计报表运报5货车运用成绩报表。

(4)指标作用

货车周转时间是评价货车运用效率的重要指标。通过加强货车运用组织,提高货车装卸率,加快货车移动,有效压缩货车周转时间,可以促进企业减少货车占用,提高货车运用效率。

(5)指标实现路径与措施

加强调度指挥,控制运用车使用,加大分界口重车接入到达和交出,可缩短货车周转时间。提高旅行速度,压缩空车走行率,延长有调中转距离,压缩有调中转作业停留时间,以及一次货物作业停留时间,是缩短货车周转时间的主要途径。

(6)指标评价考核方式

①按照企业质量目标,结合年度预算目标计算确定当年度指标值。

②根据企业历史数据选取最优值确定或者按趋势值确定。

③货车周转时间是国铁集团对铁路局集团公司运输组织考核指标。

9. 空车走行率

(1)基本概念

空车走行率为空车走行公里和重车走行公里的比率。

(2)计算公式

$$空车走行率=空车走行公里\div重车走行公里\times 100\%$$

(3)统计口径

①货车空车走行公里指集团公司管内货车运用车中空车走行公里。

②货车重车走行公里指集团公司管内货车运用车中重车走行公里。

③数据来源于运输统计报表运报5货车运用成绩报表。

(4)指标作用

①反映货车装载能力的利用和货车周转时间的长短。

②促进空车合理调整,提高货车运用效率和运输组织效率。

(5)指标实现路径与措施

加强运输调度指挥,优化配空和装卸车组织,提高列车编组质量减少空车走行。畅通车流径路,提高列车编组质量,加快货车移动,增加货车有效走行,可降低空车走行率。

(6)指标评价考核方式

①按照企业质量目标,结合年度预算目标计算确定当年度指标值。

②根据企业历史数据选取最优值确定或者按趋势值确定。

③货车周转时间是国铁集团对铁路局集团公司运输组织考核指标。

10. 单机走行率

(1)基本概念

单机走行率是指在一定时期内单机走行公里在机车总走行公里或沿线走行公里中所占的比重,也可以用单机走行公里与本务机车走行公里之比率表示。

(2)计算公式

$$\begin{aligned}单机率&=单机走行公里\div机车总走行公里\times 100\%\\&=单机走行公里\div沿线走行公里\times 100\%\\&=单机走行公里\div本务机车走行公里\times 100\%\end{aligned}$$

(3)统计口径

机务段乘务员担当的货物列车及小运转列车的司机报单。

(4)指标作用

①单机走行率用于评价考核调度部门运输组织水平,通过运输调度指挥,均衡安排机车交路,提高日班计划兑现率和列车编组质量,减少单机走行,提高运输生产组织水平。

②降低单机走行率可以减少机车投入,加速机车周转图,提高机车运用效率,节约运输成本。

(5)指标实现路径与措施

①加强日常车流调整,充分考虑机车分布情况,尽可能做到均衡,减少上、下行列对差过大而产生过多的单机走行。

②减少不必要的单机走行,消除对放单机,尽可能避免长距离放单机接运交路,充分用好中间站终止或保留列车的机车。

③各机务段统计要根据运输种别将客运、路用单机区分出来,避免误将客运、路用单机走行公里统计到货运单机走行公里中。

(6)指标评价考核方式

①按照企业质量目标,结合年度预算目标计算确定当年度指标值。

②根据企业历史数据选取最优值确定或者按趋势值确定。

③货车周转时间是国铁集团对铁路局集团公司运输组织考核指标。

第四节　列车运行图编制与管理优化

一、现阶段列车运行图编制与管理体系存在的不足

1. 列车运行图编制软件智能化程度低

(1)人工维护的数据量巨大。当前列车运行图编制系统采用点、线、图的逻辑编制运行图。道岔、股道、车站、区间、线路、技术标尺、慢行附加时分、客运(技术)停站、列车间隔、列车属性、列车进路、天窗设置、图面显示及显示分段等均需要人工维护,随着新线的不断开通、大量新设备的陆续投入使用、列车开行种类的增多,人工维护不断增加,风险增大,系统可靠性降低。

(2)编图系统不能与其他数据库完全共享数据。列车运行图编制系统相对独立封闭,与其他数据平台信息共享不足。编图系统的数据不能直接全部交换到调度系统、铁路客票系统、铁路客服系统、车站股道编制系统,运行图系统与其他系统间的数据交换均需由人工操作导入,未能真正实现与其他系统数据信息的全面共享,自动化作业程度低,数据交换过程中的安全风险增大。

2. 技术作业标准不统一,影响枢纽车站的作业计划和高铁线路通过能力

《列车运行图编制管理规则》一直未进行过全面更新。针对普速铁路的机车换挂、列车折角、车底折返、枢纽天窗等技术作业时分标准没有进行相关修改,仍然执行 2008 年的技术标准,跟现场作业时分差距较大,特别是直供电机车换挂及换向时间标准为 18 min 和

23 min，但一些站段写实结果换挂 28 min、换向 40 min。另外，国铁集团对高速铁路的技术作业标准没有相关文电统一明确。各铁路局集团公司均执行本局的标准，高铁技术作业标准不一已经影响到了繁忙高铁线路的通过能力和相关枢纽车站的作业计划兑现率，造成运行图与作业实际相差较大。

3. 现有列车运行图的发布过于频繁，新旧交替多，安全隐患大

随着铁路的深化改革和新建线路的集中开通运营，列车运行图的更新频率在逐年加快。

列车运行图文电发布的次数多、频率高，造成新旧交替过渡期多、不规律。变化就会产生风险，会给现场学习、作业增加难度，容易造成新旧交替过渡期内调度、车务、机务、车辆等行车部门运输组织混乱，安全隐患和安全风险增大。

二、提高列车运行图编制与管理水平的措施

1. 加大编图软件研发力度，提高编图软件智能化水平

(1)不断提高列车运行图编制系统的数据处理能力，实现各类数据的智能变动、静态管理，减少需人工处理、维护的数据量，实现列车运行线的智能铺画，提高编图工作效率。

(2)完善编图系统中通过能力的汇总计算功能。目前软件尚不能提供准确的线路通过能力计算汇总以及自动生成线路通过能力效率计算等，有待于进一步的研发。

(3)优化编图系统天窗设置。目前天窗的编辑、更改指向性差，特别是枢纽地段，需要人工在整个线路区段的天窗列表里寻找，相应的操作效率低下。建议优化相关算法设置，改变现有系统的天窗编辑逻辑，采用鼠标操作可视模式，提高鼠标所在区段的天窗指向性。

(4)加强编图系统的数据共享功能，建立开放系统接口，实现与调度系统、客票系统等的信息交换和数据共享及与 12306 网站、95306 网站直接关联，确保信息的同步、统一。

2. 规范列车运行图规章管理，每年定期公布新的技术作业标准

国铁集团应定期更新《列车运行图编制管理规则》等专业文电，规范列车运行图技术资料和标准的管理；统一各高铁线路的技术作业时分标准，制定列车运行图技术资料及标准的综合管理制度，明确各相关部门的职责，为实现列车运行图技术资料及标准管理的信息化提供技术支撑。根据各局实际写实情况由国铁集团明确各线路的客运、技术作业标准，实现跨局、跨线列车的技术标准连贯、统一，可有效提高线路的通过能力，合理分配各区段的作业量。

3. 成立专职编图机构，规范列车运行图的编制管理

为提高铁路运力资源的分配效率，优化列车运行图的编制与发布工作流程，铁路局集团公司应成立独立的专业部门来管理列车运行图，将涉及列车运行图相关工作的原工程建设前期、运输、客运、货运、机务、工务、车辆、供电等部门的人员集中调整至专业部门、设置专职人员管理。以减少各专业技术领域结合部的交叉管理，有效提高运力资源使用效率，最大限度满足市场对铁路客货运输产品的需求。

4. 提高客货列车开行方案编制质量

铁路运输主要产品是实现旅客和货物的位移，客流和货流是铁路运输组织的源头，因此需要准确掌握客货流的结构和需求，做到有流开车、引流上线，并编制相应的客货列车开行

方案，满足市场需求。

（1）客运方面

一是强化高铁动车产品品牌。研究开行高品质的省会城市之间及重要城市之间的直达高铁动车组列车，打造高铁动车标杆品牌。优化研究早晚动车组列车适宜的开行区段，进一步提升动车组列车开行综合效益。

二是推进普速列车产品转型。调整普速列车开车战略，尽力避免与高铁同方向、同经路开行，作为动车组尚未通达区域的开行补充，加开客流饱满同方向、共区段普速列车。将“夕发朝至”列车定位为普速列车核心产品，辅以开行中等城市间直达列车，试行接驳高铁的支线列车，满足不同层次旅客需求。调整普速列车席别结构，增加卧铺车辆配比，灵活调整普速列车编组结构，加速车辆改造，提高普速列车席别品质。

三是优化接续联运产品设计。发挥高铁成网优势，研究换乘枢纽的选择，设计“高高”“高普”联程产品，将高速铁路网与既有线路网衔接，提高路网使用率、车辆周转率、高铁覆盖率。推进多种交通运输方式联运产品，深化“空铁联运”合作项目，开发联运应用系统，实现联运更加便捷化；起动“港铁联运”合作项目，完善服务流程，拓展销售渠道，扩大品牌效应。

（2）货运方面

一是强化特快、快速货物班列客车化开行的品牌效应，优化开行方案，合理确定各个节点的装卸、甩挂方案，保证班列列车全程运行的兑现率和正点率。

二是编制好中欧、快速集装箱、货物快运等高速度等级班列列车的开行方案，逐步树立品牌、打造精品列车。

三是综合制定中亚、铁水联运、普快班列的集结、挂运、开行方案，抓住零散白货货源，努力提高运到时效性。

四是统筹布局煤炭、矿石等大宗直达列车的始发开行方案，做好煤矿发运、港口疏运工作，保证主要货源的持续稳定。

5. 合理制订货物列车车流径路、编组计划

全国铁路网四通八达，存在各种环状运行径路。货物列车车流径路就是规定车流在全国铁路网上的运行径路。目前车流运行径路规定原则上以最短运行径路为车流的运行径路，在某些特定情况下车流可以进行绕行（如某些区段能力紧张无法满足车流的通过量或者为加快班列车流运行速度等），因此产生了特定车流径路，即特殊规定了某些车流的运行径路，但其违反了最短径路原则。制订车流运行径路文件以后，车流的组织以货物列车编组计划的规定具体实施。

根据货流结构情况，编组计划首先规定了特快、快速、中欧、中亚、大宗班列等各种直达货运班列的列车编组要求；其次各技术站除编组相互间的区段、摘挂列车外，还要根据各技术站产生至其他技术站的车流结构和强度编组越过相邻一至两个技术站的直通、技术直达、空车直达等列车，都是为了加速车流移动，减少全程运行时间。编组计划一旦确定，不会经常发生较大变更，但是需要根据货运班列开行、局部车流变化和设备变化不断优化调整。

第六章 铁路客运产品设计及运输组织

至 2020 年底，全国铁路营业里程超过 14.5 万公里。在铁路运输能力供给增加的同时，乘客在购票体验、运输服务、乘车体验等方面都有明显提升，获得感明显增强。“十四五”时期，我国铁路仍然处于支撑全面建成小康社会的攻坚期、优化网络布局的关键期、提质增效升级的转型期，精准对接运输需求变化、全面提升服务品质和经营效益，是未来铁路发展的主要目标。在对运输需求变化分析的基础上，为提高铁路的市场竞争力，应该从需求入手，形成高速动车、城际列车、普速客车、市域(郊)列车、旅游列车等层次多样、能力协同、适应需求的多种多样的客运系列产品。

第一节 铁路客运产品

一、铁路客运产品的内涵与特点

1. 铁路客运产品内涵

与一般产品类似，铁路客运产品也由多个层次构成，尽管层次划分及每层次内容不同，但其核心产品是旅客位移。而其他服务内容则是依附在核心产品之上、针对不同旅客出行需求而设计的。

根据美国心理学家亚当拉罕・马斯洛提出的层次需求理论，需求分为生理需求、安全需求、归属与爱的需求、尊重需求和自我实现需求(如图 6.1 所示)。与此相对应，旅客出行需求也可由低至高划分为三个层次：

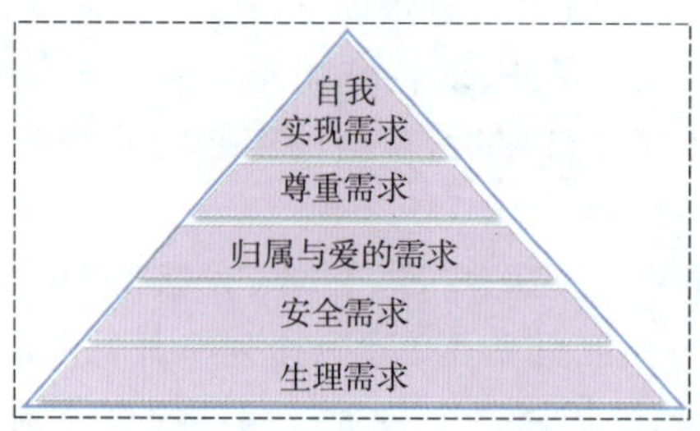

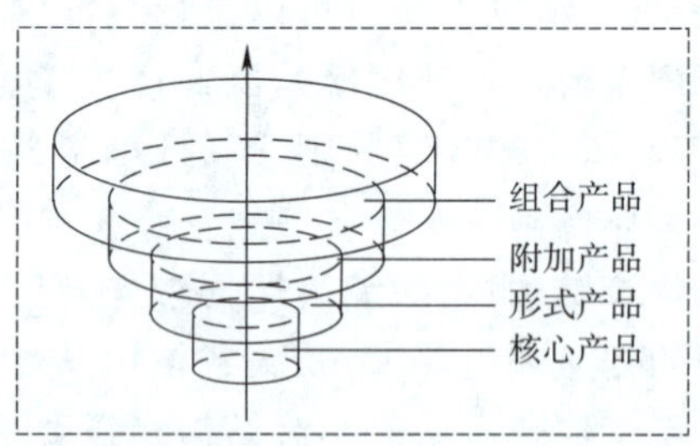

图 6.1 需求原理和客运产品概念

(1)基本需求——主要体现为对位移的需求，是最基本的出行需求。

(2)差异化、多样化需求——在基本需求基础上，出于价格、舒适、安全等因素的考虑，根据不同侧重点而选择产品的需求。

(3)品质需求——体现了旅客对于服务的环节、种类、质量等方面的需求。

三个需求层次对应的客运产品层次内涵为：

(1)核心产品。为满足旅客位移目的而提供的最基本的客运产品，内容包含与旅客位移相关的特征因素，有位移服务的时间性、便捷性(如发车间隔、换乘条件)、舒适性(如列车种类、等级、席别)等。具体来讲，是旅客出行需要了解的时刻表信息，从专业的角度是指列车开行方案与运行图的优化设计。

(2)形式产品。运输企业将客运产品提供给市场的一种形象载体，是旅客可以直接感知到的产品内容，主要指车票种类(如电子票、折扣票、团体票、月票等)及定价策略[如针对购票时间先后，不同服务(退票、改签)限制或不同旅客类型的差别定价]等。

(3)附加产品。在核心产品和形式产品之外为旅客提供的购票、候车、乘降、引导、信息、餐饮等延伸服务，是不同运输方式在竞争中获胜的有效手段。

组合产品是核心产品、形式产品、附加产品中不同产品要素进行组合而成的最终产品。因此，旅客乘坐列车出行购买的客运产品，不再是简单的位移，而是一种组合产品，多样化的组合产品是满足旅客差异化和个性化需求的关键。

以高速为例，铁路客运产品各层次的产品要素及其含义见表 6.1。

表 6.1　高速铁路各客运产品要素

<table>
<tr><th>组合产品</th><th>产品层次</th><th>产品要素</th><th>具　　体</th></tr>
<tr><td rowspan="11">客运产品</td><td rowspan="7">核心产品</td><td>列车种类</td><td>①普通动车组列车(D/C)，速度在 200～250 km/h 左右；
②高速动车组列车(G/C)，速度在 300～350 km/h 左右</td></tr>
<tr><td>停站方案</td><td>一站直达、大站停、择站停(除了大站，也选择在其他站停车)、站站停</td></tr>
<tr><td>开行对数</td><td>每日×对</td></tr>
<tr><td>席位等级</td><td>商务座、一等座、二等座</td></tr>
<tr><td>到发时刻</td><td>上午、中午、下午、晚上发车或到达</td></tr>
<tr><td>换乘接续</td><td>直达车、换乘车</td></tr>
<tr><td>…</td><td>…</td></tr>
<tr><td rowspan="3">形式产品</td><td>客票种类</td><td>①全价票：是目前我国铁路通常采用的票种
②优惠票：针对儿童、学生、伤残军人及团体旅客有一定的价格优惠，或者月票、折扣票等</td></tr>
<tr><td>定价策略</td><td>①递远递减策略：现行铁路车票价格制定的一般策略
②收益管理策略：针对购票时间先后，不同服务(退票、改签)限制，不同旅客类型的定价策略，是民航及国外铁路常用的策略</td></tr>
<tr><td>…</td><td>…</td></tr>
<tr><td>附加产品</td><td>延伸服务</td><td>如便利的购票、进站，安全的候车、乘车环境，信息导向，餐饮服务，“人脸识别”刷脸进站、车上 Wi-Fi 上网，便捷的换乘通道等</td></tr>
</table>

2. 客运产品的特点

客运产品与制造业产品最本质的区别，就是客运产品边生产边消费的同时性。由于产品消费的特殊性，伴随产生了独特的产品形态、独特的生产和消费过程以及独特的质量感知过程。

(1)独特的产品形态。客运业提供的效用是地点效用,它只有在特定的时间和方向上才是需要的,不同时空范围的供应和需求不能相互弥补。被运输的旅客位移不能存储、不能调拨,只能满足当时当地发生的旅行需要。向社会提供的客运能力和旅行服务,只有被旅客所接受才能转化为客运产品。因此,及时和正点是旅行服务质量的重要指标之一,也是铁路赢得市场的前提。

(2)独特的生产和消费过程。运输的消费过程是与生产过程结合在一起的统一过程。这个统一的过程决定了客运产品一旦未被出售,其产品无法储藏,列车席位只有被旅客使用才是有效运输,否则即为浪费。因此,客运产品具有很强的时间性和易逝性。同时,客运产品的所有权不可转移,由于生产与消费的同步性,使得所有权转移消失,旅客付出的费用直接转化为自身的效用,旅客到达目的地后,手里的车票在运输层面上已经作废了。

(3)独特的质量感知过程。为减少客运产品质量感知偏差,在激烈市场竞争中,单靠价格竞争是有限的,靠质量竞争则是无限的。因此,必须提高服务的标准化、规范化程度,建立严格的服务监督机制和奖惩机制等,才能以高质量的客运产品来保持和提高市场竞争力。

与普速铁路客运产品相比,高铁客运产品有以下特点:

(1)旅客随到随走。高速列车开行数量大,列车密度达到公交化的程度,大量旅客无须在站等候数小时,可以随到随走,可以将每天数十万大客流,连续分解在一天不同时段(时间轴)的车次上。

(2)开行方案更加科学。在精准研究客流规律的基础上,充分发挥铁路网络化的优势,动态调整列车开行方案,通过大量增开、调整、优化不同时空范围列车开行方案,包括列车运行区段、停站方案、开行对数等,让不同旅客的不同需求都能尽可能地得到满足。

(3)新技术助力新服务。在互联网时代,将“互联网+”应用到客运服务中来,例如大力推广自助、网络购票新方式,在各车站售票窗口和自动售票机开通扫码支付功能,在大站设置互联网购票推广体验区,引导旅客自助购票,各铁路局集团公司建立“12306”微信公众号或移动客户端,方便旅客查询客运信息(列车时刻、增开停运、候车和售票等),并为旅客提供团体预约订餐和重点旅客预约等特色服务,让旅客不再为列车延误烦恼,不再为路上的餐饮操心。

(4)不断创新服务内容。本着旅客无小事的原则,践行“人民铁路为人民”的服务宗旨,倡导“安全出行、方便出行、温馨出行”,想旅客之所想、急旅客之所急,设身处地为旅客的购票、候车、乘车提供便利的条件,不断推出服务旅客的各种项目。

二、铁路客运产品的主要类别

1. 高速直达的品牌列车

对一条高铁线路来说,合理分配本线、跨线高铁列车开行比例对充分发挥线路能力作用明显。通过近几年的市场反馈,主要干线及干线至部分支线间开行直达品牌高铁列车,对促进主要城市节点间的旅客旅行及培育客运市场有着积极的作用。目前,全国各主要干线间部分线路试点开行了少量的技术直达高铁品牌列车(例如京沪高铁的复兴号品牌高铁直达列车等),自开行以来,取得了积极的经济和社会效益。未来高铁应大力推广发展高速直达品牌列车,最大程度优化旅行时间,为旅客出行节省时间成本。

2. 带动沿线客流的多停站高速列车

多停站高速列车与直达高速列车形成差异化产品布局，主要满足沿线相对较小的城市与大城市间的直达客流及不同线路城市间的交换客流，为完善高铁列车开行办客覆盖率、满足旅客出行便捷化、带动沿线各站所在城市间的旅客交流提供良好基础。多停站高速列车主要有两种：一种是“G”字头列车，主要在 300 km/h 速度等级与 250(200) km/h 速度等级线路间跨线运行，主要特色是多停站、旅行时间相对较少，此类列车是目前国铁集团的主打产品，受众率广、客座率也比较高；第二种是“D”字头列车，主要运行在 250(200) km/h 速度等级线路，较少一部分跨线运行在 300 km/h 速度等级与 250(200) km/h 速度等级线路间，此类列车主要填补没有 300 km/h 速度等级高速铁路列车开行的空白，是 300 km/h 速度等级高速列车的主要补充，一般长途开行，主要特色是旅速比普速列车快，票价比高速列车低。

3. 夕发朝至的品牌化列车

夕发朝至直达列车是全国第六次铁路大提速时推出的经典品牌产品，也是目前非常便利、方便出行的交通方式。夕发朝至列车极大地满足了商务人士的出行需求，是目前铁路重点发展的一部分，因此也应该注重优化该类列车的空间设计，形成不同层次、空间有别的车厢，并注重发展该车厢的亲情化出行体验，打造出品牌集聚效应。在高铁线路上开行夕发朝至的品牌动卧列车还需要改变高铁维修天窗的形式，在组织方式上也需要创新与突破。

4. 平民化普速列车

提升铁路服务的品质和竞争力，不意味着全面的提升其服务的标准和价格，使其成为高端、尊贵的出行享受，也应该关注到多样化需求下的平民需求。我国地区经济发展、收入的不平衡仍将长期存在，在产品设计时，仍然需要考虑绝大部分中低收入群体的出行需求，目前我国开行的普速列车还存在列车座位空间小、硬座车厢卫生间数量较少以及环境较差等问题，同时硬卧车厢的乘客隐私不能得到保障，因此应考虑优化其乘坐环境来打造铁路的亲民路线。

5. 基于通勤需求的市郊列车

市郊铁路作为未来城市公共交通系统的重要组成部分，在缓解城市交通拥堵、加快城市铁路发展方面具有重要意义，是促进新型城市化建设的有效途径，将主要承担城市的通勤客流，因此在早晚高峰乘坐该列车的乘客将更多关注其旅行时间和发车时间，要满足其上班的时间要求。因此在市郊铁路的车厢设计中，应该注重对其速度和车厢容量的优化设计，保证其车厢内乘客乘坐体验的舒适性，并在最大程度上提高其容纳能力，以满足服务通勤需求的目标。

6. 精品化旅游列车

目前我国已经开行了较多的直通旅游列车。但在服务品质上有待提升。在未来应当注重发展精品化的旅游列车，注重“列车＋休闲”的结合，在优化乘坐环境的同时，在车厢内增加更多的娱乐设施，例如咖啡吧、观赏风景角等区域，增大乘客的活动空间，使乘客在该过程中有更好的休闲体验。同时还可着重于“列车＋美食”的结合，发挥列车途径区域的美食特色，在车上设置环境良好的就餐区域和食品制作区域，带给乘客更好的出行体验，将美食体验也打造成为高铁出行中的一种享受。

第二节 铁路客运产品设计

一、高速铁路客运产品设计方法

铁路客运产品设计体现了企业与市场的连接，具体体现在以下方面：

1. 客运产品设计是产品与旅客之间的连接

客运产品能够赢得旅客的好感要凭以下三点：要能够抓住旅客的需求点；要把这个需求点进行精彩的阐述并表现到产品中去；要把这个需求点通过产品有效地传达给旅客。所以，通过市场分析定位旅客需求，通过设计程序与方法去翻译旅客需求，通过设计语义和交互设计去传达旅客需求，这些都是产品设计前需要完成的工作步骤。

2. 客运产品设计是企业与市场的连接

产品设计在企业与市场的连接是产品与旅客连接的延伸。有了好的产品设计，提供了好的客运产品，就能赢得客运市场，从而实现经济效益。一个好的产品设计不仅是企业竞争的有力手段，还是企业的流动广告牌，应该能够承载企业独有的文化内涵和形象气质，能够演绎出符合企业策略的产品基因并传承下去。

3. 客运产品设计是功能与情感之间的连接

旅客除了对产品功能上的诉求之外，情感诉求日益重要。因此，客运产品设计的重点不能单纯追求功能主义，而需要越来越多地关注旅客的行为方式、心理感受和情感诉求，例如，通过美妙的造型、怡人的色彩、温暖的材质迎合旅客潜藏的心理诉求；或者通过完美的功能开发设计，给旅客以无微不至的亲切关怀；或者通过生动的界面设计和新颖的交互方式开启旅客积极的情感体验，等等。

二、客运产品设计的策略

1. 树立以需求为核心的产品设计理念

在“需求驱动”前提下，高速铁路以客户需求为中心、以营销为龙头指导运输生产和经营。因此，产品的“设计—营销—调整”这一过程，是以满足旅客需求为首要目标，形成整体、连续的过程，使产品设计围绕旅客需求形成反馈闭环，保证产品不断地贴近需求。

2. 针对不同层次产品合理设计多级细分市场

在“需求驱动”的总体要求下，为实现产品的针对性，市场细分成为产品设计的必然手段和前提条件。除考虑不同层次的需求外，还要考虑细分的合理性，特别是在对高层次需求的市场细分中，必须合理控制细分市场的数量规模，数量过少会导致市场针对性不足，旅客需求满足度会相应减小，不利于市场竞争；数量过多则会导致企业成本大幅提高。因此，在市场细分过程中必须找到一个合理的平衡点。

3. 正确平衡产品的公益性与盈利性

由于铁路的特殊地位，我国铁路一直兼具企业性和公益性，承担着大量的公益性功能，对产品的设计及企业收益提高形成一定的制约。我国高速铁路投入资本多元化，各类企业资本的存在会使高速铁路公益性特征有所削弱。高速铁路客运产品的公益性表现在满足社会公众的基本出行需求方面，针对的目标市场为价格敏感型的普通旅客；盈利性则表现在满足旅客出行的高层次需求方面，目标市场的重点在于质量敏感型的中高端旅客。因此，在产品设计过程中，首先是深入分析旅客特性，将市场细分为不同类型。针对公益性较强的细分市场，设计的重点在于满足基本的出行需求，弱化其服务等高层次需求的设计；针对盈利性较强的细分市场，则需要在满足基本需求的基础上，有针对性地设计不同的服务及其组合产品。

三、客运产品设计思路

1. 客运产品设计的社会经济背景

（1）旅客出行选择的多元化和出行需求的个性化。随着经济社会的发展，人们外出旅游休闲活动的频率增加，出行方式日趋丰富，出行需求也逐渐出现差异化。一方面，旅客出行更注重从出发地到目的地之间安全、快捷、经济、舒适的全程服务；另一方面，不同的旅客对于产品不同属性的重视程度逐渐出现差异。铁路及时准确地获取旅客差异化的需求，并针对性地设计合理的产品，也是客运市场竞争中取得优势的关键。

（2）高速铁路为旅客提供更多更好个性化、差异化客运产品创造了条件。在铁路运能紧张的时代，客运产品设计只能以充利用现有运能为出发点，产品设计方法比较简单，产品形式比较单一。随着高速铁路的不断建设与运营，铁路路网规模逐渐扩大，极大地缓解了长期以来运能与运量的供需矛盾；同时中国铁路正走向市场经济时代，为铁路丰富和完善多样化的客运产品创造了条件。

（3）客运市场竞争日趋激烈。随着经济的飞速发展及交通基础设施的大量建成，公路、铁路、民航等客运方式间竞争日益激烈，高速公路网逐步完善，民航市场化运营逐步深化，公路、民航不断推出各种交叉的营销组合策略，吸引着大量的旅客。铁路如果不重视旅客多样化和个性化的出行需求，不改变传统的单一的产品设计方法，就难以在市场竞争中站稳脚跟。

2. 客运产品设计的基本原则

客运产品设计就是要通过大量的客流调查、严谨的数据分析以及科学的运量预测，得出相应的分时段、分方向的客流计划，在此基础上，遵循“按流开车”的基本原则，确定旅客列车开行方案，包括列车运行区段、列车种类及开行对数，并根据列车开行方案编制列车运行图，包括列车“到发通停”时刻、列车停站方案、动车组交路计划、综合维修天窗等，尽可能优化列车运行方案，以缩短长短途旅客在途时间、减少途中换乘次数，确保列车运行计划与客流计划相匹配，并预留一定的储备能力，使运行图具有一定的弹性，以适应市场变化与列车运行调整。同时，通过列车运行交路的长短结合，经济合理地使用动车组车底，并合理利用高速铁路的车站通过能力和线路通过能力（简称点线通过能力），以充分发挥并均衡使用运输设备的效能。

铁路客运产品设计的实质是铁路供给与需求逐层逐步精确匹配的过程，具体表现为不同层次产品的设计与组合，针对核心产品层，研究列车编组结构、运行区段、停站方案、开行对数、发车间隔等；针对形式产品层，给出基于车票种类、价格等要素的差别产品设计方案，针对附加产品层，设计不同的延伸服务；在此基础上，对不同层次产品的不同要素进行组合，得出组合产品的设计方法，如图 6.2 所示。

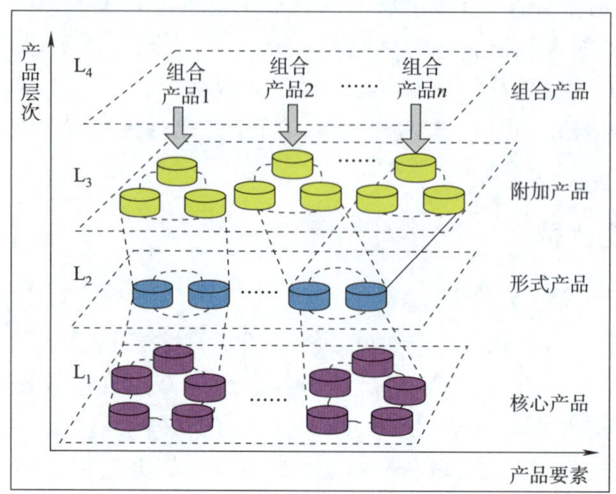

图 6.2　客运产品设计基本思路

从横向看，在每个产品层次，产品各要素取不同的属性值可以形成不同的产品方案；从纵向看，将核心产品、形式产品以及附加产品三个层次进行组合，即进一步形成多样化的组合产品。

3. 客运产品设计的流程

综合以上客运产品设计策略和思路可知，高速铁路客运产品设计是以市场需求为中心、以运输市场为导向、以运力资源为约束，采用市场营销的方法，对各个层次产品要素进行设计，逐步实现供给与需求匹配的过程。

具体设计流程如图 6.3 所示。

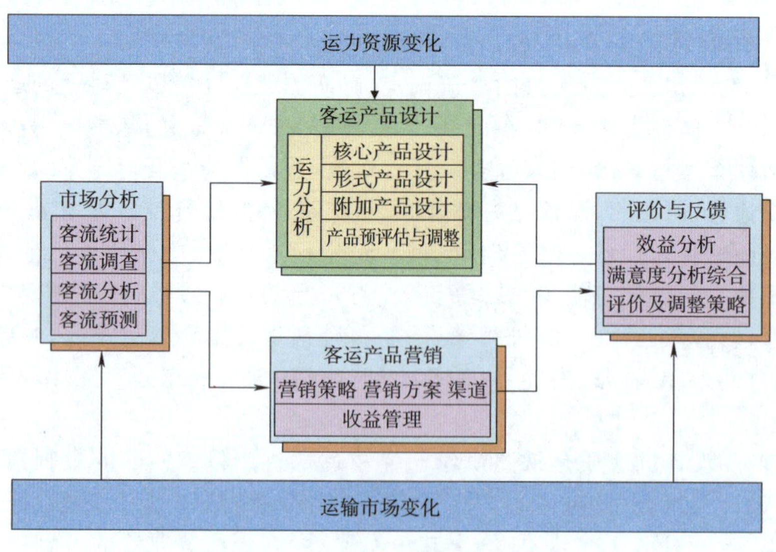

图 6.3　高速铁路运输产品设计流程

客运产品设计需要与市场分析、产品营销及评价反馈等环节一起，共同构成客运产品设计与营销的闭环系统。重点应做好以下几个方面的工作。

(1)市场分析

①客流分析与统计。客流分析是高速铁路客运产品设计的重要依据，是合理配置运输资源、优化运营组织，制定产品营销策略的基础。分析统计客流流量、流向、流时、流程，以及客流群体构成、出行特征、区段客流等特点，对于确定产品种类、产品价格、销售渠道等具有重要的意义，尤其对于合理安排列车开行种类、开行数量、动车组交路等，关系到客流转变为列流的过程，意义重大。

②客运需求预测。深入了解客运市场需求是合理设计客运产品、有效制定产品销售策略的基本保障。客流预测时要注意实际发生的需求是在现有产品供给下形成的客流，仅能反映“被满足的需求”。在部分运能紧张的区段和时段，当产品供不应求，旅客的第一意愿得不到满足时，可能选择其他可替代产品。此时，不可售产品的需求转移至可售产品甚至流失，导致可售产品的真实需求小于实际客流量，客流数据不能反映真实的实际需求。因此，在以历史售票数据和客流调查数据为基础进行需求预测时，需要通过数据挖掘技术，充分研究真实的市场需求。

③客运市场细分。这是设计有针对性客运产品的前提条件，可以为编制列车开行方案、优化经营决策等提供重要依据。由于高铁路网客流增长迅速，不同旅客群体对各种需求的偏好不同，相应形成了多元化、多层次的需求结构。因此，客运产品设计的关键是，如何根据市场需求的结构设计并及时调整客运产品，以满足不同个性化的产品需求。在对客运市场进行细分时，借助客流调查、客流统计、客流分析等手段，系统地收集、记录、整理不同细分市场旅客需求的特点，以便掌握客运市场规律，有针对性地设计符合各细分市场的客运产品。

(2)产品设计

①核心层产品设计。包括对列车开行方案和运行图优化编制，主要是针对旅客最基本的位移需求进行设计。这个环节主要考虑旅客对列车的运行区段、列车等级、停站方案、开行对数以及开行时段等基本需求。需要根据不同细分市场上的客流量情况，针对不同细分市场设计出满足旅客基本需求、共性较强的方案，作为整个产品设计的基础。同时，由于不同旅客群体对于列车席位(商务座、一等座、二等座)等方面的偏好不同，需要在分析旅客选择席位的基础上，进一步确定各列车具体的席别配置。

②形式层产品设计。针对不同细分市场的特点，运用差别定价技术，形成能够满足不同市场需求的客票体系(例如折扣票、月票、季票等不同形式的车票)，以及定价策略(针对退票、改签等不同服务限制，不同用户类型以及不同订票时间的定价)，作为直接面向旅客销售的产品形式。这个环节主要考虑成本及旅客差异化特点，给出满足丰富的车票类型和合理价格。

③附加层产品设计。结合旅客差异化需求及各类客运产品的市场定位，设计完整的服务体系，包括服务集合、服务范围、服务流程、服务标准及监督与质量控制机制。主要解决旅客出行全过程中，不同环节可提供服务的种类和级别，各种服务标准、流程及所需条件；不同类型和级别的车站、列车可以完成的服务和需要的软硬件及人员配置；不同产品应包括的标准服务，如果需要提供额外服务时，使用不同产品旅客的额外服务费用如何计算；服务质量

的控制。

④产品组合设计。在上述各层次产品设计的基础上，面向各细分市场的旅客需求，形成将不同产品要素进行组合的差异化组合产品，例如针对不同群体的列车开行方案、车票票价和种类、服务以及产品销售策略等不同组合。这个环节主要针对旅客对价格和服务的敏感性进行区分，对价格敏感的旅客主要满足基本需求，实行优惠策略；对服务敏感的旅客可以通过 VIP、增值服务等方案进行。

(3)产品营销

现代社会交通运输体系不断完善，公路、民航等交通方式竞争激烈，高铁应该利用自身优势，建立一套独具自身魅力的营销策略，以此带动高铁行业的发展。因此，须借鉴航空及欧美等铁路客票营销经验，利用收益管理及客户关系管理等方法对客运产品进行个性化营销，如采用价格折扣调控策略、席位控制和票额分配策略，对现有运力资源进行合理分配。

(4)产品评价与调整

在产品实施后，根据产品的效益和旅客满意度等评价指标，制定产品调整策略或者新产品开发，对产品进行不断的调整和优化，以进一步适应变化的客运市场需求。例如，当某种产品的上座率等相关指标达到一定阈值时，就应进行有预见性的调整。以沪宁高速铁路为例，初期安排直达列车较少，通过增加中间停靠站的方式吸引客流，当客流逐步上升特别是直达客流上升后，逐步增加直达车数量，并均衡安排中间停站数量等。

第三节　编制列车开行方案

一、列车开行方案

在我国铁路的客运组织过程中，基本生产计划是核心产品竞争力的体现，是运输调度管理的核心部分，也是确保高速铁路日常运输工作有序、高效的根本。铁路客运基本生产计划包括列车开行方案、列车运行图、动车组交路计划以及乘务计划，具体如图 6.4 所示。

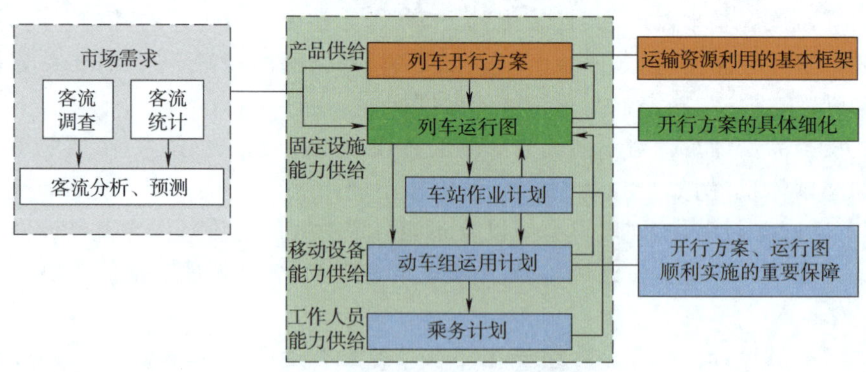

图 6.4　铁路客运基本生产计划

1. 列车开行方案

列车开行方案是根据市场需求，考虑部分运输资源的运能约束，制定包括列车的运行区段、列车种类及开行对数等信息的列车开行计划，是编制列车运行图的直接输入。列车开行方案是在空间维度上将客流需求转化为列车开行计划，给出运输资源利用的基本框架。

2. 列车运行图

在列车开行方案的基础上，紧密结合客流变化，从旅客旅行时间和运营效益最优化角度，严格遵守固定设施能力约束，规定各次列车占用区间的顺序，列车在每个车站到达、出发或通过时刻，列车在区间的运行时间，列车在车站的停站时间等，是运输资源约束下更详细的列车运行计划，是编制动车组运用计划和乘务计划的基本输入。因此，列车运行图是对列车开行方案的细化，从时间维度确定列车开行计划，确定固定运输资源（线路、车站）的使用计划。

3. 动车组运用计划

动车组工作计划是为铺好的列车运行图分配动车组、安排动车组定期检修的计划，主要对动车组在何时、何站、担当哪次列车，在何时、何地进行哪种类型的检修做出具体安排，是实现动车组的合理周转、确保列车运行计划顺利实施的重要保证。显然，列车运行图是动车组运用计划的基础，当列车运行图调整时，动车组运用计划也将重新编制；同时，动车组配置数量无法满足列车运行图需求，则需要对列车运行图进行反馈调整。

4. 乘务计划

乘务计划是基于编制好的列车运行图和动车组交路计划，安排列车乘务员等工作人员担当列车车次、工作的动车组、定期休息的工作计划，包括乘务员（组）在何时、何地出乘，在何时担当哪次车次，在何时何地退乘等做出具体安排，是运行图顺利实施的基本保障。

5. 车站作业计划

车站作业计划是规定高速列车在车站到发线等设施的使用计划，具体包括到发作业、调车作业、出入段作业等对作业方案，是列车运行图和动车组运用计划的基本保障，需要与列车运行图和动车组运用计划协同编制。

综合上述分析，列车开行方案是列车运行图、动车组运用计划和乘务计划编制的基础，列车运行图是列车开行方案的具体化，车站作业计划、动车组运用计划和乘务计划通过列车运行图与列车开行方案相关联，是确保列车运行计划顺利实施的关键。

二、列车开行方案编制原则

编制列车开行方案，需要在开行目的、开行方式上遵循一定的组织原则，主要包括主次原则、运能与运量匹配原则、合理分工原则、均衡运输原则、直达优先原则等。

1. 主次原则

以满足主要客流需要为核心，确定核心列车开行方案，有条件时尽量兼顾通勤、通学等需要。

2. 运能与运量匹配原则

包括列车开行数量与空间分布（含停站数量）两个方面，即按总体客流安排列车开行起讫点、对数，按车站客流大小匹配停站数量。客流是动态变化的，在时间分布上不均衡，固定的开行方案不可能匹配变化的客流。具体方法有：基本开行方案按平均客流量、波动规律相对固定，停站次数与发送量成正比，确保基本方案的匹配与稳定，同时对紧张去向、客流高峰期(周末、小长假等)进行选择性运能补充，在客流淡季(每年3、4、11、12月)适当减少，在满足旅客出行需要的同时提高开行方案的质量与效率。

3. 合理分工原则

在客流旺盛地区的客运通道已有了多条线路，为发挥各线功能效应，线路的合理分工十分必要。在枢纽地区，在城市规划、线路布局等因素作用下，设置了多个大型车站并进行站场的合理分工，有利于减少线路交叉、缓解城市拥堵、方便旅客出行。

以沪宁通道为例，其主要包括京沪线、沪宁高铁、京沪高铁三条线路。京沪线承担普速列车及少量夕发朝至动卧列车。沪宁高铁承担沪宁本线高速列车，也跨线列车。京沪高铁承担京沪高铁本线，以及其他列车。在上海枢纽，目前设有上海、上海虹桥、上海南三个主要客站，上海站为普速、高铁混合车站，承担京沪线到发列车，沪宁高铁本线大部分以及宁安、合肥方向跨线列车，开行少量始发经沪昆高铁至杭州列车；上海南站为普速、动车组列车混合车站，承担沪昆线到发及京沪线列车、金山铁路市郊列车；上海虹桥站为高铁车站，承担京沪、沪昆高铁列车，沪宁高铁部分本线列车，经沪宁高铁的跨线列车，以及沪宁高铁跨往沪昆高铁的列车。

4. 均衡运输原则

开行方案的均衡运输，是指开行方案在时空上的均匀分布，包括整体均衡、方向性均衡、相对均衡。整体均衡即基本运输框架的均衡性，避免列车运行间隔过大；方向性均衡即按列车去向有序开行，避免同时段过密或长时间无车；相对均衡即按照客流高峰、低谷适应性调整密度。

5. 直达优先原则

组织直达运输有利于压缩旅客在途时间、改善乘车体验，有利于加速车底周转、提高运输效率，在客流饱满地区，开行直达列车或者大站直达列车，方便旅客出行的同时，也会快速形成高铁品牌效应。但直达列车因照顾不到沿途客流，实践中不宜多开。

三、列车开行方案编制流程

高速铁路列车开行方案是在掌握客流计划、遵循铁路客运市场规律的基础上，在一定的运输能力限制下，采用基于OD间客流量的编制办法，综合考虑各站点间的客流量，有效地组织不同编组动车组列车的开行，将客流分配到不同种类的列车上，既要充分满足市场需求，又能合理利用运输能力，最大程度地满足广大旅客需求。列车开行方案的优化编制流程如图6.5所示。

其编制步骤如下：

第一步，准备过程。根据客流增长和变化规律，选择适当的预测方法，对未来各OD点间客流进行合理的判断，实现按流开车。

第二步，方案编制。根据预测客流量，结合OD点间社会政治、经济情况确定列车起讫点，然后根据客流实际情况，进行客流调查，结合客流周期波动、列车编组及定员、列车种类、车站及区间能力等因素，以旅客乘车方便度最大化兼顾铁路运营效益等为目标，利用组合优化方法，求解列车开行数量、停站方案等开行方案内容，然后再根据实际情况对开行方案进行调整与优化,实现资源配置最优化与运输效益最大化的目标。

第三步,具体实施。根据列车开行方案编制列车运行图。

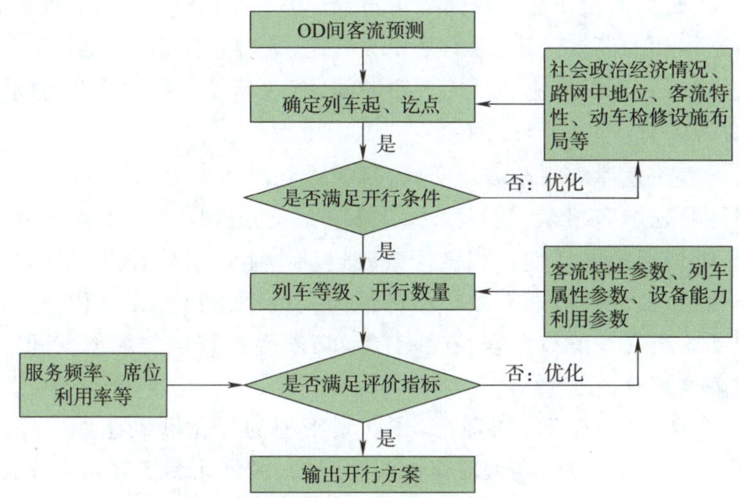

图 6.5　高铁开行方案优化编制流程

四、列车开行方案优化

客运产品不可存储的特性,决定了必须把握客流波动规律,掌握节拍依流配能,才能实现经营效益最大化。高铁列车开行应遵循"运力跟着客流走"的基本原则,按照客流周期性规律探索实践"一日一图"开车模式。

1. 提高开行方案编制科学性

按照"一次铺画、按需开行"思路,不断优化开行方案。针对日常与高峰客流特征,合理设计列车开行规律和编组规律,按照"基本、补强、打满"三套方案,编好日常图、周末图、高峰图。

2. 注重"一日一图"高效性

完善以周为周期的运输组织模式,建立"一日一图"运力动态调配机制。如上海局集团公司层面坚持"需求分析、形成方案、审批下达、组织实施、跟踪微调"周运力优化五部曲的开车工作模式,站段层面畅通沟通渠道、紧密做好衔接,按需申请运力,不仅要做到适需增,更要做到依流减,最大限度实现运力投放与客流需求匹配。通过上下互动、横向联动,继续保持整体客座率的持续提升。

3. 科学配置资源,实现系统集成最优

主要反映在"点"资源、"线"资源以及"车"资源的配置上。

(1)"点"的资源配置

拓展动车组存车能力,研究增加客流较小城市车站动车组存放,并逐步向客流较大城市扩展,减少空送式开车数量;加快动车所的布局,缓解枢纽地区动车所检修存放能力不足,适应客流饱满地区开车需要,提高动车组运用效益;加强配套能力建设,在重要节点站增加上

水、吸污设施，适应灵活开车需要。

(2)“线”的资源配置

研究繁忙干线、繁忙区段压缩追踪间隔可行性，为进一步释放繁忙线路通过能力创造条件。对于能力趋于饱和的高铁区段，尽力采用大编组、大容量车型，用足用好线路通过能力。研究调整天窗基本计划，压缩客流高峰期天窗时间，有效延长可利用运营时间。

(3)“车”的资源配置

通过年、季、周客流规律和用车需求交底，研究建立以客流波动规律为牵引的动车组用、检、修模型，做到高峰旺季多用车、低谷淡季多修车。充分发挥动车组网络修逐步扩大范围的优势，提高动车组运用的灵活性。积极探索改进动车组一级修作业内容，压缩作业时间，适当增加白天修数量，提升高峰期有效供给的同时提高动车组综合利用率。协同运输等部门研究扩大站内动车组在线解编重联、在线替换，拓展整交路运力调整空间，实现用车需求和动车组检修的高度契合。

全面树立“大客运、大运输”协同理念，建立紧密型的经营联动组织。完善联动工作机制，始终以客运市场为龙头，按照客流规律性波动节拍，最优化制定客运开车调整方案、机辆检修及运用方案。不断研究深化生产经营一体化，对准市场取向一致、节拍一致，引导铁路运输要素资源合理配置，达到系统集成最优目标。逐步建立完善评价考核办法，实现“评价→分析→改进→提升”的良性循环，促进高铁客运产品设计不断优化。

第四节　铁路客运组织工作

一、售票组织

1. 售票方式

为了方便旅客尽可能随时随地购票，铁路提供了互联网、手机客户端、人工售票窗口、自动售(取)票机、代售点、电话订票等多种售票方式。

(1)互联网：铁路12306网站是唯一的互联网售票网站，提供售票、退票、改签等在线售票服务。

(2)12306手机客户端：基于铁路12306网站的手机移动售票程序，其功能与铁路12306售票网站一样。

(3)人工售票窗口：提供售票、退票、改签、验证、补票、挂失补、中转签票、团体票、咨询等售票及现金和电子支付服务。

(4)自助售(取)票机：向具有二代身份证、带电子芯片的港澳通行证、带电子芯片的台胞证以及带电子芯片的护照等旅客，提供售票、换票、查询等服务。

(5)代售点：提供售票、验证咨询等售票及现金和电子支付服务。

(6)电话订票：提供查询、订票服务，须到人工窗口、自助售票机办理支付及取票服务。

2. 快速乘车

(1)使用身份证乘车

铁路电子客票是以电子数据形式体现的铁路旅客运输合同，与纸质车票具有同等法律效力。旅客在12306网站订购车票后，可以凭二代身份证直接进站、过闸机、乘车、出站等，实现“无票乘车”。旅客凭“电子客票”，无须纸质车票也能坐车。

乘客在购票后无须取票(打印车票)，只需用手机上购买车票后生成的二维码，对准通道上的闸机，即可完成对票证的核验，实现“无纸化”乘车。

(2)使用IC卡乘车

IC卡是一种非接触式储存射频卡，目前普遍用在各种支付系统中，利用IC卡系统能够实现IC卡的发放、储值、支付、结算等功能，当IC卡作为乘车卡使用时，可以实现无须购票，仅凭IC卡进出车站、乘车、出站的功能，其系统结构如图6.6所示。

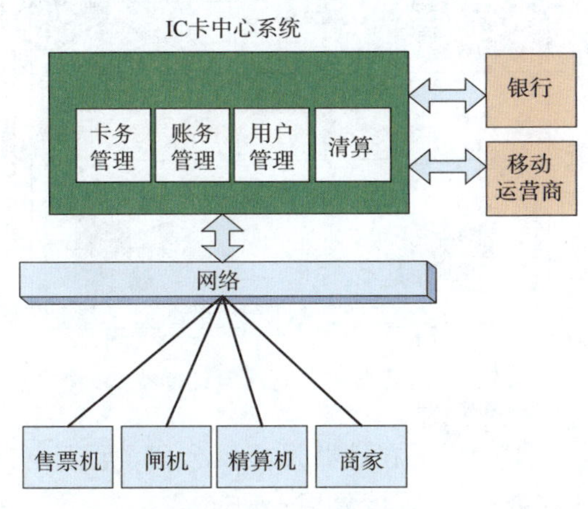

图6.6 IC卡系统结构图

目前铁路部门与中国银行合作，发行具有银联功能的中铁银通卡。中铁银通卡系统主要有卡务管理、账务管理、用户管理、资金清算等模块。通过中国银行窗口、铁路窗口可以完成IC卡的发放、回收、充值、购票等功能；旅客可以利用IC卡直接通过闸机进站、乘车，出站时检票机会自动从IC卡内扣除相应的乘车费用；IC卡可以作为定期车票使用，便于实现常旅客管理；作为电子钱包，还可以用作购买IC卡加盟店内商品的支付工具；可以实现用户间、用户与银行间的资金清算。

二、站务组织

铁路车站的工作组织水平与铁路旅客运输的效率和服务质量有着直接的关系。

车站客运组织的核心，是要做到旅客流线清楚，“进站不堵，候车不挤，站台不乱”。

1. 实名制验证

依据国家《铁路安全管理条例》，铁路运输企业应当按照国务院铁路行业监督管理部门的规定实施火车票实名购买、查验制度。旅客应当凭有效身份证件购票乘车，对车票所记载身份信息与所持身份证件或者真实身份不符的持票人，铁路运输企业有权拒绝其进站乘车。

实名验证是过去铁路“凭票候车”的深化，在净化站车秩序、改善治安环境等方面起到了关键作用。

自助实名制核验是指对旅客车票、身份证件、人脸图像一致性自助核验。自助实名制核验设备由自助实名制应用服务器、人像比对前置服务器、自助实名制核验闸机（简称自助核验闸机）及实名制公安联网控制设备构成，如图 6.7 所示。

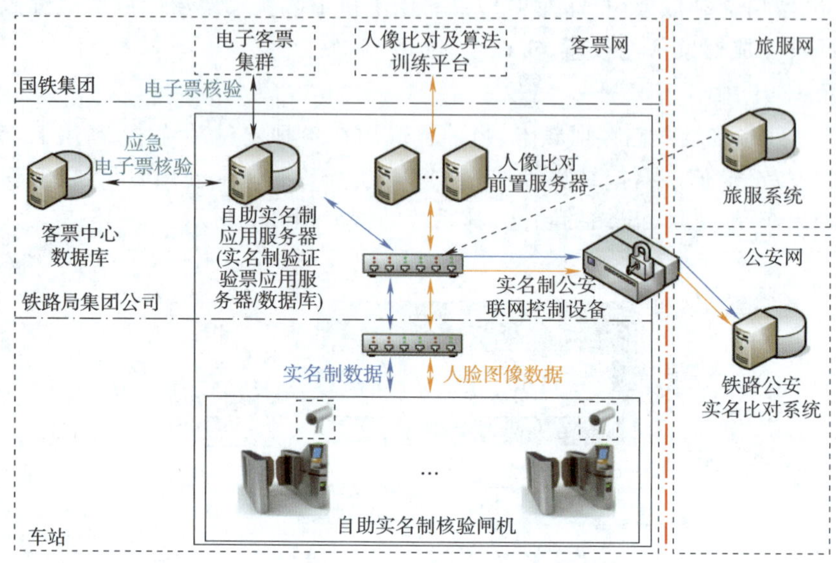

图 6.7　铁路自助实名制核验设备技术架构图

自助实名制核验服务器集中部署在铁路局集团公司，实现用户管理、设备管理及监控、参数控制、电子客票处理、数据存储、统计分析等功能。

人像比对前置服务器集中部署在铁路局集团公司，将自助核验闸机采集的实名制信息加密缓存上传至国铁集团人像比对及算法训练平台，同时实现终端接入认证监控、服务路由和人脸识别算法自动升级等功能。

车站部署自助核验闸机，通过网络接受自助实名制应用服务器管理，实现票、证、人一致性核验与通行控制。自助核验闸机将采集的实名制信息加密处理，通过客票网上传至铁路局集团公司，并通过实名制公安联网控制设备传送至铁路公安实名比对系统。

2. 安全检查

安全检查是防止危险品进站上车，保证广大旅客人身安全的必要措施。依据国家《铁路安全管理条例》，铁路运输企业应当依照法律、行政法规和国务院铁路行业监督管理部门的规定，对旅客及其随身携带、托运的行李物品进行安全检查，有权拒绝不接受安全检查的旅客进站乘车和托运行李物品。

车站安检设备的设置适应客流量和站场条件，保证秩序良好和通道顺畅。安检通道设置应以“不堵不漏”为目标，充分考虑进站客流大小和最高流量、场地条件的因素，合理确定通道设置数量和设置标准。

3. 乘降组织

乘降组织主要是包括综控室作业、检票作业、站台组织、出站组织等旅客进入车站至上车、旅客下车至出站等作业组织过程。

(1)综控室作业

乘降组织的指挥核心是综控室作业,通过旅客服务系统对车站进站、检票、出站等广播、引导、显示、闸机等实现集成控制。

旅客服务系统以提供全方位信息服务为目标,实现车站信息自动广播、导向揭示、信息服务、监控等功能,并提供互联网、呼叫中心、无线局域通信等多种途径的信息服务,运用多样化的服务手段为旅客提供优质的服务,实现旅客服务的信息化。旅客服务系统的设置旨在体现以人为本的理念,在旅客出行前、进站、候车、乘车、换乘、出站等各环节上,提供全方位的信息服务,通过引导、揭示、广播、监控、查询、求助、应急、投诉、寄存、特殊旅客服务及延伸服务等多种服务手段,形成统一的服务平台。该系统主要包含导向揭示系统、公共广播系统、监视系统、信息服务系统、时钟系统、投诉系统、求助系统和延伸服务系统等。

旅服系统中列车运行信息自动采集自 CTC 系统,在列车运行正常情况下,信息传递比较准确,但在运行秩序大面积晚点时,因信息来源本身的不准确性和系统数据交互有一定的滞后,导致引导和广播系统数据差错,列车运行信息对外公告不及时,对外显示“晚点未定”的情况较多。发生此类情况时,需要综控室人员直接从 CTC 复示终端人工读取列车运行信息,对客服系统作业计划进行人工调整。

(2)检票作业

车站自动检票系统由集成管理平台获取检票车次、检票时间、候车室、检票口、检票闸机等信息,自动生成检票计划,并下发到相应的检票闸机。闸机检票车次、开始检票和停止检票指令会与综合显示和广播终端发布的信息相吻合。组织检票时,车站自动检票机通道和人工检票通道正常启用,通道数量适应客流情况。使用自动检票闸机的车站,同时留有人工通道。开始、停止检票时间的设置适应客流量和站场条件,进站口有提前停止检票时间的提示,开始检票或列车到站前,车站会通告车次、停靠站台等检票信息。

高铁车站检票组织因车站站场条件、车站性质的不同,包括几种形式:

①线上线下式站房。采取检票口分设的形式,以站台面为单位共用检票口作业,适用于客流量较大的高铁车站。优点比较集中,如候车区域的安排更加简单,秩序好控制;检票作业交叉干扰较少,误乘概率较低;通道分散,便捷换乘旅客流线比较清楚,对流较少。缺点是闸机分布分散,投入大;列车临时变更股道的组织难度较大。

②线侧式多层站房。一般以上下行为单位分设检票口,但大部分共用检票通道,适用于客流量中等的高铁车站。优点是检票通道共用,有利于设备利用最大化;岗位集中,劳动生产率较高。缺点是检票通道(廊道、地道)共用,导致各方向旅客交叉,秩序控制的难度较大;便捷换乘旅客需反向进入候车室,客流交叉带来组织压力较大;线侧站房限制了候车室面积,导致候车组织难度较大。

③线侧式单层站房。采取车站共用检票口,仅适用于客流较小车站。

(3)站台组织

车站站台组织主要包括旅客引导,岗位联控、站车交接、发车确认、站台清理等内容。高铁车站站台岗位因助理值班员、运转车长等行车岗位撤销,承担的职责也在不断增加,主要工作内容包括几个方面:

①站车交接职能,包括旅客伤害、遗失物品、重点旅客服务、乘降信息、应急处置等需要

交接的事项。办理站车交接，短编组动车组列车站台客运人员在 4、5 号车厢之间；长编组动车组列车站台客运人员在 8、9 号车厢之间；重联动车组列车站台客运人员在列车运行方向前组第 7、8 位车厢之间。

②安全防护职能，包括电梯口、天桥口、地道口、安全白线、站台端部的防护，站台线路清理等工作，旅客按车厢引导工作，出站旅客引导工作，站台面其他作业的监控等等。

③联控作业职能。与检票口联控开检停检，与上水、吸污等联控作业完毕，与列车联控关闭车门等。开车时间前 30 s 打响开车铃，铃声时长 10 s。车站确认列车旅客乘降、上水、吸污和高铁快运、餐车物品装卸作业完毕后，使用无线对讲设备通知列车长与客运有关的作业已经完毕。其中，在突发情况下，与动车组司机的联控作业是联控作业的核心环节，是防止事故险情的最后一道环节。

④有需求的重点旅客。工作人员会提供主动服务、联程服务，实行“首帮负责制”。同时，车站接受旅客投诉，主动化解旅客矛盾，实行“首诉负责制”。

(4)出站组织

车站出站组织工作包括出站旅客验票、违章乘车旅客处理、出站厅清理等内容，出站组织的核心是组织旅客有序出站，主要组织工作：

①组织旅客出示车票，有序通过闸机验票出站。对无票旅客、减价不符旅客进行补票作业。客流超过警戒线时，采取打开通道快速疏散的方式，疏解旅客拥堵。

②对违章乘车旅客及违章携带品正确处理，做到票款收付准确，并在列车出站后及时清理站台和通道，确保无滞留人员。

按照国务院《征信管理条例》、国家发展改革委等五部委《关于加强交通出行领域信用建设的指导意见》要求，为推进铁路信用体系建设，弘扬守信行为，规范铁路信用信息记录和使用管理，更好地维护铁路站车秩序，国铁集团制定了《铁路旅客信用记录管理办法》。要求出口处工作人员遇无票乘车拒不补票的，按照规定及时处置，明确告知旅客处置依据以及补收运价、加收票款、纳入铁路旅客信用信息管理等后果，如实填写客运记录，载明旅客姓名、有效身份证证件类型及号码、住址、联系方式、乘车日期、车次、区间、失信行为、处理情况等信息。

三、乘务组织

1. 乘务计划

乘务组织是铁路客运组织的基本环节之一，而乘务计划是乘务组织的基础。乘务计划是根据给定的列车运行计划、动车组交路计划、乘务基地条件等，考虑一定的优化目标(如总的乘务成本最小、需要的乘务员数量最少、乘务员工作强度的均衡性等)，对乘务员(组)的出乘时间与地点、担当的乘务任务与时刻，退乘时间与地点等做出具体安排，以确保一定周期内所有乘务任务被执行。

2. 乘务制度

乘务组织一般采取包乘制，包乘制是指由几个乘务组，轮流值乘一组动车组的乘务制度。包乘制的优点是乘务组成员相对固定，设备熟悉，合作默契，易于保证服务品质，便于业务管理。

3. 人员配置

动车组列车在人员配置上的标准见表 6.2。

表 6.2 动车组列车乘务人员配置(单位:人)

动车组列车	列车长	列车员	安全员	保洁	餐售
短编组(8 节)	1	2	1	2	2
长编组(16 节)	1	4	1	4	3

另外,可以在商务座车厢再增加 1 名专职列车员,以提高服务品质。

第五节 铁路客运服务创新

一、铁路客运服务流程与服务原则

1. 客运服务流程

一名旅客完成一次铁路出行,需要经历信息查询与购票、进站候车及上车、途中乘车、下车与出站等环节。在不同的流程环节,铁路部门作为服务的提供者,必须提供满足不同旅客需求的多样化产品和服务。

(1)在信息查询时,应有种类丰富、时空宽广的车次供旅客选择,而所列时刻表均是经过市场调查、客流预测等多个步骤与方法,结合铁路运力资源优化设计出来的。

(2)在购票环节,需根据旅客购票习惯组织售票工作,包括预售时间、售票方式、窗口设置与分工等。

(3)在服务环节,要做好站务和车务作业组织(站车组织)以及客运服务,实现旅行流程中的购票与取票、进站与安检、候车与检票等作业流程,为旅客提供旅行过程中的休息、餐饮等一系列的服务。

(4)在运行途中,要有科学的行车组织计划(列车运行图),使得各部门各工种能够保障列车安全正点地运行,当因人员配合、天气环境、设备故障等因素造成列车运行晚点时,必须及时采取运行调整以及其他应急措施来维护运营秩序(行车调度指挥)。此外,要根据服务品质和经济效益的评价,对提供的产品和服务进行反馈与改善。

2. 客运服务原则

(1)以市场为导向,以旅客为中心。需要深入研究市场,了解旅客需求,形成多样化、差异化的客运产品,以满足不同层次旅客的出行需求。

(2)集约化经营、品质化服务、常态化组织。需要构建高度集成、信息流畅、指挥有力、应对有序、面向市场的营销系统,从源头把握客运市场规律,全面提升客运组织与客运服务的质量。

(3)保证设备运用的效率化、精细化,运输计划的科学化、合理化。为确保运输过程管理和控制的规律性、节奏性,需要保证设备运用的高效率、运输计划的最优化。

(4)实现机制、决策、运作、评估之间的高度协调统一。为充分发挥运营组织管理的高水平和高效益,需要实现各环节之间高度的系统协调。

由此可见，旅客出行不仅仅是简单的空间“位移”，而是需要更加关注出行全程的高质量体验。为了充分发挥自身优势，高速铁路需要及时根据市场变化，“想旅客之所想，急旅客之所急，助旅客之所需”，不断从细节出发，调整客运产品，满足人们日益增长的出行需求，保障服务品质，提高服务质量，管好用好高速铁路运力资源。要做到这些，离不开高速铁路的运营组织与管理工作。

二、中国铁路旅客服务中心 12306 线上服务

在当今日益激烈的运输市场竞争环境，向客户提供优质服务已经成为铁路运输企业发展客户、确立竞争优势的重要手段。作为客户服务的主要窗口、信息服务平台，客服中心正在发挥着愈来愈重要的作用。

1. 服务内容

目前 12306 客服中心提供以下服务：

(1)信息服务功能。人工在线、自助语音及邮件等方式受理客户信息查询，采用互联网(12306 官网、微信公众平台、手机客户端)、短信、电台等多种渠道，开展信息发布，提供在线信息服务。

(2)服务补救功能。通过铁路客户服务电话、互联网(12306 官网、微信公众平台、手机客户端、电子邮件)、信函等方式受理客户投诉、表扬、建议等；受理北京铁路客户服务中心流转的各类客户投诉、表扬、建议、咨询、求助、延伸服务等；督办责任单位妥善处理客户投诉。

(3)服务管理功能。定期汇总和分类统计客户投诉、表扬、建议、咨询、求助、延伸服务等内容，分析铁路服务存在问题，提出改进意见和建议，报国铁集团和北京客服中心。

(4)客户关系管理。针对路局管辖范围内的客户实际情况，开展客户关系管理。

(5)其他服务。如受理电子支付问题申报，并转报相关部门；开展客户延伸服务工作。

2. 服务质量标准

(1)客户满意度≥95%(IVR 自助语音)。

(2)服务水平符合《客服中心运营管理暂行办法》。

(3)服务过程规范性>75%。

(4)服务结果准确性>98%。

3. 服务流程控制

12306 客服中心对在线服务流程实施过程进行监控、测量和调整。监控的种类有：

(1)系统监控。系统设备具有自动派线、自动录音功能，可对每个客户来电进行全程自动录音，记录相关客户资料、主要咨询、服务内容等。当客户对某铁路客户服务员的服务不满意而投诉时，可根据系统资料立即准确无误取出并播放相关通话录音，及时进行调查处理，并以最快速度将处理结果反馈给客户。

(2)QC 小组监控。成立电话服务质量管理小组，负责按比例对本级铁路客户服务员通话录音进行分析和评价，对存在服务质量问题的铁路客户服务员提出整改建议，业务部组织培训并监督落实。

(3)内部监控。细分为：

①质检岗日常监听。每日根据客服班次对铁路客户服务员的服务质量进行监听，对全

部监听内容做详细记录并根据统一的服务质量监听标准进行评分。

②现场管理岗定期抽查。现场管理岗每周对服务质量进行一定数量的抽查,发现问题后及时进行适当处罚和处理,以提高铁路客户服务员的服务意识。

③客服中心管理人员不定期抽查。客服中心管理人员不定期通过监听和录音回听方式,对铁路客户服务员的服务质量进行抽查,发现问题后及时反馈至相关人员进行改进。

④客服中心管理人员拨测。客服中心管理人员不定期以客户身份,对铁路客户服务员的服务质量进行拨测检查,发现问题后及时反馈至相关人员进行改进。

(4)外部监控。包括:

①客户投诉。客户对客服的服务质量不满意时,可能会对铁路客户服务员进行投诉。由质检对日常的客户投诉进行整理和核实,根据出现的问题进行有针对性的强化培训并跟踪培训效果。

②客户满意度调查。随时欢迎有关部门针对上述各项监控过程进行检查,或聘请第三方评价机构,定期以问卷形式对客户进行意见调查,采用的方式有网上调查、电话调查(人工电话、IVR 自助语音)、短信调查等;同时欢迎社会各界对客服中心的服务质量进行监督,并给予宝贵的意见和建议,认真总结经验、不断改进工作。

客服中心通过监控手段和定期收集调查数据并进行统计分析,测量服务质量指标,形成分析报告,进而分析内部管理存在的不足,了解客户需求与期望,制定并实施相应的改进方案。结果通常被用于人员、流程、技术、服务策略等方面的改进。

三、线下服务

1. 基本服务

(1)畅通服务

客运服务的基本思路是“有需求有服务,无需求无干扰”,在保证各个组织环节标准不降低的前提下,提高旅客进出站乘车的便捷度。

①通道能力测算与设置。根据旅客的到站时间规律、旅客携带品数据的统计等历史数据积累,确定实名制验证通道排队人数、每个安检通道每小时通过旅客的标准,测算车站进站通道能力并安排好设备、人力资源,方便旅客快捷进出站。

②便捷换乘组织。针对高铁成网后旅客接续出行更加普遍的情况,组织扩充旅客站内便捷换乘的高铁枢纽车站范围,优化便捷换乘流程,加强便捷换乘现场组织,提升旅客站内换乘体验。外部换乘便捷方面,与地方政府建立应急联动机制,抓好与市内交通换乘组织,推动旅客多种交通方式无缝衔接出行。

③标识引导补强。如上海局集团公司落实站车标识系统标准规范,完善引导标识揭示系统优化补强,推进智能导航项目,实现引导标识规范、清晰、连续。

(2)品质服务

①研究改进站车广播、动车组列车音视频服务,让旅客听觉舒适。

②细化制定厕所服务标准,对照标准开展整治,强化站车卫生保洁管理,让旅客嗅觉舒适。

③改进高铁餐饮供应,推出候车厅早餐车服务项目,改进旅客味觉体验。

④动态监控和调整候车室、列车车厢温度，确保旅客触觉良好，努力为旅客营造温馨舒适的出行环境。

2. 差异化服务

(1)重点服务。研究重点旅客服务办法，细分盲人、轮椅、担架等类别重点旅客，针对不同类型特殊重点旅客制定不同服务流程，畅通重点旅客服务受理渠道，为特殊重点旅客提供出行便利。研发应用重点旅客接送站系统，自动生成电子站台票，为需要接送站旅客提供进出站服务。在较大车站设置便民医疗服务点提供医疗服务，并配置AED(心脏除颤仪)等先进医疗设备，提高旅客突发疾病下医疗服务能级。以瞄准一流为目标，研究制定母婴哺乳室建设标准和设备设施配置标准。

(2)高端服务。加强与旅客线上线下互动，为旅客提供取送票、接送站、VIP室休息、行李搬运等全流程、管家式、智慧型服务，以推行旅行管家来促进服务方式之变，满足高端旅客多样化、个性化、定制化的服务需求。

3. 延伸服务

(1)信息服务。提供包括出行资讯、服务举措、天气预报等信息服务，智能客服答复、遗失物品查找、重点旅客预约等特色服务，动车订餐、票务预订、贵宾预约等商旅服务。并形成了“周一推送一周热点解答、周三推送周末增开列车信息、周五推送热点营销信息、遇突发事件不定时推送”信息主动发布模式。

(2)网络服务。建成无线Wi-Fi系统，方便旅客享受免费移动互联网。在此基础上，开发可提供列车信息、站区交通、商业指南、行李搬运等八大功能的综合服务信息系统。

(3)订餐服务。依托铁路12306手机客户端，实现动车组车上接受自营餐饮预订，既方便了旅客，又提高了配餐计划性。

第七章　铁路货运产品设计及运输组织

铁路运输是国民经济大动脉，铁路货运列车产品具有社会公益性和市场经济性双重特征，如北煤南运、南粮北调等煤炭班列、粮食班列，既是国民经济需求又具有一定的市场经济需求。

第一节　铁路货运列车产品发展现状

一、铁路货运列车产品现状

目前全路日均开行快运货物班列近 200 个班次，月均组织开行近 4 000 列，发运近 10 万车；针对临时性、阶段性物流需求，月均组织“点到点”直达列车近 50 个班次，月开行近千列，发运近 4 万车，初步构建了较为完善的货运列车产品体系。

(1)构建以港口进出口货物集疏运为目标市场的水铁联运班列产品体系，与主要港航企业开展合作，采取客车化模式开行，形成东南沿海主要港口辐射内陆主要经济城市的铁水联运通道。

(2)围绕区域经济系统重构，打造以“一带一路”为统领的国际联运产品体系，102 条中欧、中亚班列，初步搭建形成国内外主要经济区域、经济体间的铁路运输通道，引领区域战略空间拓展和产业联动。

(3)适应区域产业梯度转移变化，着眼运输衔接和促进生产消费，围绕供应链上下游无缝衔接和产业向价值链中高端升级，构建了全国主要经济城市的城际快运公铁联运通道，实现供应链的价值增值。

(4)积极融入国家重大战略部署，助推区域经济发展的特色货运列车产品体系。例如，响应国家扶贫攻坚战略着力推动老少边穷地区产品输出、生产资料输入的扶贫班列线条，配套国家长江经济带战略开发设计沿江班列产品，国家重点工程项目的保供运输产品等。

二、铁路货运列车产品存在不足

1. 货运列车产品“前后一公里”时效亟须改善

从运行图资料看，120 km/h 技术标尺的列车产品技术站至技术站间平均旅速约 54 km/h，其中，特快班列已达到 90 km/h 旅速，广州、成都、哈尔滨方向部分快速班列也突破了 60 km/h 旅速，基本可以与公路运输时效持平。但是受前一公里和最后一公里时耗影响，铁路列车产品门到门时效比公路多出 24 h。编组站的解编效率、线上运行图资源，最终被两端接取送达、到发线至货物线等环节消耗。

2. 列车产品衔接成本需要优化

120 km/h 技术标尺的列车产品从站到站运价分析看，具备市场竞争优势。但是受公铁、水铁衔接成本影响，门到门运价优势不足，叠加公路、水运季节性价格波动，公铁、水铁联运成本甚至高于市场价格。铁水联运方面，部分港口与铁路货运站之间存在一定距离，港铁之间短驳距离一般在 5～50 km 之间，基础条件不足增加了港铁衔接的时间和经济成本。公铁联运方面，地方政府城市规划未考虑铁路货运选址，致使大多数新建铁路货运站与货源地之间存在 20～50 km 距离，其间仍存在一次公路短驳和铁转公装卸作业，也存在一定的作业时间成本和经济成本。

3. 列车产品的两端场站配套薄弱

长期以来，铁路货运定位大宗物资运输，同时铁路货场作为铁路运输辅助设施，货场在装备设施以及选址规划方面，明显滞后于多式联运需求。如部分货运站与其他运输方式衔接不紧密，许多老货场周边已是城市商业中心或住宅区，与城市规划与产业功能分区不协调，造成进出货运车辆通行受限、货源组织困难、设备利用率低；同时，部分货场基础设施欠账较多，不能适应开展仓储、联运、保税监管等物流服务的要求。

第二节　铁路货运列车产品设计

一、铁路货运列车产品开发策略

1. 明确定位，构建多维度、谱系化多式联运列车产品

围绕区域经济物流需求特点，按照 80 km/h、120 km/h、160 km/h 三个速度等级打造特快班列、快速班列、集装箱多式联运快速班列、普快班列、多式联运普快班列、中欧班列、中亚班列七个系列的客车化货运列车产品。特快班列，以快递物流为目标市场，加强与规模快递企业合作，通过公铁联运模式，构建以一线城市为主要节点、二三线城市为分拨节点的梯度城际快递公铁联运通道；120 km/h 速度等级的快速货物班列，以保障城际快消品、生产生活物资的多式联运物流需求，实现 1 000 km 以上主要经济城市的全覆盖；集装箱多式联运快速班列，全部采取集装化运输模式，以承接公路运量、降低社会炭排放为目标；中欧、中亚班列，构建形成全国主要外贸进出口城市至中亚、欧洲的国际铁路通道，全力助推区域经济融入国家“一带一路”倡议；普快班列，以保生产、保民生运输为主，为需求方构建长期稳定安全的物流供应链。

2. 多策并举，全力提升货运列车产品运输时效

(1)提高班列技术标准。特快班列，使用最高运行速度 160 km/h 的 25T 等专用车辆编组，原则上按不低于 2 200 km/d 标准铺画运行图；快速班列，使用符合最高运行速度 120 km/h 开行技术标准的货车编组，原则上按不低于 1 000 km/d 标准铺画运行图；普快班列，使用按普通货车标尺运行的普通货车编组，原则上按不低于 800 km/d 标准铺画运行图。

(2)压缩列车产品车列集结时间，优化前一公里时效。车列集结时间是指从组成某一去向出发列车的第一组货车进入调车场之时起，至组成该车列的最后一组货车进入调车场之时止的整个过程延续时间。由于编组出发车列时在机车牵引定数和到发线有效长度上有一

定要求，使陆续进入调车场的货车有先到等待后到、凑集满重或满长的过程，这一过程称为货车集结过程。货车集结时间是指在上述过程中货车所消耗的时间。在快运班列开行方案编制时，装卸站应尽可能集中在1个枢纽内组织，特殊情况不超2个枢纽，方案装车或卸车站原则上总量各不超6个，从方案编制环节压缩班列前一公里时效；同时，建立车务站段中停时指标，按月进行激励考核。

(3)加强列车产品在途跟踪和跨局协调，压缩列车产品最后一公里时效。利用在途追踪系统，实施进行列车产品运行监控，各级调度运输部门对快运班列装卸车及运行情况要重点组织和掌握，安排专人盯控，坚持按图行车，原则上不得迂回、途中保留和停限装。遇沿途保留和到站延时送车的情况，及时起动跨局协调机制，优先安排班列通行、入线卸车。目前国铁集团层面已经建立最后一公里时效考核制度，其中特快班列最后一公里不得超过2 h，120 km/h速度标尺班列不得超过5 h，80 km/h速度标尺班列不得超过8 h。

3. 大力推广集装箱运输，降低铁路货运列车产品衔接成本

(1)创新集装箱多式联运产品列车设计开发。重点针对港航企业量身打造无缝衔接海运航班和运河长江航班的集装箱多式联运班列。

(2)场站互用共享。对通过铁路运输发到的空自备集装箱鼓励堆箱，可根据场地能力采取港口、船公司租赁场地堆箱；也可由铁路局集团公司批复给予5～30 d不等的免费仓储期限。对不经铁路运输的空自备集装箱，可参照港口集装箱仓储费收费标准收取仓储费。在全国主要港口或重点港区试点开展铁路集装箱无轨站建设，支持铁路箱就近提箱、还箱，支持办理铁路承运作业。与公共堆场企业合作，在全国主要集装箱中心站建设国际化的集装箱堆场，提供验箱、洗箱、修箱、堆存、放箱等服务，通过公共堆场一次性引入全球主要的船公司。

(3)推行箱源互用共享。与港航企业合作开发铁路箱下水出境业务，免收押金，初期以我国台湾及日韩、东南亚近洋航线为试点，逐步形成铁路箱下水出境物流大通道，促使铁路集装箱与海上丝绸之路“有机结合”和“互补助力”。整合铁路、内河港口、沿江航运等资源，建立多方联动机制，推动铁路箱下水，研究铁路35 t箱下水条件，促进集装箱多式联运发展。铁路使用港航企业的集装箱并直接订舱，开展到欧美地区的海铁联运国际物流业务。

4. 创新货运列车产品开发，提升铁路通道能力

(1)设计开行双层集装箱多式联运班列。目前国铁集团已经推进北京—上海、上海—株洲双层集装箱运输通道建设。根据国铁集团双层集装箱运输通道规划，在全路推广增加20 ft重箱货源品类，扩大开行规模，通过特殊货运列车产品创新，释放既有线路通过能力。

(2)设计开行冷链多式联运班列。随着国内消费升级，冷链运输需求日益增长，加大两端铁路货场冷链装备投入，增加铁路货场充电桩、冷藏箱机车直供电等设施装备，按照小编组、快速度的特点设计开发冷链产品列车，国铁集团已确定蓄电池式冷藏箱技术条件、组织造箱后，配合推进冷链运输。

(3)设计开行特种运输多式联运班列。积极探讨主要城市间驼背运输，减少公铁联运衔接成本；扩大JSQ车、散粮车、35 t敞顶箱、罐式箱的配属、投放，创新列车产品设计，铺画适应多式联运需求的小编组、钟摆式、点到点、快速度、循环式特种运输多式联运产品列车开发设计，提升铁路商品汽车、液体化工和食品、粮食、水泥等专业物流服务水平。

二、铁路货运列车产品设计开发

1. 铁路货运列车产品设计开发的原则及流程

(1)安全高效原则。以客户需求为目标,物流管理为导向,运输安全为基础,经营创效为核心。

(2)整体最优化原则。铁路货运列车产品设计是一个复杂的系统,是把各个复杂的环节统一协调起来的物流解决方法,所以不能专注某个具体环节,而是要让整体达到最优化,保持整体物流的效率最高、成本最低。

(3)简单经济的原则。

(4)提高物流服务水平和创造物流增值的原则。

(5)可操作性原则。产品设计要结合铁路站、场和周边市场运输环境,结合客户生产、物流流程,做到无缝对接,可操作性强。

2. 铁路货运列车产品设计开发的流程

第一步:准确掌握客户需求,进而引导客户需求、创造客户需求。

第二步:基于铁路货物运输的产品方案设计。

第三步:安全性、经济性、完整性、适应性的内部评估、完善。

第四步:递交客户评审,按客户要求结合铁路运输实际改进、完善,满足客户需求。

第五步:进入试运作阶段,接收客户评价,不断完善。

第六步:进入正式实施,持续改进阶段。

三、运输时效及可控度

随着物流服务商运输质量的提高,客户对服务的要求也越来越高。于是,客户在选择不同的运输服务商时还会考虑其他方面的服务水平。主要考虑因素有:运输企业的业务历史和客户口碑,运输完成的准时率,运输的时间间隔、密度,运输服务的可靠性,单证处理的准确率,信息查询的方便程度,货运纠纷的处理。影响客户物流方案决策的其他因素见表 7.1。

表 7.1 运输时效考虑因素

考虑因素	详述
运输企业的业务历史和客户口碑	运输企业在业界的声誉及口碑对客户的选择有着重要的影响
运输完成的准时率	较高的准时率可以方便客户对货物的库存和发运进行控制,当然也为安排其接运等提供了便利;其中运到时限也是重点参考的指标,相对其他运输方式,铁路货运物流的运到时限在“快”上不占优势,但在“准”“稳”和“全天候”等时限指标上具有较强市场竞争力
运输的时间间隔、密度	合理的间隔同样也将方便客户选择托运的时间及发货的密度等
运输服务的可靠性	通过查阅其历史业绩,了解运输企业完成运输合同的稳定性和可靠性
单证处理的准确率	物流各环节产生的相关单证填记,包括品种、规格、数量、价格、起止时间、地址等的填写和打印的准确性

续上表

考虑因素	详　述
信息查询的方便程度	不同的服务商除了提供运输以外，还在附加服务上进行投入，如价格查询、班次查询以及货物跟踪等服务，这是现代货主选择运输服务商时重要考虑因素
货运纠纷的处理	无论服务商如何提高运输质量，改进服务水平，货运纠纷都难免会发生，发生纠纷后如何及时圆满地处理是客户所关心的

四、运输价格

物流服务商为了稳定自己已经占有的市场份额或希望进一步提高自己的市场占有率，都会努力提高服务质量，尽最大努力满足客户的要求。但是，随着运输市场竞争的日趋激烈，对于某些货物来说，不同类型的物流服务商所能提供的服务质量已近乎相同，甚至接近完美，此时，运输价格很容易成为各物流服务商的最后竞争手段。于是，客户在选择物流服务商时，面对几乎相同的服务质量和其他相关条件，物流价格成为选择物流服务商的一个重要决策准则。

五、铁路货运列车产品设计开发的要点

1. 注重客户相关资质及经营规范性审核

(1)建立客户基本档案，主要包括企业性质、财务基本状况、运营基本情况、社会商誉、运营资质/认证(特殊生产经营许可证，如危险品、煤炭销售、易制毒化工品等)。

(2)承运货物基本档案，主要包括货值、年产量、年运量以及运输方式比重、主要流向、铁路运价号、运输办理限制、包装、运输注意事项等。

2. 准确把握客户需求

(1)建立客户需求收集渠道。在95306公共信息平台以及各终端受理网点的渠道基础上，不断强化信息渠道建设，如利用互联网、商业协会查找潜在客户、定期客户走访、客户见面会(座谈会)、客户代表日常沟通、市场信息收集过滤、客户的上下游企业信息反馈等。

(2)准确判断客户需求关注焦点。注重与客户的每一次谈话、面对面交流的信息采集，通过合理的推测预判，找出客户物流需求的关注焦点，如运输时限、物流成本、服务质量等，以便指导列车产品设计的侧重点。

3. 适度引导客户需求、创造客户需求

(1)对潜在客户，要在第一时间消除客户对铁路运输办理烦琐、麻烦的顾虑，通过对客户现有物流模式的优劣势分析，突出铁路运输大运量、全天候、安全稳定的物流特点和“一个电话，全程受理，一条龙服务，一口价收费”的便捷服务，引导客户通过铁路试发试运。

(2)对现有采取多种方式发运的客户，要将提升铁运比重为产品设计目标，站在客户的角度，对其既有几种运输方式的优缺点分析，提出铁路运输物流优化方案。

(3)对流失客户，首先要找准流失原因，针对原因提前做出铁路运输物流解决预案，针对价格、时限、服务提出明确承诺，以便客户决策。通过铁路运输新产品的开发、价格杠杆的运用等组合，持续改进货运列车产品解决方案。

4. 注重客户现有物流现状分析

客户物流现状分析是铁路货运列车产品重点关键环节。

(1)客户目前所采取的运输类型,包括干线运输(利用铁路、道路干线和大型船舶的固定航线进行长距离大载量的运输)、支线运输(与运输干线相接的分支线路上的运输)、二次运输(干、支线运输到站后,站与指定接货地点之间的运输)等。

(2)客户现有运输方式及其组合,包括铁路运输、公路运输、内河运输、海洋运输、航空运输、管道运输等六种。

(3)客户现有运输的协作程度,包括一般运输(孤立地采用不同运输工具或采用同类运输工具但没有形成有机协作关系的运输)和联合运输(使用同一运送凭证,由不同运输方式或不同运输企业进行有机衔接以接运货物,利用每种运输手段的优势以充分发挥不同运输工具效率的一种运输形式)。

(4)现有运输中途是否换载分类,包括直达运输(在组织货物运输时,利用一种运输工具从起运站、港一直运送至到达站、港,中途不经过换载、不入库储存的运输形式)和中转运输(在组织货物运输时,在货物运往目的地的过程中,在途中的车站、港口、仓库进行转运换装的运输形式,包括同种运输工具不同运输线路的转运换装,不同运输工具之间的转运换装)。

(5)其他现状情况,包括运输仓储需求、运输价格及支付、运输时限、票据类型及传递、在途跟踪、运输信息传递等。

5. 正确选择列车产品解决方案

通过调研,分析出客户现有的物流过程绩效,查找物流系统症结,结合客户需求及关注焦点,进行铁路货运列车产品设计,扬长避短。

(1)替代式设计,又可称为干线运输植入。即客户现有物流系统两端不变,干线使用铁路运输替换。优点是迅速切入,营销门槛低,同时,为今后服务升级奠定基础。缺点是竞争激烈,无竞争壁垒,价格弹性高。适用于大运量、持续均衡运输要求高、市政交通管制严(如抛洒、粉尘、超重等)的目标货源。

(2)流程再造,又可称为干线运输优化植入。即以铁路运输为干线运输,针对客户现有物流短板,同步优化、整合发送端、到达端的库存管理、二次运输管理,对货物包装、仓储、装卸以及发运计划合理规划,形成全程物流解决方案。优点是深度介入,具有一定竞争壁垒;客户忠诚度高。缺点是服务支撑(规划水平、运作流程衔接、资源整合能力)要求高;服务流程标准严;营销难度大(对客户的决策层、管理层、操作层都要说服,维护既有利益格局)。适用于现有铁路运输产品。

(3)重新设计,即物流第三方外包。在流程再造基础上进行再次升级,以铁路运输为干线运输,针对客户货物特性及需求特点,以强化客户物流供应链管理,为客户创造价值,重新设计或者植入发送端和到达端的库存管理、二次运输管理,对货物包装、仓储、装卸以及发运计划合理规划。优点是自有全程物流链,极具竞争壁垒;客户忠诚度高。缺点是作为第三方的物流供应商,对目前铁路运输物流服务提出较高的标准和要求,造成营销难度大。例如物流节点建设,高效的储、装、运作业,物流相关增值服务的提供(到付托收,仓单质押,货物交割,分拨配送等),物流费用的垫付等。

6. 注重铁路货运列车产品的持续改进

持续改进是与客户建立长久的关系，并发挥区别于竞争对手的竞争能力、保持产品竞争领先优势的重要手段。持续改进主要有三个方面的内容：

(1)内涵型持续改进，就是针对物流体系局部完善、流程重组。如在替代式设计模式下，通过不断的局部完善和流程优化，实现物流服务的转型升级。

(2)外延型持续改进(分为服务广度延伸和深度延伸)。从广度讲，以点带面，通过一种或一类产品的物流服务，向客户更多的产品服务拓展。从深度讲，在市场细分的基础上，精耕目标市场，不断强化自有、全程高度控制的物流链，实现规模效益。

(3)开发型持续改进，就是针对客户或区域物流市场的新需求，开发全新的物流服务，吸引或满足更多货源的物流需求，如通过站场扩能改造向专业化基地转型，通过银企合作介入第三方金融服务，通过与海关、商检等政府机构合作开办海关监管货场、无水港、无轨站等。

在持续改进中，需要牢牢把握好四个关键点：一是建立和树立持续改进的理念观念(多问问题)；二是建立服务缺陷反馈机制(及时反馈)；三是建立持续改进推进技术小组(专家小组)；四是在绩效考评中考虑持续改进的激励政策。

第三节　铁路货运列车产品营销

一、产品推广与产品方案

1. 产品推广侧重于向客户传递的信息

(1)资源和优势。

(2)货运列车产品服务模式。根据客户需求制定包括发送端、在途、到达端服务方案，包括备选方案。

(3)物流信息服务模式，信息流处理方式。

(4)物流服务建议和补充。

2. 设计产品方案的原则

(1)对客户服务质量作出明确的承诺。

(2)对方案操作的技术经济可行性进行详细的分析论证。

(3)设定各业务环节的质量标准，形成标准化的业务流程，成为对具体业务环节操作的作业指导书。

(4)产品方案应成为与客户结成战略合作伙伴的基础。

二、产品报价

报价形式可以根据方案或客户要求提供，如按物流径路组合报价、按运输方式协同组合报价、总分形式、分总形式、量价挂钩阶梯报价(即随着业务量的增加，价格产生阶梯式变化)，条目繁杂时，也可以以费用附表清单的形式给出铁路一口价(含铁路运费、建设基金、门到门接取送达费、两端装卸费、加固材料费、保价费等费用)。

(1)价格关注型方案，首先要按照整体最优化原则，在运价不能下浮或杂费不能压缩的情况下，重点考虑两端环节的物流成本，将物流每一个节点所产生的费用都降下来。如利用规模采购压缩公铁转运费用及加固材料费用、合理调整库存压缩仓储费用、通过散袋混装压缩客户包装费用等。

(2)通过优化货运组织，降低客户成本，如装车方案优化、实现巧装满载，适货车型选择及配空、压缩运费支出，及时取重送空编组上线、压缩在途库存等。

(3)提供物流隐性成本控制方案，如加固材料循环使用、货物包装回收再利用、压缩货物在途(仓储)合理损耗等。

产品报价中要恪守商业道德，遵守合作方或联盟企业的商业保密制度。

三、提供货运计划方案

(1)品名、运价号、办理限制、运输条件及注意事项。

(2)数量(件数)及包装、外包装是否回收等。

(3)货值、是否保价保险、是否需要押运等。

(4)分环节组织控制流程。可以先按物流径路分解或按运输方式组合进行分解说明，之后按下列物流服务模块一一细化。

①门到站流程规划及标准：上门取货环节的车辆调度、时间、地点、交付签认、运输安全保障措施、费用划分清算等。

②站内仓储管理规划及标准：卸汽车落货位流程规划、仓储保管标准、货损货差控制、包装破损处置、费用划分清算等。

③装车站货运组织规划及标准：装载加固方案、加固材料、抑尘清扫、巧装满载措施、编组上线规划、余货保管处置等。

④站到站运输过程的规划及控制：在途跟踪及紧急事件处置程序。

⑤站到门物流组织规划及标准：到站卸车组织流程、站内仓储标准、货损货差的控制措施、送货上门环节的车辆调度、时间、地点、安全保障措施、交付确认等规划组织。

⑥单证票据流的组织规划及标准：包括单证缮制、商务票据的传递等。

⑦资金流的组织规划及标准：包括相关费用的收付、预付、清算、支付等。

⑧信息流的组织规划及标准：包括信息传递手段、工具、时间点、信息确认等。

货运计划方案详细描述了物流各环节流程，为物流成本控制、时限控制以及价格构成提供有力说明。

四、服务质量保证

要按照客户主要诉求，做出明确的实施保证或承诺，如物流成本控制、货损货差控制、时效性控制、货物保险理赔、客户需求响应等。

第四节　铁路货物运输组织

一、铁路货物运输组织过程概况

铁路货物运输的对象是货物。大量的货物具有向某个方向移动的需求便形成了货流，而货物必须借助于货车车辆才能实现位移，因此货物在铁路货运站的货场、专用线、专用铁道等具备装卸车条件的场地进行装车后形成车流。车流是铁路运送的具有一定去向的车辆的集合，由于车流是以列车的形式在线路上运行的，所以车流必须在铁路中间站、区段站、编组站挂运或集结编组转变成列车，并通过货物运输生产计划、编组计划、运行图等组织管理手段为各种列车安排运行计划，实现车流的移动，从而实现货流的移动。最终列车运行至目的地将货车车辆甩挂在铁路车站的货场、专用线、专用铁道进行卸车，最终完成货物的位移需求。铁路货物运输组织过程如图 7.1 所示。

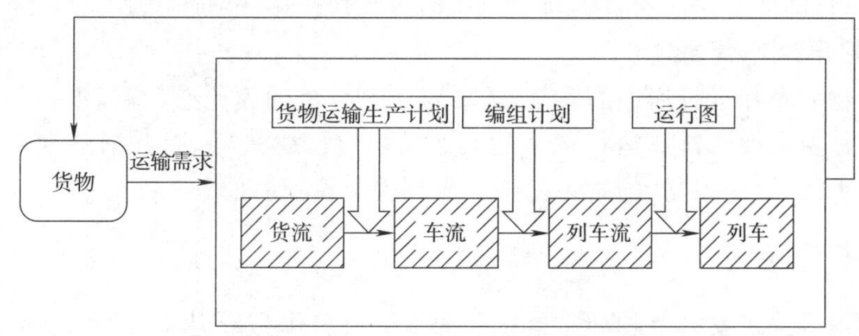

图 7.1 铁路货物运输组织阶段示意图

二、货物列车车流运行径路

1. 重车车流运行径路原则

全国铁路网是一个整体，且纵横交错、四通八达。货物在某个货运站装车后至其运到需要到达的货运站卸车，在路网中具体可以有多种径路选择。由于路网通道能力具有一定限度，为了保证全路车流顺畅移动、提高运输效率，车流必须按照一定规律原则在路网上有序的移动，使得某一货物在按照发到站承运后即可确定其在路网上具体的运行径路，从而为铁路货物运输组织的安排和货物运费收取标准提供源头上的计划和依据。

由于铁路货物承运收费是按照运输距离多少来确定的，同时货物运输均具有一定的时效性，因此重车流在路网上运行径路以最短运行径路为原则最符合市场需求。但对于某些车流集中通过的区段车流过大，线路通过能力不能满足全部车流通过需求，则需要调整部分车流绕行其他通过能力富余的线路运行，另外为了支持部分新线铁路的发展，需要分流部分车流绕行经该新线运行，从而便产生了部分车流运行的特定车流径路。对于特定车流径路，需要综合考虑车流量总体大小以及该车流总的绕行距离和运费收入影响，制定特定车流运行径路文件。

全路重车车流运行径路制定采用“以最短运行径路为基础，特定车流径路为补充”的原则。

2. 空车车流运行径路原则

货物卸车后便产生了铁路货车空车车辆，空车车辆再用于货物装车。但由于各货运站货源不同，某些地方或区域以装车为主（如煤矿、港口），某些地方或区域以卸车为主（如电厂、钢厂），因此空车流的调配原则为：装卸差为负的区域组织卸后空车，以最短运行径路为基础，向装卸差为正的区域配送空车组织装车。

三、货运列车机车交路和技术作业

1. 货运列车机车交路

货运列车机车按照其担当区段负责其牵引任务。该区段可划分为编组站至相邻编组站（区段站），编组站跨越多个编组站（区段站），编组站至中间站等情况。根据货物列车机车交路安排的不同情况，需要在编组站、区段站进行换挂机车或者更机车换乘务员的作业。因此，铺画列车运行图的时候需要考虑在编组站的机车换挂作业时间。

2. 货运列车技术作业

为保证货物列车在运行途中的安全，需要对货车装载加固状态、车辆走行部位安全进行检查作业。该作业主要在作业运行途中的编组站（区段站）进行，因此铺画列车运行图的时候需要考虑在编组站（区段站）的货运检查和车辆检查作业时间。

四、调小机车运用

铁路货物运输除了安排货物列车运行时的本务机车作为牵引动力外，还需要在编组站、区段站、作业量较大的货运站安排固定的机车动力，以保证车辆在车站的调动、解体、编组、甩挂、装卸等作业。配置在车站以及作业范围可辐射几个车站的固定机车，通常称之为调小机车。调小机车是加快车辆中转、提高车流移动效率的必要动力保证，其配备需要考虑配备相应调车人员，以及相应的机车加油整备作业安排，要进行机车运用成本和运输效率、效益的综合比选。

第五节　货物列车编组计划

一、货物列车编组计划的概念、任务、编制原则

1. 货物列车编组计划的概念

货物列车编组计划是全路的车流组织计划，统一安排全路的车流组织方案，具体规定货运站、编组站、区段站等编组货物列车的要求、方法和内容，是编制列车运行图、运输方案、日班计划及改善站场布局的依据，是加强货运营销工作的重要手段。编组计划重点规定了编组（区段）站组号范围，货物列车开行的种类、编组内容、列数以及货物列车开行的牵引重量和换长。编组计划是各级运输生产人员必须严格遵守的基本作业规则。

2. 货物列车编组计划的基本任务

根据货流、车流特点和主要站场、线路设备情况以及货物运输市场需求，充分发挥既有设备潜力，科学合理组织货流、车流，积极组织直达运输，加速货物运送和机车车辆周转，创造良好的运输秩序，节约运输成本，提高运输效率和经济效益。

3. 编制货物列车编组计划的基本原则

坚持全局观点，局部服从整体，管内服从跨局；根据货流调查、车流规律和车流径路，合理采用多种车流组织方式，以直达运输为主，发展快速运输，适应运输市场需求；统筹安排各

编组(区段)站任务,减少车辆中转,提高车站作业效率。

二、编组(区段)站的概述和组号范围

编组站是路网上集中办理大量货物列车到达解体、集结调车、编组出发,并为此配备有比较完善的调车作业设备的车站。铁路编组站是车流集散和列车解编的基地,是铁路枢纽的核心,常有"列车工厂"之称。编组站的主要任务是根据货物列车编组计划的规定,办理货物列车的解体和编组作业,对货物列车车辆进行技术检查和货运检查整理工作,承担本务机车折返作业,并且按照列车运行图规定的时刻,不间断接发列车。据统计,货车一次全周转的时间中,在车站作业和停留的时间约占 70%。货车从装车到卸车,平均要进行 5~6 次调车作业,其中在编组站调车作业停留的时间约占 30%以上,全路用于调车的机车台数,编组站约占全部运用机车的五分之一。加速编组站的现代化建设,对提高运输效率和缩短车辆周转时间具有重要意义。

1. 编组站的分类

根据编组站各车场设置的数量和配置方式不同,编组站可分为一级三场、二级四场、三级三场和三级六场等。车场横列配置称为横列式编组站,纵列配置称为纵列式编组站,既有横列又有纵列配置的称为混合式编组站。上下行列车到发按一个方向设置的编组站称为单向编组站,按两个方向设置的称为双向编组站。

编组站一般配有专用的驼峰、峰尾调车设备、机车整备和车辆检修设备,通常设在三条及其以上的铁路交会点或有大量车流集散的工矿企业、港口,大城市所在地区。位于工业区或港口附近并专为工业区或港口服务的编组站,称为工业编组站或港湾编组站。中国现有的编组站按其作用和性质可分为路网性编组站、区域性编组站和地方性编组站三种。

(1)路网性编组站。承担路网中远程列车的解编任务及区域解编任务,设置在 3 条及其以上主要铁路干线的交会点,编组 2 个及以上远程技术直达列车,每昼夜解编 6 000 辆及其以上车辆。

(2)区域性编组始。承担一定区域内列车的解编任务,设置在 3 条及以上铁路干线的交会点,主要编组相邻编组站的直通列车,每昼夜解编 4 000 辆及以上车辆。

(3)地方性编组站。承担管内地方车流的解编作业,设置在 3 条及以上铁路干、支线的交会点或工矿区、港湾区、终端大城市地区附近,主要编组相邻编组站、区段站、工业站、港湾站间的直通、区段、小运转列车,每昼夜编解 2 000 辆及以上车辆。

随着铁路设备的不断改进、机车交路方式的不断发展、列车编组的不断创新,编组站的分类也根据实际情况在不断变化之中。

2. 编组站列车排队作业

编组站基本由到达场、驼峰区、调车场、峰尾区、出发场以及相应的技术设备组成,共同完成列车的到达、解体、集结、编组和出发等作业,它们之间相互联系又相互制约,可以看成是一个大的排队服务系统,根据排队论和列车在站内的作业流程,这个大系统又可以分为五个排队子系统。

(1)到达子系统。列车到达后,需要排队等待车号、货检、拉风、列检等作业。由于在列车推峰以前的各项作业均为平行作业,一般主要受列检作业的时间限制,因此可视为到达排

队列检完毕后即可等待进入下一系统，若有多个列检组则视为多通道排队系统。

(2)解体子系统。列车列检作业结束后，排队进行列车上峰解体作业，当实行双推单溜作业组织方式解体时，可视为单通道排队系统。

(3)编组子系统。列车在驼峰上解体完毕的车辆，在各自的调车线上集结成新的列车。列车集结完毕后，若峰尾调机空闲，则立即进行编组；若调机不空闲，则列车在调车线上排队等候。当峰尾设几条牵出线和使用几台调车机时，可视为几个独立的单通道排队服务系统。

(4)出发子系统。始发列车和无调中转列车进入出发场后，在这里排队进行出发前的车号、货检、列检作业。该系统同样受到列检作业时间限制，因此可以视为列检作业完毕后进入下一个系统。若有几个列检组时，可视为多通道排队服务系统。

(5)发车子系统。列检作业完毕后，当有本务机车且区间空闲时，则列车可立即发往区间；否则，列车必须在出发场排队等待发车。当出发场衔接几个方向时，该系统可视为多个单通道排队服务系统。

编组站的实际工作是多个系统间的协调配合、共同完成列车从到达到出发的整个过程，因此编组站的最终能力绝不是各个系统设备能力的简单叠加，要从系统的角度综合协调和分析各个子系统间的关系，在某个子系统的能力成为薄弱环节不能适应作业量的需求时，要通过调整运输方案、编组计划、机车运用、设备人员能力补强等措施加以调整。

3. 编组站的组号范围

(1)编组(区段)站基本组号的划分

根据车流径路的规定，各个编组(区段)站作为路网枢纽各主要节点，其集结产生的车流均向相邻各编组(区段)站移动，每个方向的车流移动即为一个组号。

(2)编组(区段)站组号的细分

编组(区段)站的基本组号即为向相邻编组(区段)站的方向组号，其开行的列车均为直通或区段列车，但是若全部车流在所有经过的编组(区段)站进行解编作业，则车流在运行途中的时间将大大延长。为了提高运输效率，加快车流中转，对于车流较大的某个基本组号可以继续细分组号，进行编组，使得该细分组号可以在相邻编组(区段)站不进行解编作业，只需进行简单的机车换挂、车辆检查等技术作业即可继续运行至下一个编组(区段)站。

(3)组号划分的基本原则

编组(区段)站组号划分，首先对于相邻编组(区段)站的基本组号必须划分；其次根据编组(区段)站设备能力大小、作业效率高低，衡量其是否仍然有富余能力承担其他工作任务，平衡多个编组站的工作分工，使得各编组站工作任务均衡；再次还要根据各方向组号的日均车流强度大小(原则上细分组号日均车流要大于200辆)，测算车流在编组(区段)站集结时间。编组(区段)站的组号划分需要总体综合考虑多种因素，使得车流运行效率最大化。

三、制定货物列车开行方案

货物列车开行方案的制定是编制货物列车编组计划的重要环节，其基本原则是从货车源头开始，尽量多组织整列到发或集结编组可经沿途各技术站不进行改编作业的货物列车，主要是快运货物班列、始发直达班列、空车直达列车；然后根据车流强度的大小、技术站的能力和分工，在技术站尽量多组织编组较远去向的技术直达、直通列车；最后对于摘挂、小运转列车要充分考虑中间站作业，动力配置，作业人员配置等情况，合理安排中间站车流移动的编挂位置。最终目标是提高运输效率、加快车辆周转。

货物列车运行图的铺画首先要确定货物列车开行方案。开行方案要素主要为：发站、到站、运行径路、车次、编组内容以及相应的编组站技术作业要求等等。按照货物列车运行图的铺画等级分类，主要货物列车开行方案如下：

1. 快运货物班列

快运货物班列主要是针对货物附加值、运到时限要求高的货物开发的运输产品。该产品固定发站和到站、固定车次和运行线、明确开行周期、发到时刻和编组内容。该产品按照客车化开行，根据运到时限要求不同，运行速度等级分为 160 km/h、120 km/h、80 km/h，有一站直达的开行方案，也有各装车组织站集结至编组站始发的开行方案。

2. 始发直达列车

始发直达列车主要针对运到时限不高、但货源比较稳定（主要是港口或煤矿等企业），同时到站基本为同一到站或同一去向范围的货物，在一个车站或在同一区段（或相邻区段）的几个车站装车后组成的到达同一卸车站或同一去向范围的货物列车。按组织形式分为基地始发直达和阶梯始发直达，按大宗货物品类分为煤炭直达、矿石直达和石油直达。

3. 空车直达列车

空车直达列车是为加快车辆周转，提高港口、煤矿的配空效率，在一个或数个卸车站，或者在编组、区段站由空车编组而成的直达列车，主要为整列空敞车、空棚车、空平车。途中不通过编组站的列车为整列短途空车列车。

4. 技术直达、直通、区段列车

（1）技术直达列车是在技术站编组，通过一个及其以上编组站不进行改编作业的列车。

（2）直通列车是在技术站编组，通过一个及其以上区段站不进行改编作业的列车。

（3）区段列车是在技术站编组，到达相邻技术站，在区段内不进行摘挂作业的列车。

5. 摘挂、小运转列车

（1）摘挂列车是在技术站编组，在相邻区段内的中间站进行摘挂作业的列车。只在指定的几个中间站进行摘挂作业的列车为重点摘挂列车。

（2）小运转列车。在技术站和邻接区段规定范围内的几个车站间开行的列车为区段小运转列车。在枢纽内各站间开行的列车为枢纽小运转列车。二者统称为小运转列车。

6. 超限列车、重载列车、自备车

（1）超限列车是挂有装载超限货物的车辆并冠以超限列车车次的列车。

（2）重载列车是在装车站或技术站组织，由单机或多机牵引满足重载条件的列车，按组织形式分为整列式重载列车、组合式重载列车和单元式重载列车。整列式重载列车在装车站组织的整列重载列车；组合式重载列车在技术站由两列及以上同一到站列车连接组合的重载列车；单元式重载列车固定车辆，固定发站和到站，固定运行线，运输单一品种货物，在装、卸站间往返循环运行，中途不拆散，不进行改编作业的重载列车。

（3）自备车列车是车辆产权属于企业的始发直达、整列短途列车。

四、货物列车编组内容与牵引定数

1. 货物列车编组内容

货物列车编组内容根据不同种类货物列车的方案确定，具体编组内容编制要求如下：

（1）货物班列

对于一站直达的货物班列，编组内容要求仅是一站整列即可；对于多个到站到达某个编组站解体的班列，编组要求即可视为到达该编组站的一站整列；但对于集结编组且该班列沿途需要摘挂的列车，编组内容要求就相对复杂一些，首先始发站集结车流后需要按照沿途各站的甩车顺序进行编组，沿途各装车站和技术站要按照始发站的编组顺序分组插入成组。

对于班列的编成辆数、牵引重量和换长也要根据货物列车运行速度限制、装载货物车型要求以及考虑减少沿途编组站的增减轴作业进行确定。

（2）技术直达、直通、区段货物列车

由于技术直达、直通、区段货物列车是按照编组站组号划分制定的开车方案，因此其编组内容即按照组号划分的内容进行编组即可。

（3）摘挂、小运转列车

摘挂和小运转列车的编组内容需要考虑其沿途各个作业站的站场条件、调小机车作业范围、车站人员安排和交接班时间、机车加油地点等情况，按照沿途各站的一定编组顺序进行编组要求。

（4）其他特种货物列车

对于超限、重载、军运等其他特种货物列车的编组要求要具体情况具体安排，按照其特定的作业要求和运行条件进行编组要求。

（5）货物列车编组特殊规定

货物列车编组计划对于反方向中转车流、禁溜车编挂位置、编组站特殊编组组号等特殊作业情况也进行了一定补充规定。

反方向中转车流是指两个编组站间摘挂车流，可不利用摘挂列车进行作业，而是在规定的编组站反向中转，再利用小运转列车开行至相应卸车。

禁溜车是指在编组站驼峰禁止溜放或禁止过峰的车辆。若某列货物列车编组了该类型的车辆，则对于编组站作业效率影响很大。为提高禁溜车在编组站的作业效率，可在编组计划内规定各编组站相互间禁溜车编挂位置，一般要求编组于列车机后或尾部。

特殊编组组号是指对于编组站始发的货运班列车流或某个相距较远的编组站方向，而制定的车流组号范围，该车流组号的制定主要是针对货运班列列车补轴车流编组以及临时开行远程技术直达列车需要。

货物列车编组计划补充规定内容可根据日常运输组织特定的需求事项，相应制定运输组织方案、作业办法、编组要求等相应内容。

2. 货物列车牵引重量和换长

（1）牵引重量

货物列车牵引重量的确定需要按照不同线路、不同机型进行确定。不同线路区段的货物列车牵引重量，最终都需要根据不同机型的功率大小、运输需求进行货物列车牵引运行试验，最终依据牵引运行试验结论进行确定公布。

从目前实际执行情况看，DF_7 型内燃机车大致牵引重量为 1 800～3 000 t，DF_4、ND_5 型内燃机车大致牵引重量为 3 800～5 000 t，HXD、SS_4 型电力机车大致牵引重量为 5 000～6 000 t。

(2)换长

各区段的换长标准主要由车站到发线的有效长度来确定，货物列车的换长不能超过运行区段的规定换长。

普速铁路到发线长度主要有 650 m、850 m 和 1 050 m 线路标准，按照上述方法计算换长分别为 51.0、70.0、84.0。

(3)货物列车满轴标准

货物列车的编组必须满轴编组，需要达到其牵引区段规定的牵引重量或换长中的一项即为满轴。例如，牵引重量为 5 500 t，则编组重量必须按照 5 500 t 上下浮动 81 t 进行编组；换长为 70.0 则编组长度不可以超过 70.0、但最多可以欠编 1.0 即为满长。货运班列以及一些特殊货物列车的牵引定数及换长在其开行方案中单独公布。

第八章　机务运用组织

机车是铁路运输的牵引动力，是铁路运输组织工作的重要组成部分。机车运用工作的基本任务是：精心组织，为铁路运输生产提供满足基本列车运行图需求的机车和机车乘务员，优质高效地完成运输生产任务；科学合理使用机车，推广先进经验，遵循经济规律，不断提高机车运用效率，促进资产回报；加强安全风险管理，确保行车和人身安全；加强职工队伍建设，不断提高职工的政治素质、技术素质和业务水平。

第一节　机车运用组织

一、机车交路及运转制

1. 机车交路

机车交路是机车固定担当运输任务的周转区段。按用途分为客运机车交路和货运机车交路；按区段距离分为一般机车交路和长交路。客运机车交路区段距离 800 km 以上、货运机车交路区段距离 500 km 以上的为长交路。

机车交路设置原则：

(1)充分利用运输设备条件，根据列车编组站分工，推行“机车长交路、乘务区段化”运用模式，实行机车集中配置，乘务分段担当，向同方向或多方向延伸覆盖，提高运用效率。

(2)依据路网特点和机车续行能力，科学、合理确定机车交路，兼顾机车整备、检修能力，统筹安排机车乘务员休息和工作时间，满足运输生产需求。

(3)充分利用各类机车性能，逐步统一干线和跨线牵引定数，提高机车运用效率和运输能力。

(4)根据机务生产力发展水平，坚持近期与远期相结合，不断完善和优化。

随着机车装备的更新换代，机车长交路有了坚实的基础，机车交路越来越长。蒸汽机车时代，机车交路长度一般为 150 km 左右；内燃机车时代，机车交路一般为 300 km 左右；直流电力机车时代，交路长度可以达到 1 000 km 左右；现在，干线机车以和谐型交流传动机车为主，机车交路长度已经达到 3 000 km。

2. 机车运转制

机车运转制即机车牵引列车在交路区段间运行进入本段的方式，按机车运转方式分为肩回运转制、循环运转制、半循环运转制、和环形运转制机车交路等。

二、乘务方式

机车乘务方式即机车乘务组担当机车作业的方式。一般分为六种：

1. 驻班制

乘务组中一班出乘，到达折返段后即交班退勤，换由另一班接乘继续运行，本班入驻公寓休息。

2. 立即折返制

乘务组中一班出乘，到达折返段后不换班，接续返程回本段。立即折返制一般适用于短交路(包括循环、半循环运转制)。

3. 调休制

乘务组中一班出乘，到达折返段后不换班，但由于往返连续工作时间超出 12 h，需要再在折返段公寓调休不少于 5 h(但不包括出退勤时间)，机车也随之等待，然后原班原车返回本段，一般适用于长交路和列车对数较少的短交路。

4. 两处驻班制

乘务组中一班出乘，一班驻在中途整备点，一班驻在折返段，依次接替乘务返回本段，这种制度一般使用于超长交路。

5. 中途驻班制

乘务组中一班出乘到达中途整备点后退勤休息，由另一班接续乘务到达折返段后原班返回到整备点退勤，仍换由前一班值乘接替返回本段，一般适用于长交路或超长交路。

6. 随乘制

机车乘务组按宿营制进行乘务作业，适用于战时流动性运转制。

上述机车交路类型、运转制和乘务方式是相互配合并有固定关系的，概括地说，机车交路类型即为长交路、短交路或超长交路，机车运转制即为循环、半循环、肩回等运转制，机车乘务方式即为驻班、立折、调休等方式。

三、乘务制度

1. 机车乘务制度

机车乘务员是铁路运输的主要工种，对完成运输任务和提高运输质量起着积极作用。因此，研究和确定乘务员的作息制度，计算和掌握乘务员的工作时间，改进乘务员的班制，改善乘务员的劳动条件，是机车运用工作的重要内容之一。

机车乘务制度是机车乘务员使用机车的制度，分为轮乘制、包乘制、轮包结合制。

机车乘务制度的选择应符合工作时间标准和运输需要，积极推行标准班，管内具备条件的可实行单班单司机，严格控制双班单司机。干线机车实行轮乘制，调车机车、小运转机车可实行包乘制。担当固定调车作业的调车机车乘务员原则上采取小四班轮班方式。

根据机车交路、乘务制度和工作条件，合理采用机车运转制和乘务员换班方式。

包乘制就是机车乘务班组固定使用机车的制度，分为两班包乘、三班包乘、三班半包乘、四班包乘和小四班包乘。

轮乘制就是乘务班组不再固定而是轮流使用机车的制度。

包乘制有利于机车的保养和维护，但调整的弹性差，经常出现“车等人”和“人等车”的情况，机车运用效率较低。轮乘制机车乘务班组与机车分离，有效地解决了机车运用效率低下的问题，随着机车基础质量的提高，特别是内燃、电力机车交流传动化，机车牵引动力得到极大的改进，轮乘制已成为机车乘务制度的主要形式。

按值乘方式，机车乘务员分为标准班、单班单司机、双班单司机值乘。

标准班值乘是指一个乘务交路由一名机车司机和一名机车副司机组成的乘务班组操纵机车的乘务方式；单班单司机值乘是指一个乘务交路由只有一名机车司机担当操纵作业的乘务方式；双班单司机值乘是指一个乘务交路由两名机车司机组成乘务班组，在机车上换班、分段轮流操纵机车作业的乘务方式。

2. 包乘制乘务组月工作时间计算

包乘制乘务组的月工作时间与所担当交路长度和旅行时间有关，在一般条件下，机车工作时间和乘务组工作时间存在着下列关系：

$$T_{乘}=\frac{m}{3.53\times T_{全}} \tag{8.1}$$

式中 $T_{乘}$——表示机车全周转中机车乘务组的工作时间；

m——机车乘务组数；

$T_{全}$——机车全周转时间；

3.53——全月小时数管内乘务组规定工作时间的比值。

3. 轮乘制乘务组数的计算

轮乘制按月任务量所需乘务组数，可按下列公式计算：

(1)乘务周转时间

$$T_{乘}=2(t_{旅}+t_{辅}) \tag{8.2}$$

式中 $t_{旅}$——一个乘务组在一个乘务区段的旅行时间；

$t_{辅}$——一个乘务组一次乘务作业的辅助工作时间。

(2)需用班次

$$需用班次=\frac{\sum T_{乘}\times 30.42}{166.7} \tag{8.3}$$

式中 30.42——平均每月的天数，365/12≈30.42；

166.7——月劳动时间，根据劳动法规定，每年共有国家法定休息日 11 d，每年有 52 个双休日，工作日每天工作 8 h，(365－11－52×2)×8/12≈166.7。

4. 机车乘务员休息和工作时间标准

机车乘务员休息和工作时间，应符合下列要求：

(1)一次乘务作业工作时间标准(出勤到退勤全部工作时间，下同)：

①机车标准班(即司机、副司机配班)值乘：客运列车不超过 8 h，货运列车(包括轮班制小运转列车)不超过 10 h。

②机车单班单司机值乘：客运列车不超过 7 h，货运列车不超过 9 h。

③机车双班单司机值乘：客运列车按旅行时间不超过 15 h 加出退勤工作时间，货运列

车旅行时间不超过 16 h 加出退勤工作时间。

(2)固定班制小运转及调车机车值乘时间不超过 12 h,采用小四班制担当夜班作业时间不超过 8 h。

(3)机车乘务员劳时统计标准

①趟劳时,是指机车乘务员从出勤开始至退勤终了时止的全部时间,包括出勤辅助作业时间、出发站停时间、旅行时间、到达站停时间、退勤辅助作业时间等,立折交路还应包括立折等待时间。

②总劳时,是指全月所有机车乘务员单趟劳时累加之和。

(4)机车乘务员休息时间应符合下列要求:

①强制待乘休息时间不得少于 4 h(其时间的计算为到达待乘室签到休息至叫班时止)。

②外公寓调休时间不得少于 5 h(其时间的计算为到达公寓签到休息至叫班时止,以下同);在外公寓驻班休息时间不得少于 10 h;轮乘制外公寓换班继乘休息时间不得少于 6 h。具体休息时间标准由铁路局集团公司在编制列车运行图时公布,并不得随意变更。

③在本段(或本车间)休息时间应根据月工作时间定额均衡安排,每次时间不得少于 16 h。

④实行轮乘制的机车乘务员每月应安排 1～2 次不少于 48～72 h 的休息时间。

(5)机车乘务员随货物列车或无卧铺客运列车便乘时间计算为工作时间,但不计算为一次乘务作业工作时间;乘卧铺的便乘时间不计算工作时间。

四、机车运用的各项指标及分析

铁路局集团公司机务部和调度所、机务段设有专人负责机车运用分析工作,明确日常、定期和专题分析要求,建立定期通报制度和评价考核体系,不断提高机车运用效率。机车运用分析分为日常、定期(旬、月、季、年)和专题分析。

1. 日常分析

日常分析一般在交班会上进行,其内容应包括安全正点情况、日(班)计划机车周转图兑现情况、机车供应情况、机车检修情况、分界口列车交接及机车运用情况、客运列车晚点、机车乘务员使用和超劳情况等。

(1)机车乘务员超劳分析。

①每日对所有超劳数据进行统计。

②每日选择 3 个超劳 1.5 h 以上的典型机班进行分析,要求从机班出勤至退勤全过程作业情况进行写实,查明超劳原因。超劳 4 h 及以上的要求对每个机班进行分析。

③机车出库晚点和机车故障情况分析,要求台台分析,并进行定责。其中机车出库晚点分析内容应包含日期、机车型号、司机姓名、计划出库时分、实际出库时分、出库晚点时分、晚点原因、责任部门。

④日班计划兑现率分析,重点对夜班(开车点在 18:00～次日 6:00)日班计划兑现率情况进行分析,按区段进行统计分析(计划数、开行数、兑现率)。

⑤超劳换班分析。遇机车乘务员发生超劳请求或调度所安排换班时,机务段应立即联系调度所确定换班方案,组织好人员,并对换班组织全过程进行班班分析。

(2)客运列车晚点分析。

①每日对客运列车晚点数据进行统计。

②机车乘务员退勤时应将列车晚点原因报告退勤机调员,并做好记录。

(3)货运列车运缓分析,重点对每日典型超劳机班进行列车操纵分析。

2. 定期分析

定期分析是指对运输生产活动的阶段总结,查找出存在的规律性问题,以改进和提高工作。内容应包括:安全生产情况,机车配置、质量及机车供应情况,主要区段及分界口列车开行及机车供应情况,运输生产任务完成情况,货运机车日车公里、日产量、列车平均总重、技术速度、单机率等机车指标完成情况,超、欠轴情况,列车等线情况,机车乘务员使用、超劳、出勤率情况等。

(1)运用指标分析。通过对统计数据的汇总,进行环比、同比分析计划指标完成情况,对未完成的指标进行重点分析,查明影响因素,找出未完成原因,提出建议或措施。

(2)机车乘务员超劳分析。机务段在日统计分析基础上,按旬、月形成分析报告,其中要求包括以下主要内容:

①超劳概况。超劳班数、超劳时间、趟平均超劳时间、最长超劳时间、超劳率。

②趟超劳时间较长情况分析。一是趟超劳时间达 4 h 及以上班数、超劳时间。二是每日 3 趟典型超劳汇总分析情况。

③日班计划兑现率、责任运缓、超劳换班以及机车出库晚点和机车故障情况汇总分析。

④超劳主要原因及建议措施。

(3)机车乘务员使用情况分析。重点分析机车乘务员现员、“两非”、月劳时完成情况以及乘务员使用中存在的问题。

3. 专题分析

专题分析是针对运输生产中出现的特定情况进行的分析,分析内容根据实际需要确定。分析项目根据工作中存在的问题具体拟定或根据领导指示要求进行,分析内容主要包括乘务员超劳问题、机车乘务员队伍分析、机车供应情况、运输效率完成情况、调车机在站作业情况分析,新线开通、新交路实施后阶段运用情况分析,具体根据实际情况确定。

五、机车配备台数的标准(包括支配及备用等)

1. 机车需要系数

机车需要系数是指在一个牵引区段上,每担当一对列车的牵引任务,平均所需要的机车台数。它是考核机务部门供应机车数量的标准。

$$K=\frac{N}{n} \tag{8.4}$$

式中 K——机车需要系数;

N——机车使用台数;

n——列车对数。

$$K=\frac{T}{24} \tag{8.5}$$

式中 T——机车全周转时间。

2. 机车配属原则

(1)近期与远期相结合,满足运输需要,符合机车牵引动力发展和检修布局的规划,提高机车使用效率和资产回报及效益。

(2)力求机型统一、点线结合集中配属。

(3)合理使用机车,平衡相邻区段的牵引定数。

(4)适应列车编组计划和运输设备的基本要求。

3. 机车配置标准

根据机车周转图查定,并依据担当任务性质等情况,确定机车检修、备用率。原则上检备为规定如下:小运转、调车任务按 12%,客、货任务管内的按 12%,跨局机车交路的按 15%,春暑运期间临客任务占图定任务 10%以上的机务段按 20%,直供电机车按 25%。

机车配备标准,应满足下列条件:

(1)检备率:全路十大客运段客运机车按 25%、直供电机车按 20%、其他机务段客货机车按 15%、专用调车机车按 12%配备,路用列车不配备检备机车。

(2)使用机型为国铁集团、铁路局集团公司确定的机型,使用“和谐”型机车担当客车单独统计,区段距离按整数填写不设小数点(四舍五入)。

(3)检备台数与需配台数的确定可按下式确定:

$$N_{检备台数}=N_{图定台数}\times K \tag{8.6}$$

$$N_{需配台数}=N_{图定台数}+N_{检备台数} \tag{8.7}$$

式中 K——检备率。

第二节 机车周转计划及周转图

列车运行图和机车周转图是组织运输生产的依据,基本机车周转图与列车运行图同时编制。机车周转图的基本要求是:

(1)适应客货运输需要。

(2)结合年度及阶段机车配置计划,统筹安排各区段的牵引机型。

(3)科学合理查定各项技术作业标准。

(4)按照“机车长交路、乘务区段化”原则,合理安排机车交路和乘务交路,提高机车运用效率和乘务员劳动生产率。

(5)合理安排机车乘务员休息和劳动时间,保证值乘中精力充沛。

(6)积极推进地乘分离,适应机车整备、检修和乘务员技术作业的需要。

(7)积极采用新技术,采用计算机编图、绘图、指标计算和全路网络数据传输。

机车周转图分为基本机车周转图、分号式机车周转图、日(班)计划机车周转图和实际机车周转图。

机车周转图铺画时使用小时格运行图,纵轴上的横线不表示中间站,只表示机车折返的区段站和折返点及换班地点。机车周转线与列车运行线的表示方法相同,但只填写机车折返区段的始发和终点的时刻。

基本机车周转图编制依据运输方案，确定使用机型、机车配置；合理确定机车交路、乘务交路、乘务制度、牵引定数、区间运行时分、整备作业时分等技术标准；合理确定动车组列车区间运行时分、司机乘务制度等技术标准；查定各项技术指标。

分号式机车周转图（货车），是在基本列车运行图的基础上，根据运量波动抽线后选定的列车对数编制而成。制定分号机车周转图均须查定货运机车走行公里、使用台数、日车公里等指标，并有机车检修扣车安排。其中，日车公里应保证年度机车运用计划的要求。

机车周转图编制完成后，经国铁集团或铁路局集团公司批准后执行。

一、机车周转图的编制

编制机车周转图，首先应当查定和掌握下列技术标准和资料：

(1)机车交路、乘务交路、乘务方式、乘务制度，确定机车运转制度和乘务组运用方式。

(2)各类型机车在作业段的整备作业方式及折返整备作业时间标准。

(3)机车乘务组在自外段的辅助工作时间标准。

(4)管内牵引定数、区间运行时分、机车及乘务员各项作业时间标准。

二、机车周转图的周转形式

按其周转次序可分为一元式和分组式周转图。

凡一台机车完成了周转图上的全部车次牵引后恰好又衔接在最初开始的车次上，为一元式周转图。一元式机车周转图如图 8.1 所示。

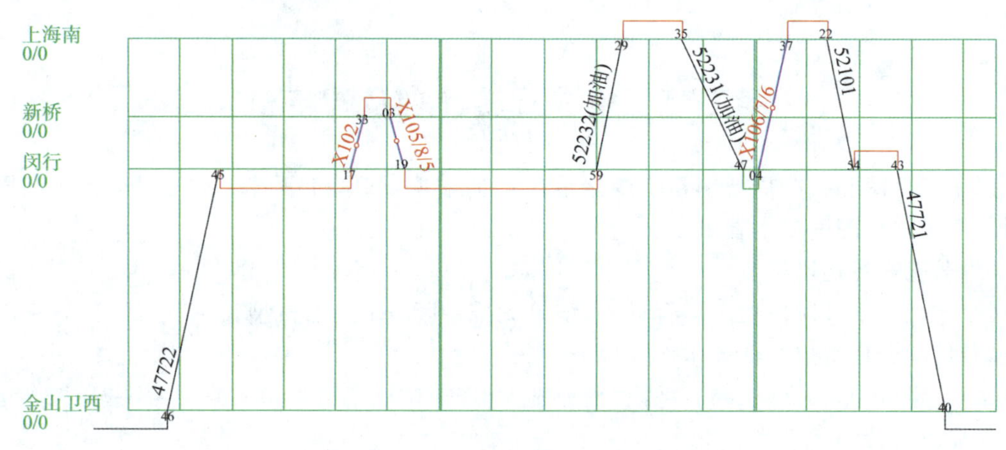

图 8.1　一元式机车周转图

凡一台机车只完成周转图上的一部分车次牵引后就衔接在最初开始的车次上时为分组式周转图。分组式周转图如图 8.2 所示。

分组式周转图及其组数是根据列车对数和机车的周转间隔来确定的，即利用列车对数和周转间隔的最小公倍数来计算周转图的分组数。

铁路局集团公司机务编图人员必须严格执行各项技术标准，编制机车周转图，计算各项技术指标，总结编图工作。经铁路局集团公司审核后，将机车周转图编制完成资料报国铁集团。

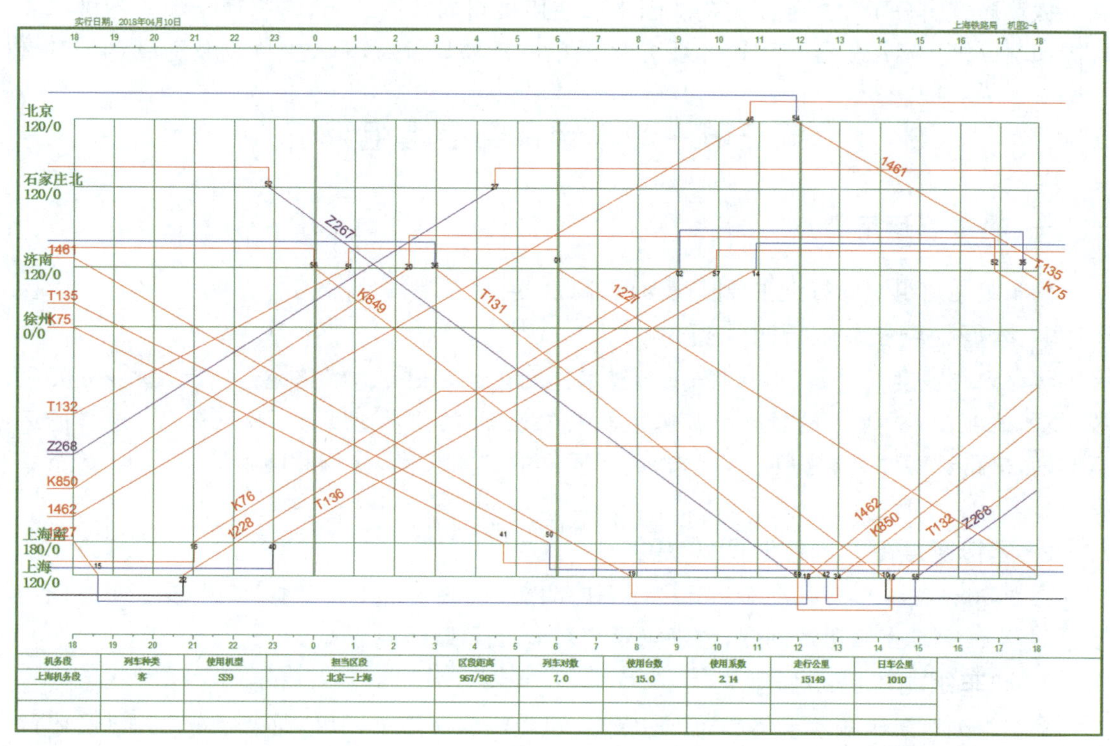

机务段	列车种类	使用机型	担当区段	区段距离	列车对数	使用台数	使用系数	走行公里	日车公里
上海机务段	客	SS9	北京—上海	967/965	7.0	15.0	2.14	15149	1010

图 8.2 分组式周转图

机车周转图编制完成资料主要包括：

(1)机车周转图编制总结

主要内容包括相关技术指标与上次基本图的比较，包括牵引区段的客货列车对数、机车总走行公里、货运机车日车公里、技速、旅速、速度系数、使用机车台数(含运别、动力别)、客货运机车交路(含动力别和机车长交路)个数和交路距离(交路距离指一个交路的长度)的变化；牵引区段的客货列车牵引定数、机车交路、乘务方式和货运机车在外段折返平均停留时间的变化；编图中协作配合、经济合理使用机车的典型事例；解决乘务员超劳问题的列数和典型事例；新图需要机车台数、乘务员人数与现有状况的比较；重点问题及建议等。

(2)技术资料

主要内容包括客运机车交路图、货运机车交路图、客货机车周转图、客运机车周转图技术指标汇总比较表、货运机车周转图技术指标汇总比较表、机车交路统计表、图定机车使用及配置表、专调机车分布表、跨局货运机车运用情况统计表、机车乘务员需要数量与现状比较表、一次乘务作业超劳审批表、客运列车机车及乘务担当表、特快、快速货物班列机车及乘务担当表，具体按照国铁集团《铁路机车周转图编制规则》附件格式执行。

编制机车周转图遇下列情况需调整时，应报请国铁集团同意：

①机车在自、外段折返时间标准发生较大变化。

②机车由客货分用改为客货混用(或由客货混用改为客货分用)。

③机车乘务实行单司机单班值乘。

铁路局集团公司和机务段应统一配备和使用机车周转图编制软件,计划和实际机车周转图编制以机务运用安全管理信息系统为依托,实现跨局、段机车交路编制及资源共享。

第三节 动车组乘务运用组织

一、动车组运用特点

动车组运用组织的特点主要是高速度、高密度、高强度,包括:

1. 运行距离长、旅行时间短

线路允许速度 300 km/h 区段,一般技术速度在 270 km/h,线路允许速度 250 km/h 区段,技术速度在 230 km/h,较现行普速客车 130 km/h 的技术速度有了显著提高。同样的运行时间,交路长度可以延长 1.5～2 倍,或者同样的交路长度,旅行时间缩短了一半,甚至只有三分之一。

2. 运行密度高,运行时间段集中

在 6:00～22:00 之间,动车组运行间隔时间短,一般繁忙干线掌握在 5 min。短时间内密集到发,一列动车组出现问题,会影响后续列车运行线。

3. 动车组司机劳动强度大

动车组列车属于技术密集产物,动车组司机操纵相对简单,但是如果动车组出现技术问题,不能马上恢复,需要动车组司机快速处置,对动车组司机的应急处理能力要求高,动车组司机劳动强度大。

二、动车组司机交路设置原则

根据动车组运行的特点,对动车组司机交路设置方面提出了不一样的要求。编制动车组乘务交路图时,要综合考虑动车组司机劳动休息时间、间休室和公寓设置、动车组车底运行交路、动车组存放地点等因素。动车组司机交路设置原则:

(1)单趟旅时尽量控制在 3.5 h 以内。

(2)立折交路优先,不是原车底折返时,折返时间控制在 40～90 min。

(3)立折一次旅行时间不超过 6 h。本地间休不超过 2 次。

(4)动车组车底出入所原则上由属地(辖区)机务段负责,如需安排异地车底出入所任务,列车对数须大于 3 对(含 3 对)、采用列控模式、且本务司机不在所内进行调车作业。

(5)动车组司机尽量不在外过夜。即使在外过夜,在站驻寓,不在所内作业。

(6)间休时间不低于 1 h,但要控制在 3.5 h 以内,超过时要优化(可长变短)。

(7)突破以本地为支点的交路,外点间休超过 3.5 h 时,可按“M”或“A”形交路组织。

机务动车组乘务交路原则上由本线支点机务段共同担当,铁路局集团公司管内乘务交路按照长交路设置,短交路优先考虑立折,尽量减少在外过夜,原则上属地(辖区)负责动车组进出段(所),如需安排本务动车组司机、动车组副司机在异地担当出入所,出入所任务必须达 3 对及以上,在列车运行图中确定乘务方式和任务担当。跨铁路局集团公司乘务交路由国铁集团确定。

三、动车组司机乘务方式和乘务制度

机务动车组乘务方式分为单司机、双司机值乘和标准班值乘。

单司机值乘是指一个乘务交路由一名动车组司机担当动车组操纵作业的乘务方式。

双司机值乘分为双司机轮流值乘和双司机共同值乘。双司机轮流值乘是指一个乘务交路由两名动车组司机在动车组上换班、分段轮流操纵作业的乘务方式；双司机共同值乘是指一个乘务交路由两名动车组司机同时在一个司机室值乘、分段轮流操纵的乘务方式。

标准班值乘是指一个乘务交路由一名动车组司机和一名动车组副司机在一个司机室共同值乘的乘务方式。

四、动车组司机劳动时间标准

动车组司机、动车组副司机的劳动时间标准应符合下列要求：

(1)单司机、标准班值乘：单趟图定旅行时间不超过 4 h；一次乘务作业时间(包括出、退勤工作时间，立折停留时间，以下同)不超过 8 h。

(2)双司机轮流值乘：图定旅行时间不超过 10 h；一次乘务作业时间不超过 12 h；动车组出入段(所)、始发、终到及遇恶劣天气、行车设备故障等情况时，必须二人同时值乘。

(3)双司机共同值乘：一个乘务交路，单趟图定旅行时间不超过 6 h，一次乘务作业时间不超过 10 h。

(4)动车组司机轮换操纵时间原则上不得超过 2 h。

(5)动车组司机、动车组副司机的便乘时间，按相关规定执行。

(6)外段驻班时间不得少于 6 h(其时间的计算为签到休息至叫班时止)；候班待乘休息时间不得少于 4 h(其时间的计算为签到休息至叫班时止)；外公寓调休时间不得少于 5 h；在间休室(公寓)间休时间不少于 1 h(其时间的计算为签到休息至叫班时止)。

(7)动车组司机、动车组副司机在本段退勤回家休息时间，原则上不少于 10 h(其时间的计算为退勤至出勤时止)。

(8)动车组司机、动车组副司机每月应有 1～2 次 48～72 h 的大休班时间。

(9)各级调度要根据列车实际运行情况，准确掌握叫班时间。密切注意列车运行情况，遇特殊情况超劳时，要尽快解决。

动车组在车站、段(所)机务技术作业时分和出、退勤等辅助工作时分，由铁路局集团公司机务部组织机务段根据所在地设备情况、技术作业程序、乘务制度及乘务班制等进行实地查定后，纳入列车运行图技术标准。

第四节 机务运用发展趋势

一、机车配置

在现有和谐型机车配置布局的基础上，机车配置需要遵循以下原则：

1. 坚持需求导向

以满足客、货运输需求为前提，以机车性能和线路条件为依据，科学合理优化配置，促进牵引动力与运输组织相匹配、点线能力相匹配、干支线牵引定数相匹配，实现动力资源配置效率、效益最大化。

2. 坚持集中统一

以当前和谐型机车区域配置格局为基础，充分结合路局检修规划布局，坚持集中配置，按区域、按线别、按交路机型相对统一，总体保持稳定，局部优化调整，节约维修保养成本，提高机车运用效率。

3. 保持更新换代

持续投用和谐型机车，发挥机车性能优势，不断提升运输能力。置换下的既有直流机车、优良机型用好用足；老旧机型以报废消化为主，部分梯次转移。

客运机车继续投用 HXD_{1D}、HXD_{3D} 型机车，优先担当客运机车长交路，覆盖 3 个速度等级。HXD_{3C} 型机车，逐步向线路速度等级较低的铁路局梯次转移，有条件的情况下，回归主要干线担当货运任务，兼顾直供电列车救援和春运临客任务。

货运机车坚持长期以来机车性能与线路条件相匹配、牵引定数系列化的经验做法，充分用好 6 轴 7 200 kW 机型。DF_{8B}、DF_{4D} 型机车作为优质资源，保证车尽其用。适当加快 DF_4 型等老旧机车淘汰进度。

调车机车要优先考虑未配置 HXN 型调车机的路网性编组站、重载列车和运输增量相关区段站及主要货场，坚持机型统一、集中配置、一次换型；重点考虑老旧机型淘汰报废的需要，全路范围均衡推进。置换下的 DF_5/DF_7 型机车，由于使用年限较长，建议原则上逐步报废。

二、机车(动车)自动驾驶技术

高速动车组自动驾驶试验、C3＋ATO 列控系统试验正在京沈、京张高铁有序开展，时速 350 km 条件下实现自动驾驶在世界上是首次。机车自动驾驶技术正在部分铁路局集团公司试验；重载列车自动驾驶技术，也已经纳入重点研究课题。对于自动驾驶技术成熟后，带来的机车乘务工作模式的改革、机车中途非正常行车的操作与组织等一系列课题研究正在同步推进研究。

三、动力集中动车组运用

为适应客运运输市场逐步发生的变化，考虑到我国区域经济发展的不平衡，在部分高速铁路上采用快速客运电力机车牵引旅客列车，既满足人们对快速出行的需求、缓解运输压力，又能节约成本，并给人们提供更为经济的出行方式。

动力集中型动车组具有如下优势：

(1)充分利用既有机、客车检修布局和资源，大幅度减少动车所(段)投资规模；可减少动车、拖车的种类，降低制造、运用、维修成本。

(2)采用 1 动 1 控方式实现 8 节以内拖车的灵活编组，采用 2 节动车方式实现 9～16 节拖车的灵活编组，更好地适应客流变化对编组的需求。

(3)新造成本比 250 km/h 动力分散动车组约降低 45%～50%。

(4)实现以中心城市为支点开行城际、区域动车组，满足运输时限和能力需求大的特点，提高运输能力，加速周转，提高效率和效益。

四、混合动力调车机车运用

调车机车通常采用内燃机车，目前使用的调车机车普遍存在惰转时间比例高、负荷率低且负荷变化频繁，燃油燃烧不充分、油耗高、经济性差、对环境污染严重等问题，为提高调车机车的经济性、降低排放和噪声，中车集团加快了大功率混合动力内燃机车的研发工作，2020年8月，中车资阳公司自主研制的 HXN_6 内燃机车获得了国家铁路局颁发的“铁路机车车辆型号合格证”和“铁路机车车辆制造许可证”。HXN_6 内燃机车的动力源由“动力电池组＋柴油发电机组”共同组成，并优先采用动力电池组提供动力，这是一款以混合动力为牵引动力、具有世界领先技术的节能环保型内燃机车。

第九章　铁路大数据研究与应用

随着社会信息采集、存储、分析技术的日益成熟，大数据已逐渐成为推动行业进步与社会发展的源动力，成为国家基础性战略资源。计算社区联盟（Computing Community Consortium）曾发表白皮书《大数据计算：在商务、科学和社会领域创建革命性突破》，并提出“大数据真正重要的是新用途和新见解，而非数据本身”。在当今信息化社会环境下，大数据本身是客观存在的，存在于社会生产和生活中的每一个环节，所产生的数据量相对于目前的数据存储水平而言，相当于无穷大。因此，海量的大数据本身对指导社会生产并无实际意义，不能解决实际问题，大数据的应用才是关键，需要确保数据来源有效，采集合理，分析逻辑正确，模型、算法适合，通过对社会生产中产生的海量数据进行科学有效的选择、提炼、存储、分析，并根据自身生产实际需要，通过系列模型算法，才能形成行业决策参考建议。

第一节　国外铁路大数据研究与应用

大数据的概念是铁路行业多年来一直关注的问题。过去 10 年间，自动化检测技术的普及使这一概念进一步成为主流，大数据技术在铁路运输领域得到了越来越普遍的应用。围绕铁路资产管理、检修管理、运营管理等方面，对欧洲铁路主要发达国家和日本的铁路大数据研究与应用现状进行研究。

一、欧洲

欧洲铁路公司对大数据在铁路行业的应用潜力做了详细调查研究，调查结论认为大数据技术在铁路安全管理中的应用潜力是值得研究的，但同时指出，影响大数据发挥作用的最大制约因素是数据的缺乏和可用性。

1. 德国

在大数据迅速发展的背景下，大数据技术已经在德国铁路股份公司（DB）的分析与预测、决策支撑及自动化应用方面取得了一定进展。DB 通过规划建设统一的数据中心平台，实现了对经营状况、设备故障分析等精确分析功能在内的数据综合应用平台，并开展了四个方面的数据分析工作：设备故障对运输效率影响情况分析、关键设备故障分析及优先级识别、设备状态可视化展示、检修成本优化分析。DB 统一数据平台主要功能如图 9.1 所示。

根据 DB 统计，开展以上四方面的数据分析工作后，在经营管理方面的提升有：

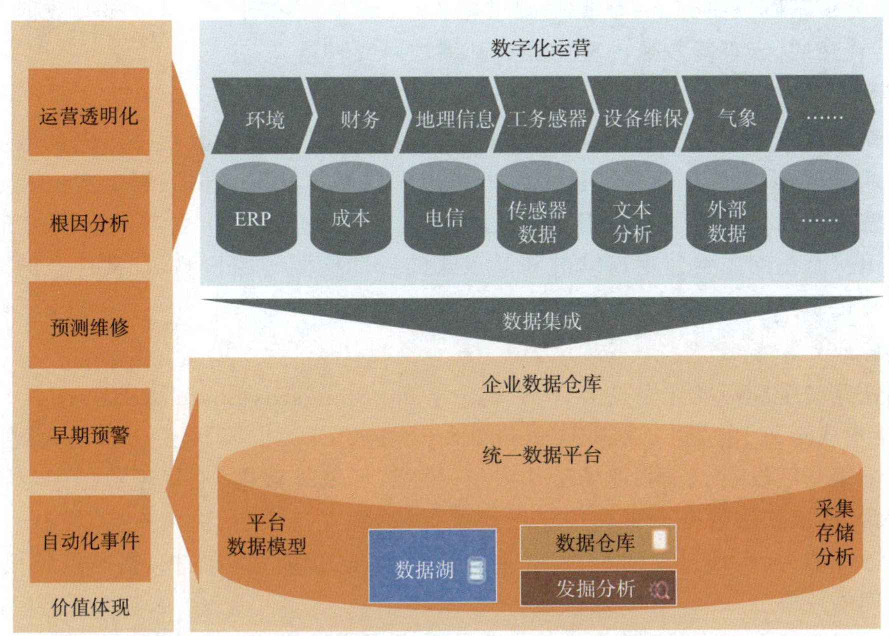

图 9.1　DB 统一数据平台主要功能

(1)对机车故障的预测时间提前 6 h。

(2)机车核心部件故障率预测的精准度由之前的 15%提升到 86%。

(3)通过燃油使用量的数据分析,优化个别司机开车习惯。

在节约成本方面的提升有:

(1)优化燃油使用,将燃油使用效率提升 1.5%。

(2)通过设备故障预测,将机车维修走向状态修,节约检修人工成本。

(3)德国 VTG AG 公司与瑞士 Nexiot 公司共同研发了基于远程信息处理技术的车辆智能定位装置 VTG Connector。该装置不仅能精确定位货车,还能为货主提供基于大数据的一系列增值服务。

数字化货车的基础性功能包括追踪货车当前位置,了解来自货车的各种实时信息,精确监视货车状态并预测到达时间和可能的延误,收到多种类型的即时信息提醒,获得根据货车运用数据自动归集绘制的若干分析图表。VTG AG 公司的这些服务功能是模块化的,在基础功能之外,还可通过另外收费的形式,为用户添加所需的其他个性化功能,包括使用传感器确定货车装填量、精确测量货车质量等。

2. 瑞士

2010 年,瑞士联邦铁路(SBB)曾推出"Swiss TAMP"项目,其目标是创建一个主动维护的中心工具。Swiss TAMP 集成了 SBB IT 网络中的 20 多个子系统,收集并存储所有轨道分析所需要的数据。Swiss TAMP 的轨迹分析功能可汇集一系列测量和诊断数据,产生综合的状态属性并计算距离下次维护的剩余时间,维修计划功能可将轨道分析的输出结果与生命周期成本因素关联起来,并制定最佳的建议措施、财务估算和可行的替代方案。瑞士国家重点科研计划(NFP)大数据专项于 2017 年正式起动,该专项内容包括大数据信息技术板块(大数据分析基础性研究、大数据基础设施构架、数据库和计算中心)和大数据应用板块(对大数据在交通、灾害等领域的应用展开基础性研究)。

3. 瑞典

瑞典铁路运用大量数据进行基础设施管理,这些数据来源于数百个不同的数据源。对于铁路资产管理,大量的信息需要获取和分析以评估整体状况、维护、资金支出和铁路轨道检测。需搜集的信息包括轨道可用性、轨道使用时间、轨道状态、历史工作记录、工作详细记录等。轨道状态检测主要包括连续的和断点式的自动检测车的检测、日常巡查的人工检测和服务故障记录。

4. 英国

英国铁路安全和标准化委员会(Rail Safety and Standards Board,RSSB)在2012年提出的《铁路技术战略2012》(The Rail Technical Strategy,RTS)指导下,提出铁路大数据整体框架。通过采集基础设施、车辆、现场工作人员、乘客、环境等数据,汇集于数据中心搭建铁路大数据平台,形成铁路数据分析和信息增值服务,达到支持预测、决策支持、控制、规划和实时信息服务等能力,实现自动列车、实时乘客信息服务、智能资产维护,提高铁路安全性、改善人力管理的效率。

为提高运输安全性,哈德斯菲尔德大学铁路系统的大数据风险分析(BDRA)项目正在研究如何有效组合并利用铁路的多源大数据,以便更好地了解英国铁路系统和所处环境。BDRA在风险评估的精确性上有较大提升,因为它是对所有风险相关数据进行统计分析,而不是从有限的抽样数据中评估风险概率,因此减少了对依赖于假设和简化的风险评估模型的使用。迄今为止,BDRA已经对信号数据和事故报告进行了分析,分析结果用于评估存在风险的列车数量。初步的研究结果表明,BDRA可服务于英国铁路安全和风险管理,但在下一步研究中,需要采用新的风险分析技术、语义技术、交互式可视化技术来执行数据分析和专用的计算机系统。

5. 法国

2011年以来,法国公共数据开放得到了稳步发展,无论从参与公共数据开放的机构数目、已开放的数据集总量,还是从根据开放数据开发的应用项目来看,法国已成为全球公共数据开放领域领先的国家之一。法国国家铁路公司(SNCF)以创新的合作伙伴网络为旅客日常生活提供新服务为宗旨,面向开发者推出了数据开放。

在检修管理应用方面,SNCF与美国IBM公司签订协议,利用IBM Watson物联网平台、大数据云计算技术以及自主开发的专用工业传感器,对列车以及铁路基础设施进行远程监控并为预测性维护创造条件。当前,巴黎通勤列车装备2 000个传感器,每月可传输70 000个数据点的信息,使得法国铁路公司的技术人员可在同一时间对200列列车的状态进行远程监测,以便及时发现潜在问题,包括诸如空调设备和车门等故障问题,省去了列车段的人工检查,也能防止服务中断以及更昂贵的维修工作。

二、日本

日本是一个高度信息化的国家,自20世纪50年代以来就以信息化立国,随着信息化和物联网的发展,大数据技术在铁路行业得到广泛应用。如开发列车货物运输版的GIS系统,使用户实时掌握货物运输动态，为铁路货运用户和工作人员提供有益的分析和判断信息；开发席位种类设定计划系统，提高座席利用率和旅客便利性。

JR 东日本铁路公司提出“智能维护计划”，推动日本铁路维修方式改革。该计划不是具体的维修养护方法，而是一种新的维修架构。与现有维修方式相比，“智能维修计划”主要包含 4 部分内容(如图 9.2 所示)。

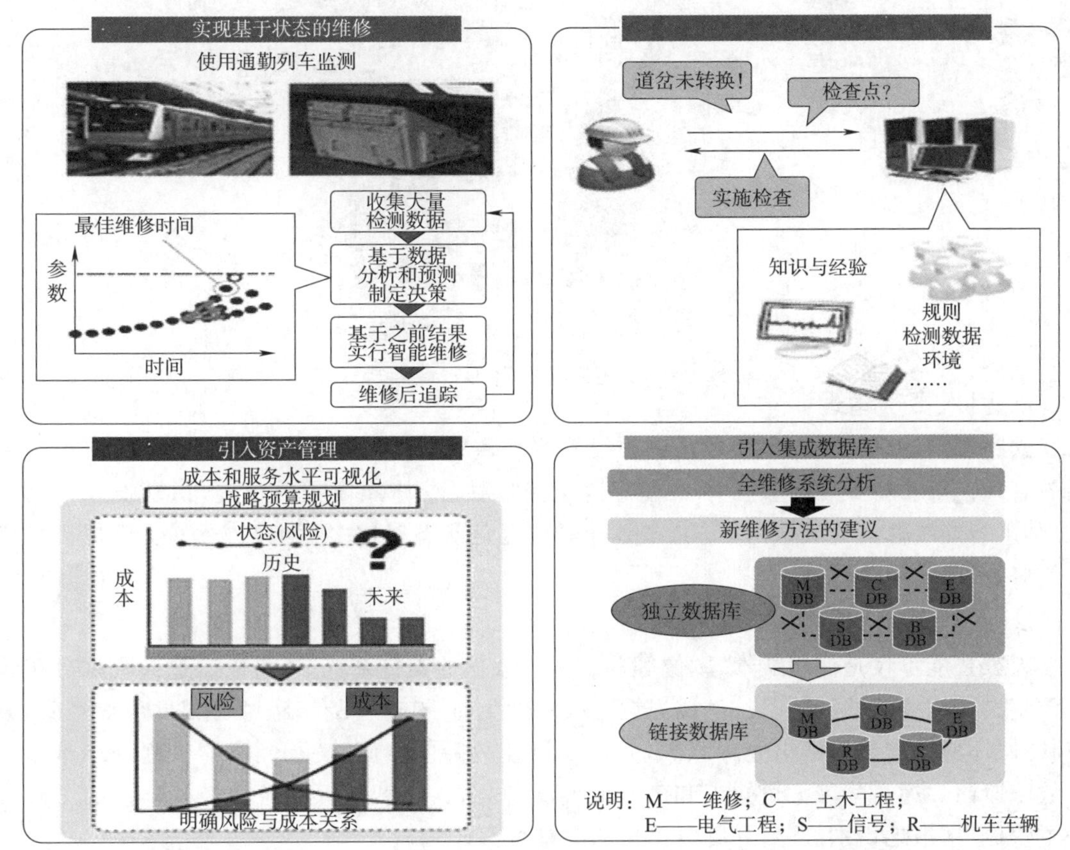

图 9.2 “智能维修计划”的 4 项主要内容

1. 实现基于状态的维修

在基于状态的维修(CBM)系统中，监测组件会通过识别设施设备的退化程度和故障迹象来判定其状态，以保证适时地进行设备维修养护。以电力设备监测系统为例，CBM 工作流程如图 9.3 所示。

图 9.3 中所示的循环可以动态实施，该循环可实现数据获取，根据数据分析识别退化状态，制定包括维修时间、地点、方法的决策，实施维修，评估维修结果。日本铁路正在研究如何将 CBM 用于铁路车辆以实现更高效的车辆维护，CBM 要监测车辆组件的状态并分析所得到的数据，在此基础上制定车辆维护计划。

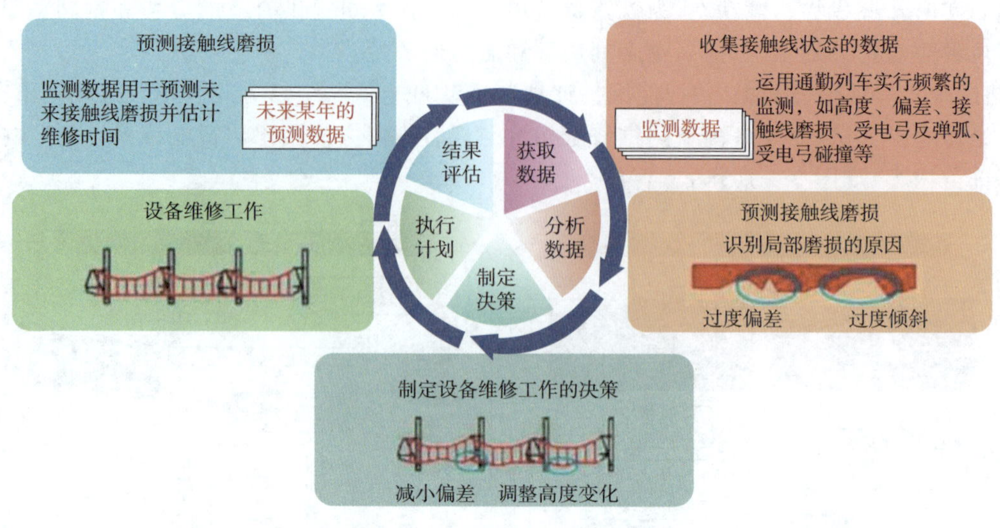

图 9.3 电力设备 CBM 工作流程

2. 引入资产管理

铁路资产管理的概念是将铁路设施设备当作资产，并从全生命周期的角度对资产进行高效管理。对于桥梁、隧道、土木工程等退化速度慢、维修规模大的设施，识别退化较为困难，如果智能维修能克服该困难，工程师可根据退化状态对比多种维修方法，从而提出最优的维修计划。

3. 人工智能支持工作

人工智能不仅是使用文本、图像等非结构化数据的支持系统，还可以通过大数据分析技术挖掘出数据背后的新关联。例如当设备故障发生时，有经验的工程师可根据历史经验、设备状态、环境因素等推断出故障原因，并尽快修复故障。然而，没有经验的工程师却难以识别故障原因。通过学习大量知识和已有的经验数据，人工智能系统可像经验丰富的工程师一样快捷、精准地识别故障，并制定优化的维修方案。

4. 集成数据库

若要实现基于状态的维修、引入资产管理、人工智能支持工作，首先需要一个能够自由处理数据的环境。当前，JR 东日本铁路公司各部门具有各种各样的信息系统，这些系统都是为了优化部门自身工作而开发的，因此各系统的结构相互独立，并且数据无法共享。为了更好地制定决策，有必要将大量数据集中管理，即整合各内部系统，并建立一个大的集成平台。通过该平台，每个一线管理者都可以使用相同的数据，并可高效、精确地制定决策。

第二节 中国铁路大数据发展基础及运用现状

大数据时代给传统铁路行业带来了巨大机遇和挑战。大数据是以容量大、类型多、存取速度快、应用价值高为主要特征的数据集合，正快速发展为对数量巨大、来源分散、格式多样的数据进行采集、存储和关联分析，从中发现新知识、创造新价值、提升新能力的新一代信息技术和服务业态。

我国铁路已经建立了全球领先、规模庞大的铁路网及支撑路网建设和运营的大量信息系统。在全路超过 14.5 万 km 铁路沿线、7 000 余个车站，2.2 万台机车、2 万辆动车组上都安装了大量感知设备。基于物联网感知设备、信息系统接入、移动设备接入、数据交换共享等方式，我国铁路已经积累了体量接近 15 PB 规模的有关工程建设、联调联试、运营管理、安全管理、客运服务、物流服务等领域的海量数据，数据类型包括结构化数据、半结构化数据、非结构化数据、流式数据等多种类型，数据中蕴含着巨大的分析和应用价值。这些都为我国铁路开展大数据分析提供了重要基础和保障。

一、铁路大数据发展特点

1. 业务覆盖全

铁路信息化起步早，发展快，数据基础好。铁路大数据贯穿“勘测设计—工程建设—联调联试—运营维护”等全生命周期，覆盖车、机、工、电、辆等全业务链条，可为各环节经营管理决策提供良好支撑。

2. 时空分布广

铁路大数据资源来源于遍布全国 18 个铁路局集团公司、600 余个站段的所有机车、车辆、基础设施上的各种传感器，时空分布广，具有明显的地域分布性。

3. 更新速度快

覆盖全路的 5T(货车、车辆)、6A(机车车载安全防护系统)、6C(高速铁路供电安全检测监测系统)、ATIS、视频监控等各种自动化信息采集设备源源不断地产生着鲜活的数据资源，数据更新速度快、时效性强、数据活性大。

4. 业务价值高

铁路数据资源关乎国计民生，具有较高的业务价值。铁路互联网售票数据、行车安全数据、设备状态等数据对于建设服务型企业、保障人民生命财产安全及降低养护维修成本具有重要意义。

二、铁路大数据应用体系架构

1. 大数据基础设施体系

大数据基础设施体系主要指机房环境和硬件设备。机房环境是满足数据中心机房电气、空调、消防、弱电工程等设计标准的场所。硬件设备主要包括服务器设备、网络设备、安全设备等三大类，满足铁路大数据中心数据存储、传输等需求。服务器设备可基于云化或非云化环境，建立起大数据平台管理节点、Hadoop 数据节点、Hadoop 测试节点、关系型数据存储节点、数据仓库部署节点等基础环境。

2. 大数据汇集体系

大数据汇集体系主要解决数据汇集问题，即将数据资源从各业务系统抽取并集中起来。从数据汇集的范围来看，既包括国铁集团内部的运输生产、经营管理数据，也包括以国铁集团为核心的供应链上的相关数据，还包括公安、气象、地质及综合运输等社会信息，如图 9.4 所示。

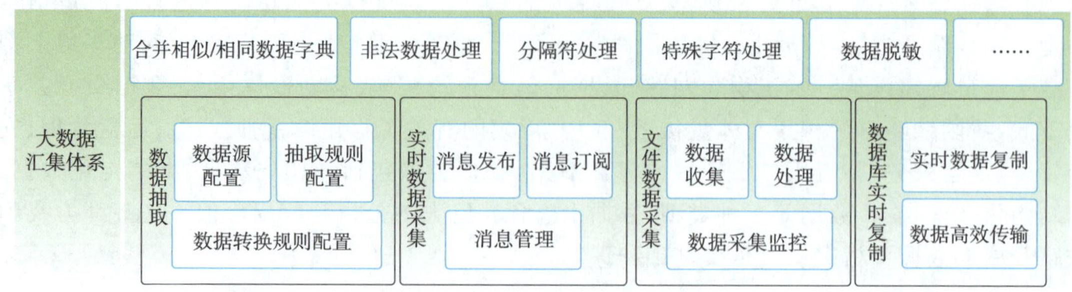

图 9.4　大数据汇集体系示意图

3. 大数据资产体系

大数据资产体系基于关系型数据存储、非关系型数据存储和分布式文件存储等技术，实现全路客运、货运、建设管理、联调联试、基础设施、机车车辆、工务、供电、电务、安全管理、人才培养、协同办公等业务数据管理，实现主数据、元数据等基础数据统一管理和维护，实现气象、经济、综合交通、供应链上下游、地理信息等社会数据的集中共享协作，构建铁路企业级清晰、完整、高质量、高可靠的数据资产体系，提升铁路行业数据能力和价值，如图 9.5 所示。

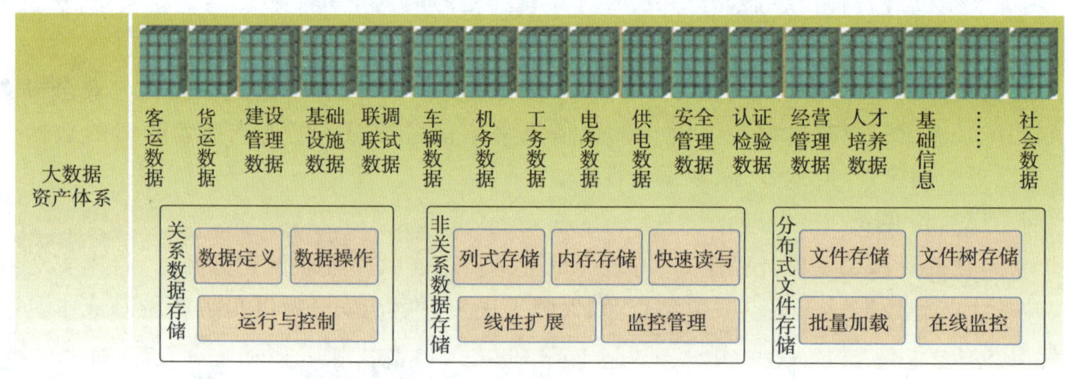

图 9.5　大数据资产体系示意图

4. 大数据治理体系

大数据治理体系是指采取有效的数据治理确保铁路大数据的准确、一致、及时，实现铁路数据资源向数据资产转变。通过数据质量管理，对数据在获取、存储、维护、应用、消亡的每个阶段内可能引发的各类数据质量问题，进行识别、度量、监控、预警等，从而进一步提升数据质量；从基础设施、网络、应用、系统及数据等多个层次入手，保证数据和信息的完整性、保密性、可用性；构建统一的主数据管理系统，实现铁路主数据统一管理、及时更新、专业维护、集中发布、全路共享，为各业务应用系统和用户提供标准、规范的主数据服务。

5. 大数据分析体系

大数据分析体系提供流计算、内存计算、批量计算等多种分布式计算能力，用于满足不同时效要求的铁路业务系统的数据分析需求。可以使用批量计算技术用于时效性要求较低的数据处理业务，如历史数据报表分析。在数据计算的基础上，开展分析建模、模型运行、模型发布等能力的建设，满足实时、离线应用的分析挖掘需求，支持算法并行化处理，为铁路分析决策应用构建提供基础平台支撑，如图 9.6 所示。

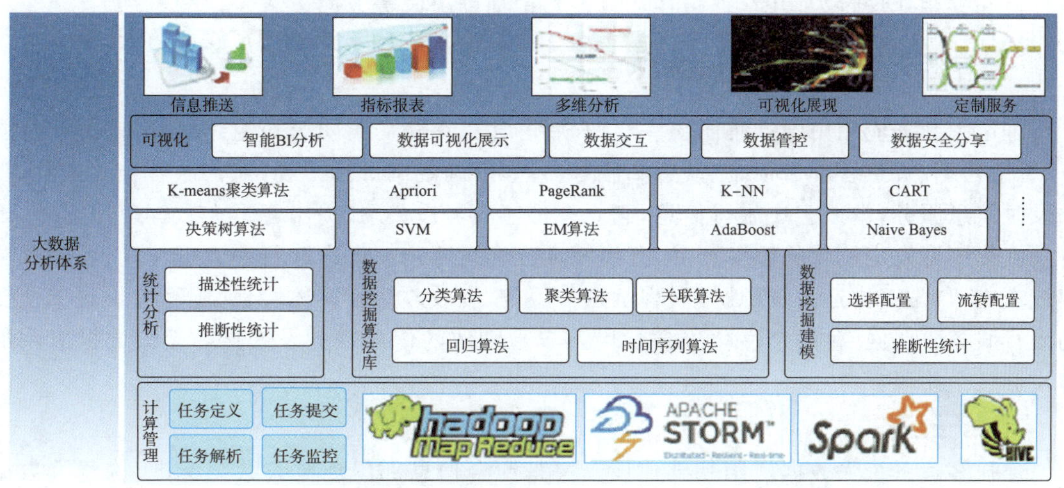

图 9.6 大数据分析体系示意图

6. 大数据应用体系

大数据应用体系指基于各业务领域数据分析、决策支持等业务需求，打破既有业务系统数据壁垒，实现面向应用的多业务数据建模，支撑面向战略决策、运营管理、现场管理等各层用户的分析应用，如图 9.7 所示。在经营效益方面，开展客货运市场分析、竞争行业分析、定价及收益管理、运营成本分析及设备养护维修分析；在运输安全方面，进行风险源隐患分析、事故关联分析、行车调度安全分析、互联网舆情分析等；在运输效率方面，开展物资生命周期管理、运力资源优化配置、开行方案优化等；在服务品质方面，进行客货运用户画像、延伸服务、产品优化等。

大数据应用体系	经营效益	运输安全	运输效率	服务品质
	客货运市场分析	风险源隐患分析	物资生命周期分析	客货运用户画像
	竞争行业定价分析	设备技术状态评价	物资库存储备分析	客货运延伸服务
	客货运定价策略	行车调度安全分析	调度决策优化	客货运定制服务
	客货运收益管理	灾害监测预警分析	运力调配优化	客货运产品优化
	客货运精准营销	客运运营安全分析	开行方案优化	客户服务分析
	运营成本分析	危险品运输安全	线路场站规划布局	对外信息服务
	运维成本分析	舆情风险分析	多专业协同作业	供应商信誉分析
	投资风险分析	……	……	……
	……			

图 9.7 大数据应用体系示意图

第三节　铁路客运大数据应用

铁路客运大数据主要运用于客流调查、客户关系管理、车票销售统计、客流预测、旅客群体分析和异常处理行为诊断、铁路客运智能营销辅助决策等方面。

一、客运大数据应用建设阶段

客运大数据应用由国铁集团统一组织软件研发，铁路局集团公司组织实施，围绕智慧服务、智慧营销、智慧管理目标，主动感知旅客需求，准确定位目标市场，完善旅客互动体验，提供及时信息服务，掌握客户旅行信息，建立有价值的客户关系，提出客运大数据应用需求，配合国铁集团开发定制化的服务产品，开展精准化客运营销。促进跨行业数据流动，及时预测客流变化，科学安排运力资源，拓展客运延伸服务，有效改善旅客体验，为旅客提供更加便捷的出行服务、更具特色的个性化服务和更加丰富细致的信息服务。铁路客运大数据应用的建设分三个阶段：

1. 第一阶段

加强客运系统大数据应用基础建设。一是配合信息部门规范大数据标准、构建大数据管理制度，开展大数据收集汇聚。二是完善客运专业现有运行系统功能，强化客运专业内部大数据基础建设。三是整合现有运行系统资源，实现专业内数据共享。

(1)建立客运系统大数据资源目录。组织开展客运专业信息系统及数据梳理工作，确定专业数据资源分类、数据内容和数据规格，按照统一格式形成本专业信息系统数据资源表单。

(2)推进客运专业信息系统数据采集和汇聚工作。组织制定客运专业信息系统数据采集方案，确定数据的采集范围、方式、频次、时间等内容，协调相关信息系统维护单位或研发厂家，开放数据访问权限或提供数据访问接口，实现各专业数据向平台的汇聚。

(3)开展客流量预测大数据应用建设。计划研发客流预测系统，包括宏观总量预测和微观预测，实现分时段、分区域、分线路、分方向的客流量预测，通过对铁路客票发售和预订系统等历史数据、公路民航等跨行业数据以及其他影响因素数据的规范化采集、专业化分析，实现对铁路客流的科学、精准预测。铁路局集团公司根据国铁集团推进情况组织实施，配备专业人员，研究客流预测与其他工作工序的衔接，结合铁路局集团公司客流特点进行模型拟合运用优化，并提出铁路局集团公司个性化的客流预测功能需求，立项建设。

(4)开展售票组织策略的动态监控预警与调整大数据应用建设。分析客票历史销售规律、实时预售情况以及余票情况，实现对售票组织策略的动态监控预警和调整。计划研发售票组织监控预警系统，实现动态监控和预警，并对调整策略给出建议。通过对铁路客票发售和预订系统历史和实时数据的分析，丰富优化客运营销辅助决策系统功能。铁路局集团公司根据国铁集团推进情况组织实施，研究更科学的监控和调整方法与流程。

(5)开展基于用户画像的客运产品设计大数据应用建设。利用旅客信息和售票数据，挖掘旅客出行习惯、购票规律、支付手段等特征，实现用户画像，为客运产品设计和推荐提供依据。计划研发用户画像系统，实现用户的360°刻画。通过对各种途径购票数据的科学分析，勾画目标用户，辅助产品设计，提高决策效率。铁路局集团公司根据国铁集团推进情况组织实施，研究如何利用用户画像，进行新的客运产品设计，对现有的产品进行优化。

(6)开展常旅客服务大数据应用建设。分析铁路客户价值，结合铁路常旅客计划，为个性化定制服务设计等提供数据支持，提升铁路服务质量与旅客满意度。研发常旅客管理系统（“铁路畅行”常旅客会员），实现会员注册、常旅客识别、积分累积、积分消费、积分结算清算以及各渠道的常旅客服务支撑。铁路局集团公司根据国铁集团推进情况组织实施，在国铁集团常旅客办法基础上，研究基于铁路局集团公司经营主体和服务主体所需的细化功能以及个性化功能。通过输出个性化服务需求数据，拓展常旅客附加服务项目，提供精准服务。强化客户营销意识，建立稳定的常旅客营销及客户维护体系。

2. 第二阶段

围绕重点突破的阶段性目标，逐步拓宽相关专业数据共享，整合铁路内部数据资源，实现跨专业信息全覆盖管理。

(1)开展旅客出行分析大数据应用建设。利用实名制购票数据，对列车等级、票价、旅行时长、换乘时间等旅客出行选择因素进行分析，为列车开行方案制定、客运组织等提供数据支持。建设旅客出行数据分析平台。铁路局集团公司根据平台建设情况立项建设铁路局集团公司二级分析平台，实现本局个性化的分析服务。通过旅客出行数据细化分析影响旅客出行选择因素。结合运输、机务、车辆等相关专业数据，动态调整列车开行方案和客运组织。

(2)建立客运指标分析体系，对旅客列车盈亏点、区间能力利用、分界口客座率、全程客座率等指标进行分析，为列车开行方案及运行图优化提供数据支撑。通过整合客运、运输等专业数据，铁路局集团公司立项建设客运指标分析体系。构建科学的客流分析机制，有效支撑运力优化。通过整合相关专业数据，铁路局集团公司立项建设运行图管理系统，实现运行图导入、数据管理、能力分析等，并与客票系统对接，实现停靠站表数据的自动导入。

(3)实施互联网售票风险防控系统，及时发现异常购票行为。开展互联网售票风险防控大数据应用建设。计划研发互联网售票风险防控系统。铁路局集团公司根据国铁集团统一系统做好售票风险的日常盯控，及时发现异常购票行为。

(4)开展客票、调度、车辆数据在客运管理及站车作业工作中的应用。将车辆、机务、调度等专业的动车组运用维修管理信息系统、客车运用管理系统（KMIS）、客调子系统（TDMS）等系统进行数据共享交互，为科学指挥客运生产，评价经营效果，优化生产要素组合提供决策依据。

(5)推进客运车站智能导航服务应用。立项建设站内导航的定位系统，实现与国铁集团统一的站内导航平台的高效对接。通过客运车站智能导航服务应用，拓展完善智能导航服务项目，进一步提升生产管理和服务水平。

(6)实现客运管理与运输调度相关信息共享。通过铁路客票发售和预订系统、客运管理信息系统、运输调度管理系统、列车调度指挥系统、调度集中系统的数据共享，有效提升应急处置能力。

(7)推进客运站车作业智能化。根据国铁集团客运管理信息系统优化推进情况，通过对站车交互系统、客运管理信息系统、调度辅助决策系统、劳资系统、防洪气象系统等系统的信息共享，路局立项建设站车作业智能化平台，购置智能化服务设备，站车共享业务信息，实现站车作业的联动，为旅客提供智能化服务。

3. 第三阶段

围绕深化应用，持续提升的阶段性目标，加强与相关行业间的信息交互，推进交通信息共享。逐步实现铁路客运数据与公路、民航、气象、旅游以及市内交通等社会数据资源的汇集整合，实现跨行业大数据应用。

(1)实现铁路客运数据资源全面接入，铁路客运业务所需外部信息广泛获取，全面满足大数据应用需要。

(2)开展客车收益数据分析。研发铁路客运收益管理系统，根据系统推进情况组织实施，结合铁路局集团公司趟车效益分析，整合客票收入、附加收入、固定成本、浮动成本等数据，建设路局层收益管理系统，提高客车受益分析能力。

(3)综合民航、公路、旅游等信息，预测客流流向及流量，有针对性地安排运力，为开展空铁联运、公铁衔接提供数据支撑。

(4)开展12306客户咨询、投诉、建议、意见等信息的发展趋势分析，预测客户呼入需求、投诉风险以及相应的路径和节点，缩短客服呼入处理时间，识别投诉风险，提升客服满意度。

二、数据源及需求特点分析

1. 售票数据

客票销售包括电话售票、窗口售票、12306网站售票、手机客户端售票以及自动售票机售票等渠道。客票系统升级到5.0后，客票业务实现了核心交易数据的逻辑集中，所有客票应用都通过连接交易管理服务器(Connection and Transaction Management Server，CTMS)请求访问客票业务数据。因此，窗口、铁路局集团公司、国铁集团等各级CTMS服务节点即可作为售票数据的数据源。

对售票数据的实时数据进行分析，可以及时了解旅客购票需求的热点信息，根据需求热点指定灵活的票额分配以及票价浮动策略，以提高客票销售的收益水平。

2. 车站数据

旅客进站前的身份证以及车票信息核验数据为实名制数据，因此，对进站安检信息进行采集与分析可以较为准确地掌握各车站实时进站客流数量，结合当日各客票销售数据所统计的车站发送客流量信息，可以及时发现车站客流数量的异常，达到安保预警的目的。

旅客可以使用车票、身份证通过站台闸机，通过对闸机验票数据的采集与分析，可以从中提取各站台实时客流数量以及旅客的换票行为特征等信息，以上信息有助于更好地进行车站客运组织。

3. 列车数据

通过列车员手持设备可获取车上旅客的实名信息及车票信息，通过信息核验即可得知旅客是否具有乘车资格，标记无乘车资格的乘客信息并及时上报，待旅客下车后，车站工作人员即可根据车上设备采集的数据及时处理。

综上所述，旅客在购票、进站、乘车、出站各环节中产生的数据均可作为大数据平台的数据源。通过对数据的采集与整合，即可掌握旅客乘车出行的全部环节的行为特征。

三、平台结构设计

对于12306网站、电话、手机客户端、自动售票机以及窗口的售票数据均由CTMS转发至Flume集群,网站Web服务以及云服务日志数据则直接由Flume集群收集。

由于车站安检设备以及闸机配置多样,因此需要在车站设置数据采集器,由数据采集器统一收集,并对日志进行规范处理后转发至Flume,完成车站数据的采集。

列车车载设备由于受网络通信条件以及硬件设备的限制,不能保证数据的实时传输,因此,可以把位于地面的车载设备服务器视为数据源,将各车载设备的交互信息通过大数据平台进行采集。

在数据使用层部署数据查询应用服务器以及分布式计算服务器集群,为数据使用者提供方便的数据查询和使用服务接口。用户可以直接调用接口查询数据或者利用计算集群的计算能力进行数据挖掘与分析工作,如图9.8所示。

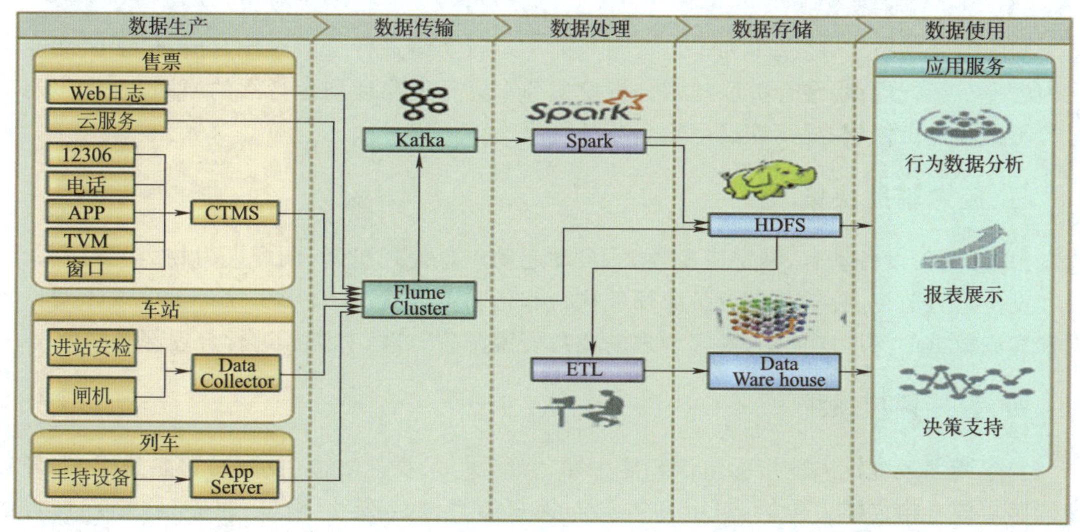

图9.8　大数据分析平台结构示意图

Flume集群在接收到日志信息后,将数据存储在分布式存储系统中,同时将需要实时分析的数据通过Kafka传递至Spark进行流式处理,并将处理结果存储在分布式存储中。已保存在分布式存储的历史数据通过ETL处理转化后,保存在数据仓库中,供数据使用者进行进一步分析。

第四节　铁路货运大数据应用

在铁路货运领域,大数据应用平台主要用于综合分析社会生产数据、社会物流数据、铁路运输数据、货运需求分析、货运市场价格监测、物流市场需求调查与监测、货运收益管理、围绕货运收益管理和现代化物流服务需求,进行一系列预测算法模型的构建及大数据分析方法的探索,完成海量数据的有效信息挖掘并应用于货运业务的智能测算。从社会商品生产—物流需求、铁路货运需求、铁路运输能力、铁路货运产品体系设计、货运收益管理、市场关系维护等方面进行数据的搜集、分析、处理与提供辅助决策建议。主要目标围绕铁路快捷货运市场分析及预测研究、铁路快捷货运营销及客户关系管理研究、铁路零散白货浮动运价管理软件开发、基于货运客户需求偏好的货运产品体系等方面开展。

运营调度大数据应用主要是智能调度指挥系统的建设,涉及铁路运输产品设计和计划编制、列车运行调度指挥分析、应急辅助决策等方面。

一、产品设计和计划编制

基于大数据技术掌握旺季和淡季变化规律以及滚动识别近期短时状况,动态调整列车开行方案和运输计划,创新设计适销对路的客货运产品,智能推送旅客及货主需要的产品信息,使之更切合旅客和货主的实际需求,节约成本,提高效益。

二、列车运行调度指挥分析

利用大数据技术,将基本列车运行图与列车运行实绩进行全面对比,分析包括惯性晚点在内的列车运行规律,结合关联规则分析挖掘列车运行偏离计划运行图的原因,为优化列车运行图编制提供依据,提高铁路运输服务的可靠性。

三、应急辅助决策

根据物资、设备动态,制定应急预案,自动起动应急处理机制,调配人力物力。对全线人员和设备进行监控,分析各站点员工任务执行和备品备件状况,对历史设备设施故障发生频次和客流数据的深层次挖掘,确定合理的应急资源配置方案,对资源进行合理部署和调配。

四、智能调度系统

智能调度系统标志性指标包括智能感知、智能决策、智能防控(控制)、智能分析(保障)。智能感知核心构成能力包括:对市场需求的感知能力,对特定运输单元(专运、重点物资运输、重点列车)状态的感知能力,对运输环境的感知能力,对运载机具状态的感知能力,对全局或运输趋势的感知能力;智能决策核心构成能力包括:工作计划智能编制的能力,基于影响因素消解或目标优化的智能调整能力,对决策结果的验证或仿真的能力,作业指令智能下达的能力;智能防控核心构成能力包括:对风险(运输,装卸、运行、技术作业等;地质;气象;设备状态等异常状况)的识别和防范的能力,对计划执行过程的全面掌控的能力等;智能分析核心构成能力包括:决策结果与实际执行情况对比分析的能力,运输产品供给与旅客、货主需求适应情况分析能力等。

第十章　智能编制列车运行图

我国铁路运输具有需求大、客货混跑、高铁与普铁成网运营等特点，列车运行图编制需要解决来自提高客货服务质量和运力资源利用最大化等多方面的冲突，我国铁路列车运行图编制的复杂性与困难性较其他国家更为突出。将人工智能技术与列车运行图编制深度融合，发展列车运行图智能编制技术，是提升列车运行图编制质量，提高列车运行图编制效率的必由途径。

第一节　智能编制列车运行图的必要性

列车运行图编制问题本身属于 NP 难解问题，存在“组合爆炸”。设在一个区段内，有 m 个车站，n 列列车（包括上下行），且该区段内的区间数为 $m-1$，则该区段的列车运行图是由 $(m-1)n$ 段列车运行线所组成，每段运行线各代表着某一列车在某一区间内的发车时刻、到达时刻及区间的运行时间。如果将开行的列车看作为任务（工件），将列车占用区间或车站看作是“加工”工序，每个区间看作一台机器，那么列车运行图的优化编制问题就转化为工件加工排序问题，是一类典型的作业调度问题，也就是 Job-shop 问题。显然，所有工件的加工序列有 $(n!)^{m-1}$ 种可能方案，其算法复杂度为 $O((n!)^{m-1})$，列车运行图编制问题的难度随着列车、车站数量的增加呈指数级增长，寻找具有多项式复杂性的最优算法是不可能的。

列车运行图是协调铁路各部门、单位有序进行生产活动的核心计划，其编制工作并不是孤立的，而是与其他计划包括列车运行计划编制、车底/动车组交路计划编制、车站作业计划编制等紧密地联系在一起。例如，在资源分配的本质问题上，列车运行图与车站作业计划互为制约前提，运行图中规定了列车到发车站的时刻及在车站内的停留时间，这就对应要求为列车提前安排在车站内的走行径路计划，另一方面车站作业资源有限，可能出现无法配合运行图为列车安排可行走行径路的现象，从而要求运行图调整列车运行时刻。因此，列车运行图及其相关计划的一体化编制是提升铁路运输组织水平的重要途径，同时也极大地增加了计划编制的难度，亟须通过智能化手段实现列车运行图编制方法的提升。此外，运行图编制质量是市场需求和能力供给的匹配度和整个铁路系统运输效率和资源运用效率的直接体现，关系到铁路运输组织生产的投入和产出，特别是在大规模路网、大数量列车需求的情况下，依靠人的智慧编制已无法满足市场需求与运力资源统筹优化的需求。

一、智能编制技术有效提高列车运行图质量

列车运行图涉及列车开行方案、列车运行线、到发线、动车组交路、列车停站等诸多要素的编制，在编制过程中还需考虑线路、车站能力的充分运用，列车开行频率和停站方案的均

衡、各路局诉求的保障等因素，为保证列车运行图高质量的铺画，需要统筹在众多要素和影响因素，以满足旅客需求、运力资源运用充分为目标，对列车运行图的时空分布、停站设计、冲突调整进行智能化的设计和编制，能够形成编制要素整体优化的一体化设计方案。

运行图编制参数是列车运行图编制的主要约束，包括区间运行标尺、起停车附加时分、列车追踪间隔时间等，随着运营经验的不断积累，现有运行图同一参数标定的体系，已无法满足精细化编图需求。应用智能编图技术可以精确确定不同规模车站的起停车附加时分、枢纽车站不同股道间的追踪间隔时间等，从而实现通过能力的充分运用。

人工编制列车运行图，难免会出现进路交叉、间隔不够等情况，在运行图编制完成后，需要大量的人工核对，甚至在运行过程中都出现过列车冲突的情况。应用智能编图技术仿真列车运行图冲突条件，充分保障列车运行图的可靠性及可操作性。

二、智能编制技术有效提高列车运行图编制效率

人工编制虽然能够灵活地利用编制规则，更有效地疏解运行图中的冲突，但是面对路网大规模列车运行线铺画需求下，编制强度和难度将大幅增加，其编制效率与计算机自动化编制相比存在巨大差距，在能够明确操作目标的前提下，应用智能编制技术铺画整体列车运行图，辅以人工必要调整，可以提升列车运行图编制效率。

当前列车运行图编制系统不能够与客运系统、调度系统、动车组管理系统、值乘管理系统、天窗管理系统等进行数据交互，导致大量的数据需要人工处理。应用智能编制技术可以有效提升数据传输的安全和效率。

三、智能编制技术有效提高列车运行图质量评价方式

列车运行图是运输组织计划的核心，也是运输生产收益根本。列车运行图中含有列车运行线、走行径路、动车组运用等基本信息，在客流预期下，应用智能编制技术可以针对列车运行成本、客票收入进行测算，实现列车运行图经济效益的预判。

列车运行图在执行过程中，势必会遇到恶劣天气、设备故障等应急事件，这对运营秩序产生极大干扰，应用智能编制技术进行全图动态仿真，推演故障应急情况下的列车运行秩序恢复情况，可以对运行图的弹性进行分析和评价。

旅客对列车的选择评价是列车运行图、列车开行方案编制质量好坏的最直接的体现，通过列车运行线和列车 OD 密度表融合，形成每一个车次的、每一个运行区段的客流密度，应用智能编制技术分析列车运行线与客流需求的适应性，可以有效评价列车运行图与市场需求的耦合程度。

第二节　人工智能方法体系

一、人工智能方法概述

人工智能（Artificial Intelligence，AI）领域的一个主要研究目标是实现完全自主的智能体，这一智能体能够与其所处的环境进行交互，根据环境反馈学习最佳行为，并通过反复实

验不断改进行动策略，如图 10.1 所示。强化学习(Reinforcement Learning，RL)的出现为这一目标的实现提供理论基础。一方面，强化学习对策略和状态具有强大的表征能力，能够用于模拟复杂的决策过程；另一方面，强化学习赋予智能体自监督学习能力，使其能够自主地与环境交互，在试错(Trial and Error)中不断进步。强化学习作为人工智能研究领域的重要分支，被认为是实现类人智能的关键，受到学术和产业界的广泛关注。

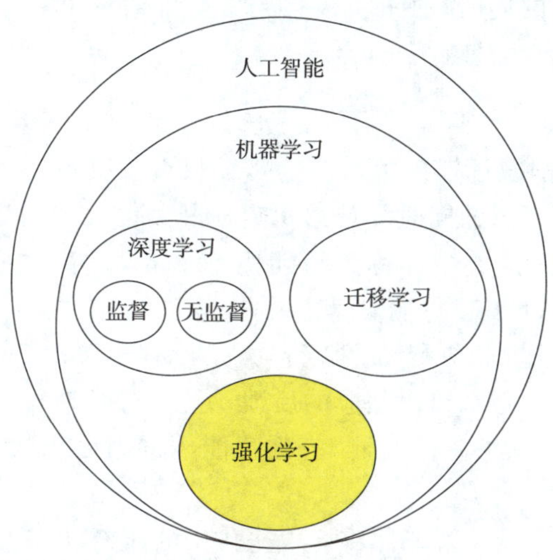

图 10.1　人工智能相关技术关系图

人工智能在目前阶段的实现手段主要体现为机器学习技术。机器学习又可以分为三类不同的方法论体系，即深度学习(包含监督学习和无监督学习两个子类)、迁移学习和强化学习。不同于监督学习和无监督学习，强化学习是一种自监督的学习方式：智能体一方面基于行动和奖励数据进行训练，并优化行动策略；另一方面自主地与环境互动，观测并获取环境反馈。不同于迁移学习，强化学习直接从目标领域中获取样本并用于学习，然后将学到的策略/模型用来指导目标任务的完成。

二、强化学习基础理论

从数据中学得模型的过程称为“学习”(learning)或“训练”(training)，这个过程通过执行某个“学习算法”(learning algorithm)来实现。早期的强化学习方法基于最优控制理论，将强化学习的序列决策问题描述为自适应动态规划(adaptive dynamic programming，ADP)问题。研究人员以此为基础，对序列决策问题进行推广，得到基于策略的强化学习问题，并提出各种用于解决该问题的策略搜索算法。更进一步地，为了简单直观地了解策略的优劣，学者们引入值函数作为策略评价的标准，提出 Q-learning 等一系列经典的强化学习模型。目前强化学习的发展已经进入与深度学习相互融合的阶段。传统的强化学习方法受限于策略表征能力，只能处理一些简单的决策问题，深度学习的出现打破这一限制，与深度学习的结合给强化学习理论和应用注入新的动力。

强化学习的基本过程是一个马尔科夫决策过程(Markov Decision Process，MDP)，马尔科夫决策过程可以用状态(State)、行动(Action)、状态转移概率(Possibility)、状态转移奖励或回报(Reward)构成的四元组$\{s,a,p,r\}$表示,如图 10.2 所示。

对于离散时间 MDP,状态和动作的集合称为状态空间(State Space)和动作空间(Action Space),分别使用 S 和 A 表示,$s_i \in S$,$a_i \in A$。根据第 t 步选择的行动,状态根据概率,从s_t转移到s_{t+1},在状态的转移的同时,决策主体得到一个即时的奖励。该过程结束时的累积奖励(Return)为

$$G_t = R_t + \gamma R_{t+1} + \gamma^2 R_{t+2} + \cdots = \sum_{k=0} \gamma^k R_{t+k}$$

其中,γ 为折扣因子,用于削减远期决策对应的奖励权重。决策的最终目标是在抵达目标状态的同时实现累积奖励最大化。

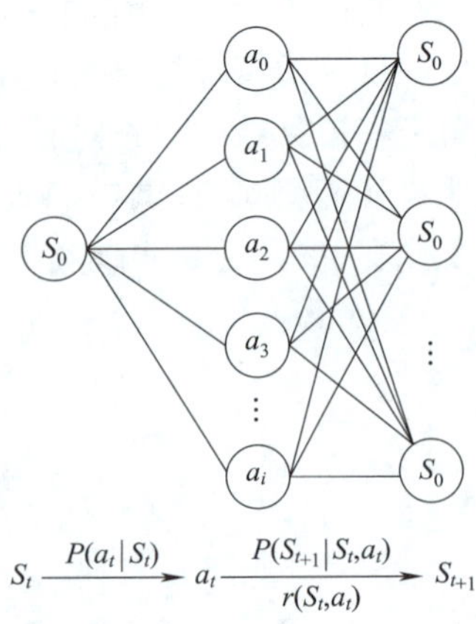

图 10.2 马尔科夫决策过程

在强化学习过程中,决策的主体称为智能体(Agent)。智能体首先需要对其所处的状态进行观测,并根据观测结果(Observation)进行决策,采取相应行动。该行动一方面与环境(Environment)发生交互,环境以奖励的形式对智能体的行动给出相应的反馈;另一方面,该行动改变智能体的状态。一个循环结束后,智能体开始新一轮的观测,直到智能体进入终止状态,此时一次完整的迭代结束,如图 10.3 所示。

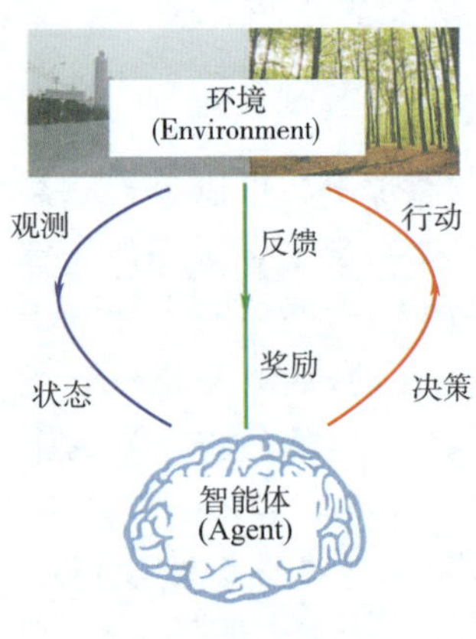

图 10.3 强化学习过程

智能体将此次迭代中的所有状态及其相应的动作以状态—动作序列的形式记录下来,生成轨迹(Trajectory):

$$\tau = \{s_t, a_t, s_{t+1}, a_{t+1}, \cdots\} \tag{10.1}$$

同时统计每一步的即时回报,计算此次迭代中获得的累计回报G_t,将这些信息作为策略更新时的训练样本。

智能体采取行动依据的策略使用函数 $\pi(a|s)$ 表示,智能体学习的目标就是优化这个策略函数。根据优化对象的不同,强化学习方法可分为策略搜索方法(Policy Search)和值函数方法(Value Function)。强化学习过程中的状态转移概率又称为系统动态(Dynamics)、转移动态(Transition Dynamics)或环境模型,使用$P_{ss'}$表示:

$$P_{ss'} = P(s_{t+1} = s' | s_t = s, a_t) \tag{10.2}$$

根据状态转移概率是否已知,可将强化学习方法分为基于模型(Model Based)的强化学习方法和免模型(Model Free)的强化学习方法。

早期强化学习中的一个经典问题是轨迹规划问题。轨迹规划问题的目标是训练程序在给定初始位置和终点位置的情况下自适应选择移动策略。在离散时间条件下,轨迹规划问题可以归结为点到点的运动控制问题,常用的方法是用高斯混合模型(Gaussian Mixture Model, GMM)对移动策略建模,然后以专家轨迹为训练集,求解 GMM 参数。强化学习方法在最优控制理论的基础上进行延伸,将最优控制问题拓展成更普遍、更广泛意义上的序列决策问题。强化学习同时引入智能体和环境的概念,作为决策主体和主体的对立面,并采用即时奖励函数对最优控制问题中稀疏的目标奖励进行补充。一方面,智能体能够自主地与环境交互,获取训练样本,进一步采用监督学习的方式更新策略,实现终身学习(Lifelong

Learning)，而不再依赖于有限的专家样本。另一方面，与环境的交互过程还原具有自主性的决策主体的学习过程，这种学习方式同时也是最普遍的具有主体性的生物体的学习方式。

不论是最优控制问题，还是强化学习问题，其基本思想都是使用函数对策略进行建模或拟合，在一定的约束条件下优化策略函数。传统的方法使用凸函数对策略建模，使用专家样本作为训练集进行参数估计，深度学习与强化学习的结合改变这一模式。一方面，深度神经网络允许策略函数非凸，扩展强化学习方法的应用范围。另一方面，深度神经网络强大的特征提取和函数拟合能力允许强化学习算法应用到非常复杂的决策问题上。在一些以视觉信息为观测对象的问题中，深度神经网络与强化学习的结合使端到端的训练成为可能，大幅节省观测数据处理过程的耗时。此外，与深度学习的结合使强化学习变成一个数据驱动的自监督学习问题，对于数据获取较简单的场景，深度强化学习方法可以很简单地投入应用。

第三节　铁路列车运行图智能编制方法探讨

一、运行图智能编制思路及流程

1. 启发式搜索技术应用于运行图编制的思路

由于列车运行图编制是多目标规划问题且属于 NP 难问题，传统的搜索和数学优化方法难以在有限时间内求解。应用分层决策模型可以解决列车运行图编制问题，即把列车运行图编制问题看成是由多个子问题构成的集合，从而通过求解一系列相对简单的子问题达到求解复杂问题的目标。原理如下：

(1)建立列车运行图初始状态：基于满意优化原理求解列车的始发或终到时刻，作为列车运行图的初始状态。

(2)建立列车运行图编制问题操作集：如果判定运行线发生冲突，即不满足约束条件后，采用产生式规则的形式来表示：IF＜前提＞THEN＜结论＞。

(3)启发式搜索：根据规则匹配列车调整后可能的时刻，计算各个规则匹配导致的列车冲突调整方案的估价函数值，以此为基础对规则匹配方案进行筛选。

算法主要研究如何求解约束多目标优化问题，针对列车运行图约束多，将其转换为多目标，并将和原来优化的两个目标合并成多目标问题。基于 Pareto 支配关系的算法在求解多目标存在运行耗时，为保持算法中可行解与不可行解的平衡，始终允许在算法中保留不可行个体以增强全局搜索能力。为每个约束条件分配各自的惩罚系数，实现约束条件之间的平衡。根据种群中可行解在整个种群中所占的比例来动态调整惩罚系数算法增加惩罚因子，当算法违背约束机制的目标时进行惩罚，可以让算法以更快的速度找到最优结果。

2. 深度学习应用于运行图编制的思路

在列车运行图中所有列车共享时空资源，合理安排各条列车运行线以避免列车冲突并快速完成旅途是编图工作的主要目标。从博弈论的角度而言，列车之间在时空资源占用方面存在一定程度的竞争关系，然而所有列车的目标是一致的，即安全快速地完成旅途，令各列车之间又存在着合作关系。因此，列车运行图编制问题在深度强化学习领域中属于多智能体问题的范畴。

列车运行图编制需要考虑三种重要资源：时间、空间和列车，以不同的资源类别为维度可以构建不同属性的列车运行图编制模拟环境：

(1)以时间维度构建模拟环境

该方式以列车运行图的时间粒度(通常为 1 min)为单位构建马尔科夫决策过程，在每个决策阶段，环境的状态可由三个状态属性表示(每列车在线网上的真实位置、下一个区间是否被占用和当前时刻)，接收的智能体决策为每列车是否应在下一个阶段停车，据此可以推算出下一个决策阶段的环境状态，根据所有列车的真实位置可以检测是否出现列车冲突，当所有列车在运营时间范围内完成旅途，则一次模拟过程结束。

(2)以空间维度构建模拟环境

该方式以区间为单位构建马尔科夫决策过程，在每个决策阶段，环境的状态可由四个状态属性表示(每列车在区间后方站的出发时刻、是否停站、运行方向和当前所在区间)，接收的智能体决策为每列车在区间前方站的停站时间，据此可以推算出每列车在下一个区间后方站的到达、出发时刻和是否停站，根据已知的列车在区间两端车站的到达、出发时刻可以检测是否出现列车冲突并计算列车在上一区间的旅行时间，当所有列车到达终点站，则一次模拟过程结束。

(3)以列车维度构建模拟环境

该方式在每个决策阶段安排一条列车运行线，环境的状态可由两个状态属性表示(上一列车在所有车站的到达、出发时刻)，接收的智能体决策为当前列车与上一列车的始发时间间隔和在所有中间站的停站时间，据此可以检测连续的两条列车运行线是否发生冲突并计算列车的全程旅行时间，当所有列车运行线安排完毕，则一次模拟过程结束。

理论上，三种环境具有不同的特点：第一种环境要求掌握每列车在任意时刻的真实位置且更贴近实际，同时适用于列车运行图编制和调整问题，但模拟一个回合经历的时间较长，可能会降低智能体的学习效率；第二种环境可以通过将区间旅行时间分解为纯运行时分和起停车附加时分来简化状态转换计算，模拟效率较高，但需要给定所有列车的始发时刻，不利于与相关计划进行协同一体化编制，且只适用于列车运行图编制问题；第三种环境与手工作业流程相似，灵活性强，有利于引入其他计划的协同信息以实现一体化编制，但只适用于列车运行图编制问题，并且状态属性之间具有较强的相关性，会破坏状态转换过程的马尔可夫性，导致智能体的学习过程不稳定。从实际运用的角度而言，实际工作中的计划编制问题同样具有异质性，采用不同特点的环境去适配相应的实际问题可能会取得较好的效果。

多智能体训练算法框架将每列车视为一个相对独立的智能体，使用深度神经网络参数化构建每个智能体的价值函数，通过智能体与环境不断进行模拟交互所产生的经验训练价值网络。框架的计算效果和效率主要受算法架构、深度神经网络结构设定和计算硬件的性能与利用率影响：

(1)算法架构

在列车运行图编制问题中，各条列车运行线之间竞争与合作并存，但合作占主导地位，在时空资源占用方面的竞争可以通过相互妥协来解决，这要求在算法构架中建立高效的信息交流机制，在跨智能体沟通成本最小化的条件下，使智能体在学习过程中能够考虑其他智能体的策略，便于多智能体集群最终学习到最优的合作策略。

深度强化学习是一种模块化的算法框架，许多计算任务可以通过并行化来加快计算效率。例如，智能体与环境的交互模拟过程与深度神经网络的训练过程，算法架构应当最大限度地支持对可并行化计算的模块、任务和过程实施异步式和分布式地部署。

(2)深度神经网络结构设定

深度神经网络主要可以分为全连接前馈神经网络、卷积神经网络和循环神经网络三大类，它们具有不同的架构和特性。第一种神经网络架构简单，具有一定的通用性，但在特定领域的表现不佳；第二种神经网络可适用于高维度张量的特征识别，例如图像识别；第三类神经网络可适用于环境状态特征存在一定相关性的问题，例如文本翻译和语音识别。列车运行图结构性强，既可以由数据表示，也可以由时间—空间二维图像表示，此外，以列车维度构建的模拟环境恰好具有状态特征存在相关性的缺陷，因此三类深度神经网络均具有应用的潜力。

深度神经网络的具体结构由一系列超参数控制，包括网络层数、每个神经层包含的神经元个数、激活函数类型和待训练参数初始化机制等，它们对深度神经网络的规模、训练速度和收敛性能具有直接影响。在列车运行图编制问题中，需要经过大量的数值分析与测试来确定最优的超参数组合。

(3)计算硬件的性能与利用率

在具体部署深度强化学习算法时，环境与智能体的交互模拟过程主要由中央处理器(CPU)承担，深度神经网络的训练属于计算密集任务，将待训练的神经网络参数储存在显卡(GPU)上，利用其张量并行计算加速功能可以显著提高计算效率。CPU 和 GPU 的性能和利用率对算法的计算效率具有重大的影响，利用异步计算技术可以将算法中的模拟与训练过程进行最大限度地拆分，通过二者的并行化可以显著提高计算效率；利用分布式计算技术可以将算法分布式地部署在多台计算机或云端虚拟机集群上实施并行化计算，从而获得数倍于单机计算的效率增益。

综上所述，面向多智能体深度强化学习和大规模复杂路网条件下列车运行图一体化协同编制及调整的交叉理论探索，聚焦列车运行图一体化协同智能编制系统的核心技术研发，是中国智慧铁路建设的未来发展方向，有利于进一步提升列车运行图编制质量和效率、降低编图人员劳动时间和铁路企业成本。由于问题的特殊性、系统性与复杂性，深度强化学习技术的实际运用需要更深入的理论与实证研究。

二、基于深度强化学习的列车运行图智能编制方法

1. 基于深度强化学习的列车运行图智能编制技术

对列车运行图及相关运输计划的影响因素、目标与约束进行分析、提取和量化；基于强化学习方法论建立准确刻画运行图及相关计划一体化编制过程的模拟环境；基于深度学习方法论从深度神经网络的类别(前馈神经网络、卷积神经网络和循环神经网络)和结构(由隐藏层数、神经元数、学习率、优化器、Dropout 率等超参数决定)两个维度寻找最佳的智能体架构；基于多智能体深度强化学习的运行图一体化编制方法的提出和基于异步、分布式技术的算法并行化部署。

(1)列车运行图与相关运输计划协同机理研究

研究列车运行图与其相关计划，包括开行方案、车站股道运用计划和动车组运用计划的影响因素、编制目标和约束条件，分析研究列车运行图及其相关计划的协同机理，如图 10.4 所示。

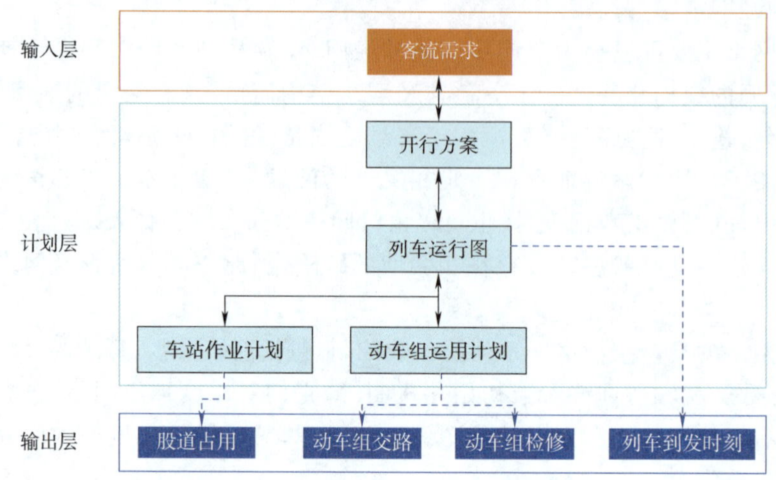

图 10.4　列车运行图与相关运输计划协同关系

(2)基于强化学习的运行图一体化编制模拟环境构建

基于强化学习(Reinforcement Learning)方法论，从空间维度(区间)将列车运行图编制问题转化为一个马尔科夫决策过程(Markov Decision Process)，如图 10.5 所示，进而构建运行图一体化编制模拟环境。

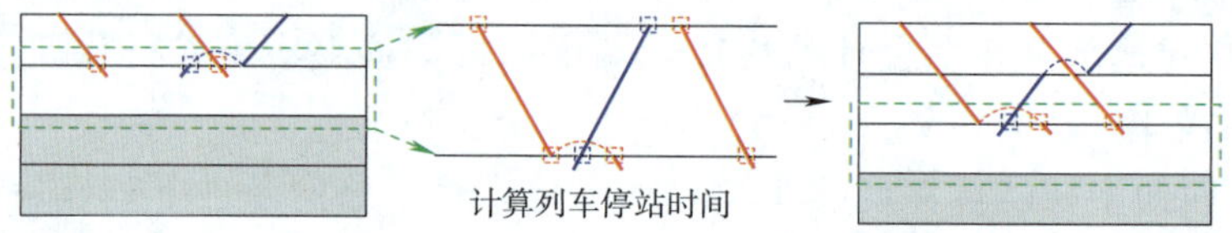

图 10.5　基于空间维度的运行图编制模拟环境

模拟环境构建过程如下：

①环境状态

在第 t 个时间步，完整的环境状态 S_t 由所有列车的局部状态 s_i^t 组成，包含了智能体 i 决策时需要考虑的所有客观信息：(1) x_i^t 表示列车 i 在当前区间后方站的出发时刻，以 1 min 为单位，取值范围为[1,1 440]；(2) $y_i^t \in (0,1)$ 表示列车 i 在当前区间后方站是否停站，$y_i^t=0$ 表示不停站通过，反之表示停站；(3) $z_i^t \in (0,1)$ 表示列车 i 的运行方向，$z_i^t=0$ 表示下行列车，反之表示上行列车；以及交互过程中必要的辅助信息；(4) l_t 表示第 t 个时间步所有列车的位置(区间序号)，设区间数为 B，l_t 的取值范围为[1,B]。

②行动

在第 t 个时间步，每列车在车站 i_t+1 的停站时间需要被确定，用 a_t^n 表示。所有智能体的行动集 A_t 用式(10.3)表示：

$$A_t=\{a_t^n \mid n\in N\} \tag{10.3}$$

每个行动 a_t^n 选自一个可选行动集合 U，由 0（表示列车不停站通过）和下限为最短停站时间 $u_{\min}$、上限为最长停站时间 $u_{\max}$ 的时间序列组成。$u_{\min}$ 保证列车在车站有充足的时间让旅客上下车、货物装卸和进行必要的技术作业。$u_{\max}$ 可以避免列车在车站过久地停留。

③转换动态

令状态推算按下行方向进行，第 t 个时间步列车 i 在区间 l_t 后方站的出发时刻 x_i^t 及是否停站 y_i^t 已知，区间 l_t 的纯运行时分 w_t 和起停附加时分 u_t、o_t 均为已知参数，根据智能体的行动 a_i^t 即列车在当前区间前方站的停站时间可以推算出下行列车（$z_i^t=0$）及上行列车（$z_i^t=1$）在该站的到达时刻，如式（10.4）所示：

$$\begin{cases} d_i^{t+1}=x_i^t+w_t+u_t\cdot y_i^t+o_t\cdot\Theta(a_i^t),\text{if } z_i^t=0 \\ d_i^{t+1}=x_i^t-w_t-u_t\cdot\Theta(a_i^t)-o_t\cdot y_i^t,\text{if } z_i^t=1 \end{cases} \tag{10.4}$$

式中　d_i^{t+1}——列车 i 在区间 l_{t+1} 后方站（即区间 l_t 的前方站）的到达时刻；

$\Theta(a_i^t)$——阶梯函数，表示列车 i 在区间 l_t 的前方站是否停站，当 $a_i^t=0$ 时 $\Theta(a_i^t)=0$，当 $a_i^t>0$ 时 $\Theta(a_i^t)=1$。

相对于下行列车，上行列车的到达时刻和出发时刻需要进行反向推算。

根据 d_i^{t+1} 与 a_i^t 可以计算出发时刻 x_i^{t+1}，如式（10.5）所示：

$$\begin{cases} x_i^{t+1}=d_i^{t+1}+a_i^t,\text{if } z_i^t=0 \\ x_i^{t+1}=d_i^{t+1}-a_i^t,\text{if } z_i^t=1 \end{cases} \tag{10.5}$$

令 $y_i^{t+1}=\Theta(a_i^t)$，$z_i^{t+1}=z_i^t$，$l_{t+1}=l_t+1$，可得第 $t+1$ 个时间步的环境状态 S_{t+1}，如式（10.6）所示：

$$S_{t+1}=(l_{t+1},s_i^{t+1}=(x_i^{t+1},y_i^{t+1},z_i^{t+1})\mid i=1,2,\cdots,N) \tag{10.6}$$

④奖励

当第 t 个时间步的推算过程结束后，任意列车 i 在区间 l_t 两端车站的到达时刻和出发时刻 $d_i^t,x_i^t,d_i^{t+1},x_i^{t+1}$ 以及是否停站 y_i^t,y_i^{t+1} 均为已知量，由此可以检测任意一对列车在区间 l_t 内是否满足相应的约束条件。根据单线铁路系统的安全运营与技术作业要求，对以下约束条件进行检测：

a. 列车占用区间约束。在单线半自动闭塞区段，一个区间内同时只允许一列车通行。

b. 运营时间范围约束。所有列车应在 1 d 内完成旅行，且不能与天窗时间冲突。

c. 车站间隔时间约束。为保证行车安全，列车在车站进行到达、出发或通过作业时应满足规定的最小间隔时间。主要包括不同时到达时间间隔约束、会车间隔时间约束和列车连发间隔时间约束。

若列车在区间内没有与其他任何列车发生冲突，行动奖励为列车通过区间的旅行时间的负值，由于旅行时间中包含了不影响决策的已知参数——区间纯运行时分 w_t，为避免无关因素对策略网络和价值网络的训练造成影响，需要在旅行时间中去除 w_t；若列车在区间内与任一列车产生了冲突，则行动奖励为一个极大的罚值，如式（10.7）所示：

$$r_i^t=\begin{cases} -(\lvert x_i^{t+1}-x_i^t\rvert-w_t),\text{如果列车 } i \text{ 未违背约束} \\ -M,\text{否则} \end{cases} \tag{10.7}$$

式中，M 为一个远大于任意列车旅行时间的正数。

(3)基于分布式多智能体深度强化学习的运行图智能编制算法框架构建

在完成模拟环境和智能体的构建后，需要一个具备多智能体高效信息交流机制的深度强化学习算法框架，将环境和智能体进行整合，并建立环境与智能体交互以产生经验的采样器，和使用经验对智能体中的深度神经网络进行参数更新的学习器，最后需要对算法框架实施异步、分布式地部署，以实现列车运行图一体化编制问题的高效智能化求解。

a. 采样器构建。智能体通过深度神经网络根据输入状态获得行动推断后，需要使用 Softmax 函数将其转化为标准化的概率分布，然后运用具备探索机制的 $\varepsilon-greedy$、熵值法等方法进行行动选择，然后环境在接收到行动后执行下一步的状态转换模拟，以生成训练用的经验。

b. 学习器构建。运用随机梯度下降(Stocastic Gradient Descent, SGD)包括 Adam，Momentum 等算法，基于采样经验对深度神经网络的参数进行迭代式更新。

c. 异步、分布式架构。采样器和模拟器通常分别部署在计算机的 CPU 和 GPU 上，二者除了都要使用智能体中的深度神经网络以外，其他功能相对独立，可以采用异步、分布式执行的方法并行化以大幅度加快求解效率，如图 10.6 所示。

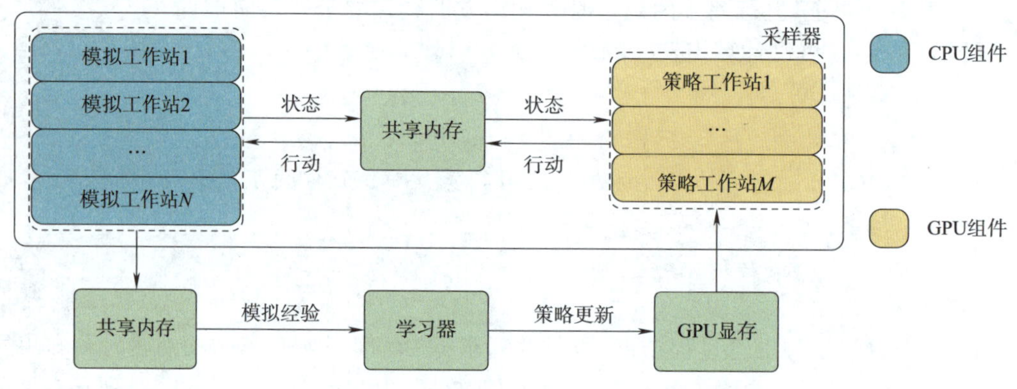

图 10.6 异步、分布式算法架构

2. 基于深度强化学习的列车运行图智能调整技术

从效率、时间、里程、均速等方面构建运行图策略评价参数，基于深度强化学习方法论建立运行图调整策略迭代机制。

(1)列车运行图策略评价参数析取

基于列车运行图一体化编制模拟环境的状态转换模块，可以获得列车在任意区间的模拟运行轨迹，进而可以计算下述列车运行图策略评价参数：

①旅行时间 D_i^t。由列车在区间前方站和后方站的出发时刻间隔 x_i^{t+1} 和 x_i^t 决定，如式(10.8)所示：

$$D_i^t = x_i^{t+1} - x_i^t \tag{10.8}$$

②运输里程 E_i^t 为已知参数，即区间 b_i^t 的站间距。

③平均速度 v_i^t。由已知的运输里程 E_i^t 除以旅行时间 D_i^t 可得，如式(10.9)所示：

$$v_i^t = \frac{E_i^t}{D_i^t} \tag{10.9}$$

此外，还需要对下述约束条件进行检测，如图 10.7 所示。

a. 列车占用区间约束，在单线半自动闭塞区段，一个区间内同时只允许一列车通行，即不允许出现两列车在区间内进行会让和越行。

b. 运营时间范围约束，所有列车应在 1 d 内完成旅行，且不能与天窗时间冲突。

c. 车站间隔时间约束，为保证行车安全，列车在车站进行到达、出发或通过作业时应满足规定的最小间隔时间。主要包括不同时到达时间间隔约束、会车间隔时间约束和列车连发间隔时间约束。

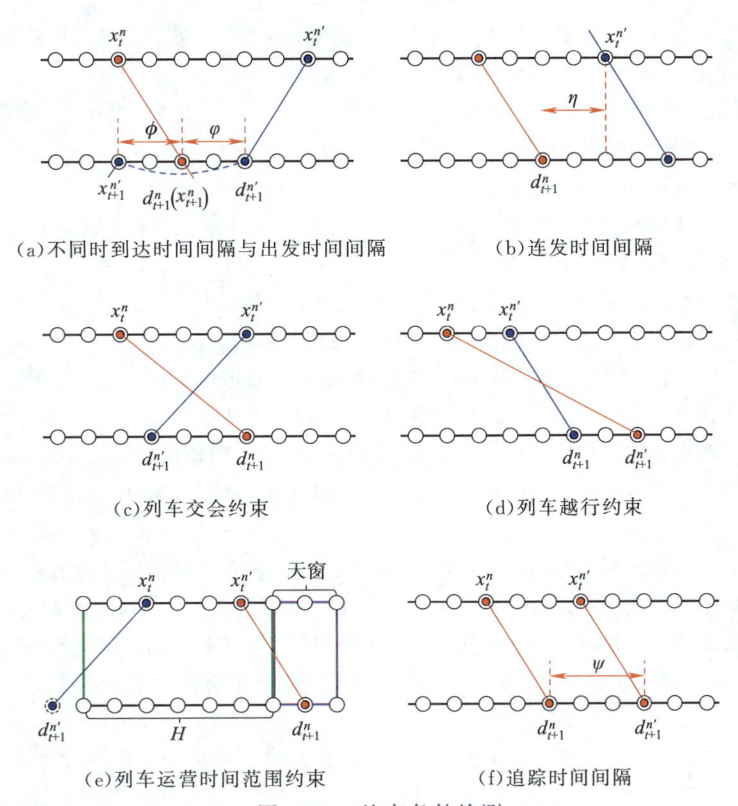

(a)不同时到达时间间隔与出发时间间隔　(b)连发时间间隔

(c)列车交会约束　(d)列车越行约束

(e)列车运营时间范围约束　(f)追踪时间间隔

图 10.7　约束条件检测

(2)基于深度强化学习的列车运行图调整策略迭代机制设计

在运行图模拟环境中，引入一个由二元变量组成的元组 $C=\{c_n|n\in N\}$ 来表示每列车 $n\in N$ 是否违背约束。在每次模拟之前，设置 $c_n=0|n\in N$。如果列车 n 违反了任意约束条件，则设置 $c_n=1$。在完成所有列车的约束检查后，如果任意列车违反约束，则模拟环境将在下一步被重置为初始状态 $S_{t+1}=S_{\text{initial}}$，否则，环境将转换至新状态 S_{t+1}。采样器根据上述过程计算在任意状态下智能体采取行动所获得的奖励和状态，形成的经验$(S_k,\delta_k,R_{k'},S_{k'})$用于学习器对深度神经网络进行训练，以最大化追求模拟过程中智能体获得的累积奖励 G，如式(10.10)所示：

$$G=r_0+r_1+\cdots+r_t \tag{10.10}$$

通过上述迭代机制，可以实现列车运行图的调整优化。

参 考 文 献

[1] 胡思继．列车运行图编制理论与方法[M]．北京：中国铁道出版社，2013.

[2] 胡思继．铁路行车组织[M]．北京：中国铁道出版社，1998.

[3] 高金科，祝继常，李博，等．高速铁路北京南站高速场能力研究[J]．铁道运输与经济，2020(2)：6-15.

[4] 曲思源．高速铁路运营管理纵横[M]．成都：西南交通大学出版社，2018.

[5] 曲思源．铁路运输组织管理与优化[M]．北京：中国铁道出版社，2016.

[6] 曲思源．城际铁路运营组织与管理[M]．北京：中国铁道出版社，2017.

[7] 赵鹏．高速铁路运营组织[M]．北京：中国铁道出版社，2015.

[8] 彭其渊，文超．高速铁路运输组织基础[M]．2版．成都：西南交通大学出版社，2014.

[9] 杨中平．高速铁路技术概论[M]．北京：清华大学出版社，2015.

[10] 王慈光．运输模型及优化[M]．2版．成都：西南交通大学出版社，2010.

[11] 王勇．列车运行指挥工作问答[M]．北京：中国铁道出版社，2017.

[12] 连义平，郑松富．高速铁路行车组织方法[M]．北京：中国铁道出版社，2016.

[13] 刘建国．高速铁路运输组织[M]．北京：中国铁道出版社 ，2015.

[14] 应慧刚．长三角高速铁路运营管理实践与探索[M]．北京：中国铁道出版社，2019.

[15] 中国铁路总公司．高速铁路客流组织[M]．北京：中国铁道出版社 ，2014.

[16] 中国铁路总公司．高速铁路售票组织及关键技术[M]．北京：中国铁道出版社，2014.

[17] 国家铁路局．高速铁路列车间隔时间查定办法[S]．北京：中国铁道出版社，2016.

[18] 荣剑．高铁列车集中晚点应急处置预案研究[C]．上海铁道科技车务系统论文汇编，2017.

[19] 程谦．高速铁路非正常情况下调度指挥预案评价研究[J]．铁道运输与经济，2014(11)：19-25.

[20] 程谦，卢万胜，曲思源，等．基于多项 Logit 模型的高速铁路客流分配实证研究[J]．铁道运输与经济，2020(7)：60-66.

[21] 程谦，杨光，胡启洲．基于混合 Logit 模型的旅客对短途高速铁路列车选择行为[J]．中国铁道科学，2021(3)：183-193.

[22] 胡启洲，张卫华．区间数理论的研究及其应用[M]．北京：科学出版社，2010.

[23] 傅志寰．中国高速铁路发展历程与相关思考[J]．中国铁路，2017(8)：6-11.

[24] 曲思源．铁路运营组织与管理系统分析[M]．北京：北京交通大学出版社，2019.

[25] 倪少权，吕红霞．计算机编制列车运行图原理与方法[M]．成都：西南交通大学出版社，2017.